DIARIO DE UN CEO

STEVEN BARTLETT

DIARIO DE UN CEO

33 LEYES PARA LOS NEGOCIOS Y LA VIDA

EMPRESA ACTIVA

Argentina – Chile – Colombia – España
Estados Unidos – México – Perú – Uruguay

Título original: *The Diary of a CEO*
Editor original: Ebury Publishing a division of the Penguin Random House.
First published as The Diary of a CEO in 2023 by Ebury Publishing a division of the Penguin Random House group of companies.
Traducción: Natalia Carolina Barry

1.ª edición Mayo 2024

Ilustraciones de Vyki Hendy

Plaza de los Reyes Magos, 8, piso 1.° C y D – 28007 Madrid
www.empresaactiva.com
www.edicionesurano.com

ISBN: 978-84-16997-96-1
E-ISBN: 978-84-10159-00-6
Depósito legal: M-5.587-2024

Fotocomposición: Urano World Spain, S.A.U.
Impreso por Romanyà Valls, S.A. – Verdaguer, 1 – 08786 Capellades (Barcelona)

Impreso en España – *Printed in Spain*

Dedicado a todos los oyentes de *The Diary of a CEO*
y a los espectadores de su versión en vídeo.

Gracias por hacernos vivir el sueño más grande
de nuestras vidas.

ÍNDICE

PILAR III: LA FILOSOFÍA

PILAR IV: EL EQUIPO

INTRODUCCIÓN:

¿Y QUIÉN SOY YO PARA ESCRIBIR ESTE LIBRO?

He sido CEO, fundador, cofundador e integrante del consejo de administración de cuatro empresas líderes en sus respectivos sectores que, en su momento de mayor esplendor, estuvieron valoradas, en su conjunto, por encima de los mil millones de dólares.

En la actualidad, soy socio fundador de Flight Story, una innovadora agencia de *marketing*; de Thirdweb, una empresa dedicada al desarrollo de *software,* y de un fondo de inversión llamado Flight Fund.

Mis empresas han dado trabajo a miles de personas procedentes de todos los rincones del planeta. He conseguido para ellas inversiones por valor de casi cien millones de dólares.

He invertido en más de cuarenta compañías, formo parte del consejo de administración de cuatro empresas, dos de las cuales están hoy día en primera línea de sus respectivos sectores, y tengo treinta años.

Como fundador de dos grupos de *marketing* que han llegado a lo más alto en su sector, he pasado gran parte de mi vida profesional en salas de reuniones, trabajando y asesorando a directores generales (CEO), directores de *marketing* (CMO) y dirigentes de las principales marcas del mundo sobre su estrategia de *marketing* y sobre cómo transmitir quiénes son en el ámbito digital. Marcas de renombre como Uber, Apple, Coca Cola, Amazon, TikTok, Logitech y otras tantas se cuentan entre mis clientes.

Además, me he pasado los últimos cuatro años entrevistando a las personas de más éxito del mundo de los negocios, el deporte, el entretenimiento y la investigación académica. He grabado setecientas horas de entrevistas con los escritores, actores y CMO preferidos de todo el mundo, así como con neurocientíficos de primer nivel, capitanes y presidentes de equipos o clubes deportivos, con los CEO de las empresas valoradas en miles de millones de dólares de las que consumimos a diario y con más psicólogos de prestigio de los que podría nombrar.

Hice públicas esas conversaciones en un pódcast titulado *The Diary of a CEO**, que muy pronto se convirtió en el más descargado en Europa y en uno de los pódcast de negocios más populares en Estados Unidos, Irlanda, Australia y Oriente Próximo. Puede decirse que es uno de los que más está creciendo en la actualidad, con una audiencia que solo el año pasado aumentó un 825 por ciento.

También he tenido la suerte de vivir determinadas experiencias únicas y singulares, que no hace muchos años me di cuenta de que me han proporcionado una información muy valiosa y de un enorme potencial a la que solo unas pocas personas en el mundo han tenido acceso. También vi en ese momento que, en el centro mismo de todo el éxito y el fracaso que he visto, tanto en mi propia trayectoria de emprendedor como en los cientos de entrevistas que he llevado a cabo, hay un conjunto de leyes que resisten el paso del tiempo, que son transferibles a cualquier sector y a las que puede recurrir cualquier persona que quiera construir algo maravilloso o convertirse en alguien maravilloso.

Este no es un libro sobre estrategia empresarial. Las estrategias cambian constantemente. Este es un libro sobre algo mucho más perdurable: sobre las leyes fundamentales e imperecederas

---

* *The diary of a CEO* es el pódcast de Spotify y canal de YouTube que da origen a este libro. Solo disponibles en inglés.

que nos permiten hacer cosas memorables y convertirnos en personas grandiosas.

Son leyes a las que cualquier persona puede recurrir, sea cual sea su ámbito laboral o su profesión.

Son leyes que funcionarán ahora y dentro de cien años.

Son leyes basadas en la psicología, en la ciencia y en siglos de investigación; y para validarlas todavía más, he hecho un sondeo entre decenas de miles de individuos de todas las latitudes posibles, de todas las edades y de todo tipo de profesiones.

La idea de este libro se basa en cinco creencias principales:

1. *Creo que la mayoría de los libros son más largos de lo necesario.*

2. *Creo que la mayoría de los libros son más complicados de lo necesario.*

3. *Creo que una imagen vale más que mil palabras.*

4. *Creo que las historias tienen más poder que los datos, pero que ambas cosas son importantes.*

5. *Creo en los matices y en que la verdad está siempre en algún punto intermedio.*

En resumen, mi objetivo es hacer realidad una cita a menudo atribuida a Einstein:

> **«Simplifícalo todo al máximo, pero no más.»**

Para mí, esto implica brindar a mis lectores la verdad fundamental de cada ley, y cómo las interpreto yo, con la cantidad exacta de palabras necesarias, ni una más ni una menos, y recurriendo a imágenes poderosas e increíbles historias reales para dar vida a los puntos clave de cada una.

★ LOS CUATRO PILARES DE LA GRANDEZA

Para llegar a ser grande, y hacer grandes cosas, se requiere del dominio de estos cuatro pilares que he dado en llamar «los cuatro pilares de la grandeza».

PILAR I: EL YO

Ya lo afirmaba Leonardo Da Vinci: «No es posible tener un dominio mayor ni menor que el dominio de uno mismo; nunca tendrás ni más ni menos dominio que el que tengas de ti mismo; el alcance de tu éxito se mide por ese dominio y la profundidad de tu fracaso, por tu propio abandono. Aquellos que no pueden dominarse a sí mismos tampoco podrán dominar a otros.»

Este pilar va de ti: de tu propia conciencia de ti mismo, tu autocontrol, tu autocuidado, tu conducta, tu autoestima y lo que te cuentas de ti mismo. El yo es la única cosa sobre la que tenemos un control directo; llegar a dominarlo, algo que no es nada fácil, es dominar tu mundo entero.

PILAR II: LA HISTORIA

Lo único que se interpone en tu camino es un ser humano. La ciencia, la psicología y la historia han demostrado que no existe gráfico, información o conjunto de datos con más posibilidades de influir positivamente en un ser humano que una buena historia.

Una historia es de por sí el arma más poderosa con que puede armarse todo líder. Es la moneda corriente de la humanidad. Quienes cuentan historias cautivadoras, estimulantes y emotivas dominan al mundo.

Este pilar gira en torno de la capacidad de contar historias y cómo aprovechar al máximo las leyes de la narrativa para convencer a las personas que se interponen en tu camino para que te sigan, compren lo que ofreces, te crean, confíen en ti, cliquen en tu página, actúen, te escuchen y te comprendan.

PILAR III: LA FILOSOFÍA

Tanto en los negocios como en el deporte y en el ámbito académico, la filosofía personal de un individuo es de por sí la variable más importante que permite predecir cómo se comportará ahora y en el futuro. Conocer la filosofía o las creencias de alguien, hará que puedas pronosticar con exactitud cómo se comportará esa persona en cualquier situación.

Este pilar tiene que ver con la filosofía personal y profesional en que creen las grandes personas y por la que se rigen, y con cómo esa filosofía se traduce en comportamientos que conducen a la grandeza. Tu filosofía es el conjunto de creencias, valores o principios que guía tu comportamiento, las creencias fundamentales en que se basan tus acciones.

PILAR IV: EL EQUIPO

La definición de la palabra «compañía» es «grupo de personas». En esencia, toda empresa, proyecto u organización no es más que un grupo de seres humanos. Todo lo que produce la organización, tanto lo bueno como lo malo, surge de la mente de los integrantes de ese grupo. El factor que determinará tu éxito consiste en elegir con quién vas a trabajar.

Nunca he visto a nadie poner en marcha una gran compañía, proyecto u organización sin un grupo de personas; y nunca he visto a nadie alcanzar la grandeza personal sin el apoyo de un grupo de personas.

Este pilar habla de cómo reunir tu propio grupo de personas y sacar lo mejor de ellas. No basta con reunir un cualquier conjunto de colaboradores para llegar a tener realmente un gran equipo: necesitas a las personas adecuadas, unidas por la filosofía adecuada. Cuando se tiene un conjunto de grandes personas unida por una gran filosofía, el equipo en conjunto se vuelve mejor que la suma de sus partes. Cuando uno más uno es tres, suceden cosas maravillosas.

PILAR I
EL YO

LEY NÚMERO 1

LLENA TUS CINCO CUBOS EN EL ORDEN ADECUADO

Esta ley explica los cinco cubos que determinan tu potencial humano y te indica cómo llenarlos y, sobre todo, en qué orden.

Mi amigo David estaba tomándose su café matinal en el jardín de la entrada de su casa, cuando un hombre jadeante y empapado de sudor, vestido con ropa deportiva y con aire de confusión, se le acercó con un trote lento.

El hombre detuvo la marcha y saludó a mi amigo David mientras trataba de recuperar el aliento. Le hizo una broma ininteligible, explotó en una carcajada por lo que acababa de decir y comenzó a hablar desordenadamente sobre la nave espacial que estaba construyendo, los microchips que colocaría en el cerebro de unos monos y los robots domésticos equipados con tecnología de IA que iba a crear.

Minutos más tarde, el hombre se despidió de David y reprendió su trote lento y sudoroso calle abajo.

Aquel hombre que corría empapado de sudor era Elon Musk, el multimillonario fundador de empresas como Tesla, SpaceX, Neuralink, OpenAI, PayPal, Zip2 y The Boring Company.

Antes de que te revelara su identidad, puede que creyeras, con toda lógica, que se trataba de un paciente escapado de una institución psiquiátrica cercana, o de una persona en medio de un brote psicótico. Pero nada más leer su nombre, todos esos proyectos ambiciosos de pronto pasaron a ser creíbles.

Tan creíbles, de hecho, que cuando Elon le cuenta al mundo lo que aspira a hacer, la gente es capaz de darle sin pensárselo miles de millones de dólares de la herencia de sus hijos para apoyarlo, de dejar su trabajo y trasladarse a otra ciudad con tal de colaborar con él, y de encargarle sus productos por anticipado, antes incluso de que los haya creado.

Esto se debe a que Elon ha llenado sus cinco cubos. De hecho, todas las personas que he conocido con el poder de poner en marcha cosas realmente grandiosas tienen cinco cubos rebosantes.

La suma de estos cinco cubos es la suma de tu potencial profesional. Hasta dónde se llenen esos cubos determina el tamaño de tus sueños y si son creíbles y realizables tanto para ti como para quienes los escuchan.

Las personas que logran grandes cosas han pasado años, a menudo décadas enteras, llenando esos cinco cubos. Quien tenga la fortuna de tener sus cinco cubos llenos tiene el potencial necesario para cambiar el mundo.

Ya estés buscando un nuevo empleo, un libro nuevo para leer o el siguiente sueño por cumplir, debes ser consciente de hasta dónde están llenos tus cubos.

★ LOS CINCO CUBOS

1. Lo que sabes (tu conocimiento).
2. Lo que puedes hacer (tus habilidades).
3. Las personas que conoces (tu red de contactos).
4. Lo que tienes (tus recursos).
5. Lo que los demás piensan de ti (tu reputación).

Lo que
sabes.

Lo que
puedes
hacer.

Las
personas
que
conoces.

Lo que
tienes.

Lo que los
demás
piensan
de ti.

Al principio de mi carrera, cuando empecé a poner en marcha empresas con 18 años, me atormentaba una duda moral de la que no conseguía librarme: ¿enfocar mi tiempo y energía en levantar una empresa (que con el tiempo me haría rico) es un empeño más noble que regresar a mi tierra natal, en África, e invertir mi tiempo y energía en salvar, aunque solo sea una vida?

Tuve esa pregunta muy presente durante muchos años, hasta que un encuentro fortuito en la ciudad de Nueva York me brindó la claridad deseada durante tanto tiempo. Fue en un acto del mundialmente conocido gurú, monje y líder espiritual Radhanath Swami.

Apretujado en medio de la marea de seguidores hipnotizados, que miraban a Swami con ojos vidriosos y se aferraban a cada una de sus palabras en un completo silencio, lleno de admiración, oí que el gurú preguntaba si alguien del auditorio quería hacerle una pregunta.

Levanté la mano y Swami me hizo un gesto para que hablara. «Poner en marcha una empresa y hacerme rico con ella, ¿es un empeño más noble que volver a África y tratar de salvar vidas?», pregunté.

Él me miró como si pudiera ver hasta lo más profundo de mi alma y, después de una larga pausa sin pestañear, proclamó: «No puedes verter agua de un cubo vacío».

Han pasado casi diez años de ese momento, pero el mensaje del gurú nunca ha estado más claro para mí. Estaba diciéndome que me centrara en llenar mis propios cubos, porque alguien que tiene los cubos llenos puede inclinar positivamente la balanza del mundo en la dirección que desee.

Ahora que he puesto en marcha varias empresas grandes, que he trabajado con las organizaciones más importantes del mundo, que me he convertido en multimillonario, que he tenido a mis órdenes a miles de personas, que he leído miles de libros y que he pasado setecientas horas entrevistando a las personas de más éxito del mundo, mis cubos están lo bastante llenos. Por esta razón, ahora poseo **el conocimiento, la capacidad, la red de contactos, los recursos y la reputación** necesarios para ayudar a miles de personas en todo el mundo; y eso es exactamente lo que me propongo hacer el resto de mi vida, a través de mi trabajo filantrópico, mis donaciones, las organizaciones que he creado, las empresas de medios de comunicación que he puesto en marcha y la escuela que tengo previsto abrir.

Estos cinco cubos están interconectados, es decir, llenar uno ayuda a llenar otro, y por lo general lo hacen de izquierda a derecha.

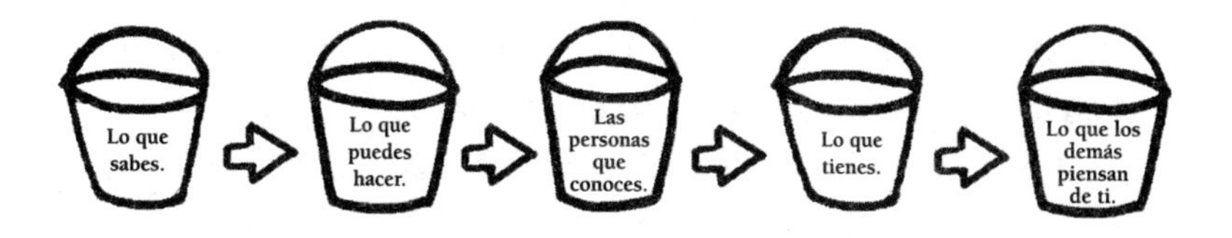
Lo que sabes.
Lo que puedes hacer.
Las personas que conoces.
Lo que tienes.
Lo que los demás piensan de ti.

Lo habitual es comenzar nuestra vida profesional adquiriendo **conocimientos** (la escuela, la universidad, etc.). Esos conocimientos aplicados es lo que llamamos **capacidades**. Tener conocimientos y capacidades te convierte en alguien valioso para los demás en el ámbito profesional y hace crecer tu **red de contactos**. Cuando tienes conocimientos, capacidades y una red de contactos, se amplía tu acceso a los **recursos**; y una vez que se tienen conocimientos, capacidades, una valiosa red de contactos y recursos, sin duda te ganarás una **reputación**.

Si se tienen en mente estos cinco cubos y su interrelación entre sí, queda claro que invertir en el primero de ellos (conocimiento) será la inversión del más alto rendimiento que pueda hacerse. Porque cuando ese conocimiento se aplique (capacidad) inevitablemente producirá un efecto cascada que llenará los demás cubos.

Entender de verdad esta relación significa comprender que un trabajo en que ganes un poco más (recursos), pero que te brinde menos conocimientos y capacidades no es un trabajo rentable.

La fuerza que nubla nuestra capacidad de actuar según esta lógica suele ser el ego. A nuestro ego se le da muy bien convencernos de que nos saltemos los dos primeros cubos y aceptemos un trabajo simplemente por más dinero (cubo 4) o por el cargo, el estatus o la reputación (cubo 5), sin el conocimiento (cubo 1) o las capacidades (cubo 2) que nos permitirán realizar ese trabajo con éxito.

Cuando sucumbimos a esta tentación, estamos levantando nuestra carrera sobre unos cimientos débiles. Estas decisiones a corto plazo —la incapacidad de retrasar una recompensa o gratificación, de tener paciencia e invertir en nuestros dos primeros cubos— terminarán perjudicándonos.

En el año 2017, uno de mis empleados con más proyección, un chico de 21 años llamado Richard, entró en mi oficina y me dijo que tenía algo que anunciarme. Me explicó que le habían ofrecido el puesto de CEO en una nueva empresa de *marketing* con sede en la otra punta del mundo, y que iba dejar el trabajo en mi compañía —donde le iba muy bien— y aceptarlo. Me explicó que el cargo representaba un enorme aumento de sueldo (casi el doble de lo que le pagábamos nosotros), que iban a darle una participación en las acciones de la empresa y que además suponía la posibilidad de vivir en Nueva York, un salto cualitativo respecto al pueblo de mala muerte donde había nacido y también un gran paso respecto de la ciudad de Manchester, Inglaterra, desde donde trabajaba para mi empresa.

A decir verdad, no le creí. No podía imaginarme que una empresa de verdad le ofreciera un cargo tan prominente a un empleado tan joven, sin ningún tipo de experiencia en gestión.

Aun así, fingí creerle y le dije que intentaríamos que su salida de la empresa fuera lo más fácil posible.

Resultó que yo estaba equivocado: Richard decía la verdad. La oferta laboral era real y un mes después se convirtió en CEO de esa empresa, se mudó a Nueva York y empezó una nueva vida entre los ejecutivos del más alto nivel en la Gran Manzana a cargo de un equipo de más de veinte personas, en una empresa emergente en franco crecimiento.

Por desgracia, la historia no termina aquí. La vida vendría a enseñarnos, tanto a Richard como a mí, que no hay que saltarse los dos primeros cubos, el del conocimiento y el de las capacidades, si lo que buscas son resultados que se sostengan a largo plazo. Hacerlo es como construir una casa sobre la arena.

En un lapso de 18 meses, la empresa tan prometedora a la que Richard se había integrado se fue a pique, perdió a sus empleados clave, se quedó sin dinero y se vio involucrada en un escándalo sobre prácticas de gestión dudosas. Cuando la compañía cerró, Richard se vio sin trabajo, lejos de casa, y teniendo que buscar un puesto nuevo, pero en un cargo inferior, en el mismo sector en que trabajaba con nosotros.

A la hora de decidirte por un camino en la vida, por un trabajo o por dónde invertir tu tiempo libre, recuerda que el conocimiento aplicado (la capacidad) es poder. Da prioridad a llenar los dos primeros cubos y tus cimientos tendrán la sustentabilidad necesaria para prevalecer en el largo plazo, por más que se muevan o tiemblen las placas tectónicas que tienes por debajo.

Yo llamo «terremoto profesional» a un evento impredecible en tu carrera que te afecta de un modo negativo. Puede ser cualquier cosa: una innovación tecnológica con consecuencias en todo el sector, un despido o, si eres el fundador de la empresa, que se vaya a pique.

Solo hay dos cubos que ningún terremoto profesional podrá vaciar. Un terremoto podrá llevarse tu red de contactos, podrá dejarte sin recursos, podrá incluso perjudicar tu reputación, pero nunca podrá quitarte tus conocimientos y nunca podrá hacer que olvides tus capacidades.

Estos dos cubos constituyen tu longevidad, tus cimientos y la variable más clara para predecir tu futuro.

★ LEY: LLENA TUS CINCO CUBOS EN EL ORDEN ADECUADO

El conocimiento aplicado es capacidad y cuanto más puedas ampliar y aplicar tus conocimientos más valor crearás en el mundo. Este valor será recompensado con una red creciente de contactos profesionales, abundantes recursos y una reputación sólida. Asegúrate de llenar tus cubos en el orden adecuado.

Aquellos que acumulan oro tienen riqueza durante un instante.

Aquellos que acumulan conocimientos y capacidades tienen riqueza durante toda la vida.

La verdadera prosperidad es lo que sabes y lo que puedes hacer.

Del pódcast *The Diary of a CEO*

LEY NÚMERO 2

PARA DOMINAR ALGO, OBLÍGATE A ENSEÑARLO

Esta ley explica la sencilla técnica que los intelectuales, autores y filósofos más celebrados del mundo utilizan para convertirse en maestros en sus respectivos oficios, y también el modo de usarla para desarrollar cualquier capacidad, dominar cualquier tema y conseguir tener tu propio público.

★ LA HISTORIA

Era como si la población entera del planeta Tierra se hubiera reunido para verme fundirme en el escenario aquella noche, pero, en realidad, no eran más que unos cuantos de mis compañeros de secundaria, sus padres y algunos profesores.

Yo tenía 14 años y me habían encargado decir unas palabras para cerrar el acto de entrega de premios a las mejores calificaciones en los exámenes de la escuela. En cuanto salí al escenario, el auditorio se sumió en un silencio anticipatorio.

Y ahí me quedé, petrificado, aterrorizado y mudo, durante uno de los minutos más largos que nadie jamás haya vivido, mirando el papel tembloroso que asía con mis manos nerviosas y tensas, a punto de orinarme en los pantalones, experimentando lo que la gente llama «pánico escénico».

El guion que me había preparado me temblaba con tanta fuerza en las manos que no podía ni leer las palabras. Al final, escupí unas cuantas frases improvisadas, llenas de clichés y sin demasiado sentido, y salí disparado del escenario y por la puerta de salida, como si me persiguiera un escuadrón de fusilamiento.

Diez años después de ese traumático día, hablaba en público unas cincuenta semanas al año en todos los rincones del globo, encabezaba un acto junto con Barack Obama frente a decenas de miles de personas en São Paulo, daba charlas con todas las entradas vendidas en Barcelona, salía de gira por el Reino Unido y recorría festivales desde Kiev hasta Texas, pasando por Milán.

★ LA EXPLICACIÓN

De ser el peor orador en público de todo el mundo pasé a codearme con quienes lo hacen mejor que nadie. Hay una ley muy sencilla a la que atribuyo esta transformación.

Esa ley no solo es responsable de mi compostura, mi desempeño y mi capacidad de expresarme en escena (mis capacidades), sino que además es la razón por la cual tengo algo interesante que decir cuando estoy en escena (mi conocimiento):

Me creé la obligación de enseñar.

El líder espiritual Yogi Bhajan, ya fallecido, dijo en una ocasión: «Si quieres aprender algo, lee sobre ello. Si quieres comprenderlo, escribe sobre ello. Si quieres dominarlo, enséñalo.»

A los 21 años, me hice la promesa de que todos los días, a las siete de la tarde, escribiría un tuit o grabaría un vídeo en el que expondría una sola idea y lo publicaría a las ocho de la noche.

De todas las cosas que he hecho en la vida para mejorar mis conocimientos y capacidades, es decir, para llenar mis dos primeros cubos, esta es la que ha marcado una mayor diferencia. No exagero cuando digo que ha cambiado la trayectoria de mi vida por completo y, en consecuencia, es en lo que más le insisto a cualquiera que busque convertirse en mejor pensador, orador, escritor o creador de contenidos.

El factor clave aquí es que convertí aprender algo, y luego escribirlo o grabarlo y colgarlo en internet todos los días, no solo en un interés, sino en una obligación diaria.

★ JUGARSE ALGO

Al poco tiempo de crearme esta obligación, empecé a recibir comentarios de las personas que me leían o me veían, y también informes analíticos de las plataformas sociales; esto me ayudó a mejorar y, a su vez, creó una comunidad que me seguía solo gracias a aquella idea diaria. Empezaron siendo unas cuantas decenas de personas, y casi diez años después esa comunidad ha crecido hasta alcanzar los casi diez millones de seguidores, si se suman todos los canales.

A partir de aquella primera idea compartida, creé un «contrato social» con mi público —en esencia, una obligación social hacia las personas que me seguían concretamente por esa idea diaria—, lo cual me motivaba a seguir publicando y me daba algo que perder —su atención y mi reputación— si dejaba de hacerlo.

Tener algo que perder es lo que define una obligación; es lo que a veces también se llama «jugarse algo».

Jugarse algo es una herramienta psicológica importante que desarrollar si deseas acelerar tu curva de aprendizaje en cualquier área de la vida. Jugarse algo es lo que sube la apuesta en tu formación, porque pone en marcha incentivos psicológicos más profundos por los que llevar a cabo un comportamiento. Lo que nos jugamos puede ser cualquier cosa: desde dinero hasta un compromiso personal público.

¿Quieres saber más sobre una empresa en concreto? Compra unas cuantas acciones. ¿Quieres saber más sobre la Web 3.0? Compra una NFT. Si quieres ser más constante en tus visitas al gimnasio, crea un grupo de WhatsApp con tus amigos y comparte tus ejercicios todos los días. En los tres ejemplos, está en juego una moneda, ya sea real o social.

Jugarse algo funciona porque se ha demostrado mediante diferentes estudios que al comportamiento humano lo motiva más el evitar pérdidas que el conseguir ganancias. Es lo que los científicos llaman «aversión a la pérdida».

Date algo que perder.

★ LA TÉCNICA FEYNMAN REVISADA

Si quieres dominar algo, hazlo en público y de manera consistente. Publicar tus ideas por escrito te obligará a aprender cosas con más frecuencia y a escribir con mayor claridad. Colgar un vídeo en internet te obligará a mejorar tu capacidad de oratoria y a estructurar tus pensamientos. Dar a conocer tus ideas en un escenario te enseñará a seducir al público y contar historias cautivadoras. En cualquier área de tu vida, hacer algo en público y crearte una obligación que te lleve a hacerlo con frecuencia hará que lo domines.

Uno de los elementos más valiosos de esta obligación era tener que condensar cualquier idea que me propusiera compartir en su esencia de 140 caracteres, para que encajara en los requisitos de un tuit.

Ser capaz de simplificar una idea y de compartirla con otros es tanto la forma de comprenderla como la prueba de que lo hacemos. A veces disimulamos que no entendemos algo empleando más palabras, palabras más grandilocuentes o palabras innecesarias.

A este desafío de simplificar una idea hasta su esencia con frecuencia se lo llama «técnica Feynmann», por el prestigioso científico estadounidense Richard Feynman, ganador del Premio Nobel en 1965 por su trabajo pionero en electrodinámica cuántica. Feynmann tenía un don para explicar las ideas más complejas y apabullantes en un lenguaje tan simple que hasta un niño podía comprenderlas.

> «No he podido rebajarlo al lenguaje de un estudiante de secundaria. Eso significa que en realidad no lo entendemos.»
>
> **Richard Feynman**

La técnica Feynman es un poderoso modelo mental de autodesarrollo. Te obliga a dejar de lado toda complejidad innecesaria, a condensar un concepto a su esencia más pura y desarrollar una comprensión rica y profunda de cualquier disciplina que aspires a dominar.

Esta técnica sigue unos pocos pasos clave, que he simplificado y actualizado basándome en mi propia experiencia de aprendizaje:

PASO 1: APRENDE

Primero, identifica el tema que deseas entender, investígalo a fondo y no pares hasta comprenderlo desde todos sus ángulos.

PASO 2: ENSÉÑASELO A UN NIÑO

A continuación, pon la idea por escrito, como si se la enseñaras a un niño; usa palabras simples, pocos términos y conceptos sencillos.

PASO 3: COMPÁRTELO

Transmite a otros tus ideas: cuélgalas en internet, publícalas en tu blog, compártelas en un escenario o explícalas a la hora de la cena. Elige cualquier medio que te permita hacerte una idea de qué piensan los demás al respecto.

PASO 4: REVÍSALO

Analiza las opiniones recibidas. ¿Tu explicación ha conseguido que los demás entiendan la idea? ¿Podrían explicártela a ti tras escucharte? De no ser así, vuelve al paso 1. Si lo has conseguido, pasa al siguiente paso.

Este es el principio que tienen en común todos los grandes oradores, los autores más reconocidos y los intelectuales más prominentes que yo haya conocido o entrevistado, y lo mismo nos enseña la historia de la humanidad.

La revista *Prospect* publicó una lista de los cien principales intelectuales modernos: todos y cada uno de ellos cumplía con esta ley.

He estudiado a los filósofos más preeminentes de la historia: todos y cada uno de ellos eran la personificación de esta ley y, a menudo, sus máximos defensores.

En algún punto de su vida, ya sea de forma intencionada o por accidente, se habían creado la obligación de pensar, escribir y compartir sus ideas de un modo sistemático.

Ya se trate de autores más modernos como James Clear, Malcolm Gladwell o Simon Sinek, que escriben tuits o blogs o publican vídeos en las redes sociales, o de filósofos antiguos como Aristóteles, Platón o Confucio, que escribían en rollos de papiro y hablaban en púlpitos, todos se rigen por esta ley fundamental: todos se han creado la obligación de enseñar y han llegado a dominar tanto el conocimiento como la forma de presentarlo.

«La persona que más aprende en una clase es el maestro.»

James Clear

★ LEY: PARA DOMINAR ALGO, OBLÍGATE A ENSEÑARLO

Aprende más, simplifica más y comparte más. Ser consistente te hará progresar aún más, las opiniones de los demás refinarán tus capacidades y cumplir con esta ley te llevará a dominar la materia.

No te conviertes en maestro por retener conocimientos.

Te conviertes en maestro cuando eres capaz de difundirlos.

Del pódcast *The Diary of a CEO*

LEY NÚMERO 3
NO DISCREPES NUNCA

Esta ley te convertirá en maestro de la comunicación, la negociación y la resolución de conflictos, te permitirá ganar discusiones, ser escuchado y cambiar las opiniones de los demás. También explica por qué la mayor parte de tus discusiones no son productivas.

★ LA HISTORIA

Durante gran parte de mi infancia, presencié cómo mi madre le gritaba a mi padre acaloradamente mientras él miraba la televisión, aparentemente ajeno por completo ante su presencia. Esa maratón de gritos que me perforaba los oídos no se parecía a nada que yo hubiera presenciado hasta entonces, ni a nada que haya presenciado después.

Mi madre era capaz de gritarle a mi padre durante cinco o seis horas, sobre el mismo tema, con las mismas palabras, sin que el volumen ni el entusiasmo en apariencia disminuyeran. Alguna vez, mi padre trataba de rebatir algo de lo que decía mi madre y, cuando inevitablemente fracasaba en su intento, o continuaba ignorándola o huía a otra parte de la casa, se encerraba en su habitación o se subía al coche y se iba.

Me llevó veinte años darme cuenta de que fue de él de quien aprendí esa estrategia concreta de resolución de conflictos. Lo supe un día a las dos de la madrugada, estando en la cama, mientras mi novia, muy enfadada, insistía en hostigarme por algo que no le había gustado nada. Le repliqué con un «no estoy de acuerdo» y traté de rebatir lo que estaba diciendo de la manera más convincente posible. De más está decir que no sirvió de nada. Fue como echar más leña al fuego: ella siguió gritándome en un volumen cada vez más alto, insistiendo en el mismo tema, con las mismas palabras.

Al final me levanté de la cama y salí de la habitación. Ella me siguió, así que me encerré en el vestidor, donde permanecí hasta las cinco de la mañana, mientras ella seguía gritándome desde el otro lado de la puerta, sobre el mismo tema, con las mismas palabras, como un disco rayado, sin que el volumen ni el entusiasmo en apariencia disminuyeran.

Ahora es mi exnovia; aquella relación, para sorpresa de nadie, no duró mucho.

★ LA EXPLICACIÓN

Lo cierto es que, en todos los conflictos interpersonales de la vida, ya sea en los negocios, en el amor romántico o en el platónico, la comunicación es tanto el problema como la solución.

Es posible predecir la salud a largo plazo de cualquier relación observando si sale fortalecida o debilitada de un conflicto.

> **El conflicto saludable fortalece las relaciones porque todos los involucrados buscan enfrentarse a un problema; el conflicto no saludable debilita las relaciones porque todos los involucrados buscan enfrentarse entre sí.**

Entrevisté en una ocasión a Tali Sharot, profesora de neurociencia cognitiva de la University College de Londres y el MIT, con el fin de entender lo que la ciencia del cerebro tiene que enseñarnos sobre las leyes de la comunicación efectiva, y lo que me contó cambió mi vida personal, mis relaciones románticas y mis negociaciones empresariales para siempre.

El estudio de Sharot y de su equipo, publicado en la revista *Nature Neuroscience*, partía del registro la actividad cerebral de un grupo de voluntarios en plena discusión para descubrir lo que en ese momento sucedía en su mente.

El experimento consistía en pedirles a 42 personas, agrupadas en parejas, que llevaran a cabo una evaluación financiera. Cada una de las parejas estaba tumbada dentro de un escáner cerebral, con sus integrantes separados por una pared de vidrio, y se grababan sus reacciones al experimento. Les mostraban imágenes de casas y se les pedía, a cada uno de los miembros de la pareja, que adivinaran el valor de la propiedad y dijeran hasta qué punto creían que su estimación era correcta. Cada voluntario podía ver la estimación de su pareja en una pantalla.

Cuando las parejas estaban de acuerdo sobre la estimación, los dos mostraban una mayor confianza en lo correcto de su estimación y el equipo de investigación que monitoreaba la actividad cerebral veía cómo se iluminaba el cerebro, lo cual indicaba una mayor receptividad y apertura cognitiva. En cambio, si estaban en desacuerdo sobre la estimación, su cerebro parecía paralizarse y cerrarse, lo que les hacía desestimar la opinión del otro y restarle valor.

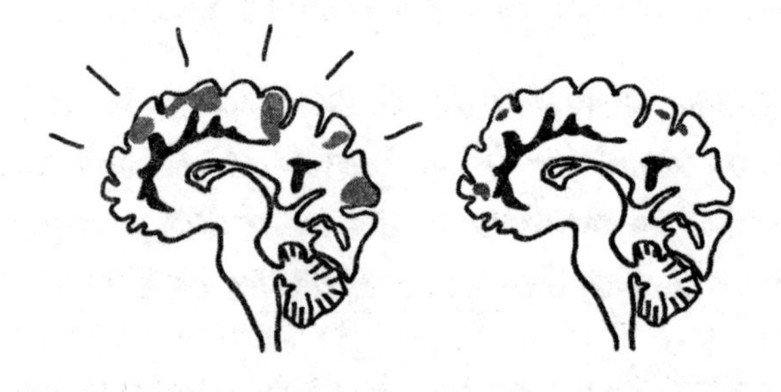

Las conclusiones de Sharot arrojan luz sobre algunas tendencias recientes en torno a áreas polémicas del discurso político. Por ejemplo, el cambio climático. En los últimos diez años, los científicos han presentado pruebas cada vez más irrefutables de que el cambio climático es obra del hombre. Pese a ello, una encuesta realizada por el Pew Research Center muestra que, en el mismo período de tiempo de diez años, *ha disminuido* el número de estadounidenses del partido republicano que creen en la evidencia científica. La discusión furibunda, sin tener en cuenta las pruebas, está claro que no funciona.

Así que eso no es lo que hay que hacer si queremos incrementar las posibilidades de que alguien con ideas contrarias a las nuestras nos escuche. Según Sharot, **si queremos que el cerebro de alguien siga estando encendido y sea receptivo a nuestro punto de vista, nuestra respuesta no puede empezar con una expresión de desacuerdo.**

Si te encuentras en franco desacuerdo con alguien, evita a toda costa la tentación emocional de empezar a responderle con frases como «No estoy de acuerdo» o «No es así». En lugar de eso, comienza poniendo de manifiesto lo que tienes común con la otra persona, aquello en lo que estáis de acuerdo y las partes que comprendes de su argumento.

> Es improbable que se reconozca la fuerza de un razonamiento lógico, por razonado que sea, si se abre con una expresión de desacuerdo, por más pruebas que haya a tu favor y por más razón que tengas.

En cambio, si comenzamos desde un punto de acuerdo y de terreno común, incrementamos las probabilidades de que toda la fuerza de nuestros argumentos, la exactitud de nuestra lógica y el peso de la evidencia lleguen a su destino.

Esta tercera ley —la de no mostrarse nunca en desacuerdo— es la habilidad crítica que te permitirá convertirte en un buen negociador, orador, vendedor, dirigente empresarial, escritor… y cónyuge.

Tanto Julian Treasure, el *coach* de técnicas de oratoria y comunicación cuya charla TED ha tenido más de 100 millones de visualizaciones, como Paul Brunson, el experto en relaciones amorosas conocido como «el doctor amor», coincidieron en decir en las entrevistas que les hice que el arte de convertirse en un gran comunicador, un gran conversador o una gran pareja consiste primero en escuchar de modo tal que la persona se sienta «oída», y después en asegurarse de responder de un modo que la haga sentir «comprendida».

Los estudios de Tali Shalot en el ámbito de la neurociencia brindaron la prueba científica de por qué es tan importante lograr que una persona se sienta «oída y comprendida» si queremos hacerla cambiar de opinión. No habrá de sorprendernos que quienes más probabilidades tienen de hacernos cambiar de opinión sean las personas con quienes estamos de acuerdo en un 98 por ciento de los temas, porque sentimos que esas personas nos comprenden y eso mismo nos predispone más a escucharlas.

★ LEY: NO DISCREPES NUNCA

En medio de cualquier negociación, debate o intercambio acalorado, trata de recordar que la clave a la hora de conseguir que alguien cambie de parecer es encontrar una creencia o un objetivo común, para que mantenga la mente abierta a tu punto de vista.

Nuestras palabras
deben ser puentes
a la comprensión,
no barreras a
la conexión.

Dedícate menos
a discrepar y más
a comprender.

Del pódcast *The Diary of a CEO*

LEY NÚMERO 4
TÚ NO ELIGES EN LO QUE CREES

Esta ley te enseñará cómo cambiar cualquiera de tus convicciones, ya sea sobre ti mismo, sobre los demás o en relación con el mundo, y también cómo cambiar las más firmes convicciones de los demás.

Piensa en alguien a quien quieras con toda tu alma, ya sea tu madre, tu padre, tu pareja o tu perro. Piensa en la persona (o el animal) más importante de tu vida.

Ahora visualiza a ese ser atado a una silla y retenido a punta de pistola por un terrorista agresivo.

Imagina que el terrorista te dice: «Si no crees que soy Jesucristo ahora mismo, ¡lo mato de un disparo!».

¿Qué harías?

La verdad es que lo único que puedes hacer es mentir; lo único que puedes hacer es decirle a esa persona que claro que crees que es Jesucristo, para intentar salvar a tu ser querido. Pero no podrás obligarte a creértelo de verdad.

Este ejercicio mental ilumina una verdad profunda y controvertida sobre la verdadera naturaleza de nuestras creencias. En el escenario hipotético que he descrito, está todo en juego, pero ni aun así somos capaces de obligarnos a creer en algo en lo que no creemos. Por lo tanto, ¿qué te hace creer que «elegimos» alguna de nuestras convicciones?

Para ahondar un poco más en el tema, hice un sondeo entre mil personas y les pregunté a todas lo mismo: «¿Crees que puedes elegir tus creencias?». Sorprendentemente, 857 de ellas (el 85,7 por ciento) respondió que sí.

En la página siguiente les preguntaba si podrían creer de verdad que un terrorista que retiene a punta de pistola a un ser querido es Jesucristo, en caso de que eso pudiera salvarle la vida a esa persona, y el 98 por ciento de los encuestados admitió que serían incapaces. Lo más que podrían hacer es mentir.

Porque en lo que respecta a las convicciones fundamentales que tienes sobre ti mismo, las convicciones fundamentales que tienes sobre los demás y tus convicciones fundamentales sobre el mundo, no has «elegido» ninguna.

La gente, cuando me oye decir esto, tiende a reaccionar de forma muy visceral y negativa, como si les estuviera arrebatando el poder y atacara su sentido del «libre albedrío», del control y de la independencia. Si no puedo ni elegir una convicción, ¿cómo voy a cambiarla? ¿Me condena eso a creer siempre lo que creo en la actualidad sobre el mundo, sobre los demás y sobre mí mismo?

Afortunadamente, no.

Nuestra propia vida es la prueba fehaciente de que nuestras creencias cambian y evolucionan todo el tiempo, ¿o acaso todavía crees en Papá Noel?

También las creencias de la sociedad evolucionan a una velocidad creciente. En el siglo XVIII, todo el mundo creía que fumar era sano y los médicos les insuflaban a los ahogados humo de tabaco por el recto para intentar revivirlos; en el siglo XIX, se creía que el orgasmo clitoriano era un signo de locura y los médicos trataban médicamente a las mujeres que los tenían; más recientemente, en la década de 1970, había gente en Estados Unidos que creía que los alienígenas nos enviaban mensajes encriptados a través de los cultivos aplastados, y los médicos medievales se sacaban los tratamientos del culo, literalmente, ya que se creía que las heces lo curaban todo, desde el dolor de cabeza hasta la epilepsia.

Por suerte, **las convicciones cambian.**

★ ★ ★

Nuestro cerebro consume una gran cantidad de energía y, debido a ello, ha desarrollado estrategias para preservarla, por supervivencia. Uno de los principales objetivos del cerebro es formular predicciones a partir de la identificación de patrones y a continuación suposiciones basándose en esos patrones, y todo ello debe hacerlo de la forma más eficiente y en la menor cantidad de tiempo posible. Las convicciones son lo que permite al cerebro hacer estos pronósticos con rapidez.

Tener unas convicciones firmes es una herramienta de supervivencia muy útil para los humanos, porque las creencias marcan el comportamiento. Por ejemplo, nuestros ancestros, que creían firmemente que los leones son peligrosos, que el fuego quema y que las aguas profundas deben evitarse, sobrevivieron, gracias a esas convicciones, lo suficiente como para tener hijos con el mismo grado de obstinación.

Volviendo al ejemplo del terrorista que retiene a tu ser querido a punta de pistola, imagina ahora que el captor toma un vaso de agua y lo convierte en vino (como Jesucristo). ¿Cambiaría eso lo que opinas del terrorista? ¿Pensarías ahora que esa persona es realmente Jesucristo?

En mi sondeo, el 77 por ciento de los participantes dijo que un acto así bastaría para convencerlos de que esa persona sí es Jesucristo y, en total, el 82 por ciento declaró que eso cambiaría su opinión sobre el terrorista: ver a alguien transformar el agua en vino era una prueba lo bastante contundente como para cambiar sus convicciones.

Este ejercicio mental y el sondeo correspondiente revelan una verdad fundamental sobre la naturaleza de todas nuestras convicciones: las cosas en las que crees están basadas sobre todo en algún tipo de evidencia primaria. Pero los estudios científicos han probado una y otra vez que no importa si esa evidencia es objetivamente verdadera o falsa: aceptamos, subjetivamente, que una evidencia es verdadera en función de nuestras experiencias y sesgos.

A día de hoy, sigue habiendo 300.000 estadounidenses que creen que la Tierra es plana. En una encuesta reciente realizada por Ipsos, el 21 por ciento de los estadounidenses adultos dijeron creer que Papá Noel existe. La cantidad de personas que creen que el rey Carlos es un vampiro es perturbadora. Uno de cada tres estadounidenses cree en la existencia de Bigfoot, y uno de cada cuatro escoceses cree que hay un monstruo gigante viviendo en un lago cercano a la ciudad de Inverness.

Como hemos visto en la ley número 3, decirles a esas personas que se equivocan no hará que cambien de opinión. Mostrarle a un terraplanista la foto redonda de la Tierra tampoco funciona y, por mucho que digan los *coach* motivacionales, decirle a alguien a quien a los siete años unos matones de patio de escuela le destrozaron la autoestima (una evidencia muy contundente) que crea en sí mismo o que repita afirmaciones frente al espejo tampoco cambiará sus convicciones subyacentes sobre sí mismo.

★ VER PARA CREER

Mostrarle a un terraplanista la imagen de la Tierra esférica tomada por la NASA desde el espacio exterior no sirve de nada, porque, para que crea en lo que ve, no solo tiene que confiar en la imagen, sino también en la credibilidad de la fuente de la que proviene, la NASA. Y los terraplanistas no confían en ninguna de las dos cosas. Creen que la NASA es un fraude, que los astronautas son actores y que la comunidad científica participa de ese mismo engaño.

En *Influencia, la psicología de la persuasión*, un aplaudido libro del doctor Robert Cialdini, se explica que, si confiamos en la autoridad de alguien sobre un tema (por ejemplo, si Lionel

Messi nos dice que las botas de fútbol de Adidas son mejores que las de Nike, o un entrenador personal nos dice que estamos levantando pesas de un modo incorrecto o un médico nos dice que tenemos que tomar una pastilla), es probable que nos acojamos a esa autoridad, adoptemos sus creencias y hagamos lo que nos dice.

<<Para algunas de nuestras principales convicciones, no tenemos evidencia alguna, salvo que son las de las personas que queremos y en quienes confiamos. Teniendo en cuenta lo poco que sabemos, la confianza que depositamos en nuestras convicciones es absurda. Y, al a vez, es esencial.>>

Daniel Kahneman, ganador del Premio Nobel 2002

Las figuras de autoridad son fuerzas poderosas a la hora de cambiar una creencia, pero la fuerza más poderosa de todas es **la evidencia de primera mano por parte de nuestros cinco sentidos**. Tal como dice la frase, ver para creer. Como la comunidad terraplanista desconfía tanto de la ciencia, de la astronomía y de toda persona cualificada en estos temas, la única forma concebible de desterrar sus firmes convicciones sería enviarlos al espacio exterior a que lo vieran por sí mismos.

Esta necesidad de ver las pruebas con nuestros propios ojos explica por qué existen tantas locas teorías conspirativas que resisten al paso del tiempo, por qué hay personas que niegan el cambio climático, creen que la Tierra es plana o cuestionan la eficacia de las vacunas. Cosas, todas ellas, que es imposible que la mayoría de nosotros podamos comprobar con nuestros propios ojos.

Del mismo modo, es improbable que alguien que no confía en su capacidad para hablar en público crea que de repente se le da bien solo porque su madre le diga que es buen orador. Necesitará disponer de evidencia de primera mano, es decir, tendrá que hablar en público y recibir opiniones positivas por parte de fuentes imparciales y en las que confíe.

Creemos que nosotros y lo que vemos con nuestros propios ojos son fuentes fiables, lo que hace que sea importante que la comunidad científica involucre nuestros cinco sentidos a la hora de hacer que sus descubrimientos nos sean accesibles. Con este principio en mente, los divulgadores del cambio climático intentan ahora trasladar los conocimientos científicos sobre la incidencia y la velocidad a la que avanza a una serie de «lecciones a nivel local», por ejemplo, mostrando el impacto del cambio climático en las zonas donde vivimos, para que podamos ir a verlo con nuestros propios ojos.

★ LA CONFIANZA EN LAS CONVICCIONES EXISTENTES

Le pregunté a Tali Sharot, de quien hablamos en la ley anterior, cómo cambiar nuestras creencias o las de otras personas. Sharot ha investigado el tema durante años, y ha realizado múltiples estudios para saber por qué existen las creencias, por qué son tan difíciles de cambiar y cómo lograrlo.

Sharot me explicó que el cerebro analiza cualquier tipo de evidencia nueva junto con la que ya tiene almacenada. Así que, si yo te dijera que he visto pasar volando un elefante rosa, tu cerebro comparará esta evidencia nueva con la que ya tienes de que los elefantes no son rosas y no vuelan, y probablemente la rechazarás.

En cambio, si yo le dijera a un niño de tres años que he visto pasar volando un elefante rosa, es probable que me crea porque aún no tiene firmes convicciones sobre los elefantes, la aviación y las leyes de la física que le indiquen lo contrario.

Sharot afirma que hay cuatro factores que determinan si una evidencia nueva cambiará la existente:

1. Las evidencias que tenga una persona.
2. Su confianza en esas evidencias.
3. Las nuevas evidencias.
4. Su confianza en esas nuevas evidencias.

Y como nos enseña el muy conocido fenómeno del sesgo de confirmación, por el que los seres humanos tienden a buscar, privilegiar y recordar la información de una manera que confirme o apoye sus convicciones o valores existentes, cuanto más alejadas estén las nuevas evidencias de sus presentes convicciones, menos probable será que cambien su manera de pensar.

★ ¡CAMBIAMOS DE OPINIÓN SI PARECEN BUENAS NOTICIAS!

Todo esto significa que es muy difícil cambiar las convicciones falsas a las que nos aferramos. Con una excepción importante: cuando la evidencia en contra es justo lo que quieres escuchar, entonces sí es probable que cambies de parecer. Por ejemplo, en un estudio realizado en 2011 en el que se les dijo a los participantes que los demás los consideraban mucho más atractivos de lo que ellos se consideraban a sí mismos, todos modificaron esa autopercepción sin problemas. Y en un estudio de 2016 en que se informó a los participantes de que tenían genes que los hacían mucho más resistentes a la enfermedad de lo que ellos pensaban, también modificaron toda su forma de pensar de inmediato.

¿Y qué sucede en política? En agosto de 2016, se les pidió a novecientos ciudadanos estadounidenses que predijeran los resultados de las elecciones presidenciales poniendo una flechita en una escala que iba desde Clinton hasta Trump. Si pensabas que era altamente probable que Clinton ganara las elecciones, colocabas la flecha justo al lado de la candidata; si pensabas que había un cincuenta por ciento de probabilidades de que ganara cualquiera de los dos candidatos, ponías la flecha en el medio, etc. Antes de comenzar, se preguntó a los participantes quién querían que ganara las elecciones. El 50 por ciento dijo que quería que ganara Clinton y el otro 50 por ciento, Trump.

Cuando se les preguntó quién pensaban que iba a ganar las elecciones, ambos grupos pusieron la flecha más cerca de Clinton, lo cual indicaba que creían que la ganadora sería ella. Se introdujo a continuación una nueva encuesta que pronosticaba un triunfo de Trump. Y se les volvió a preguntar a todos quién pensaban que ganaría. ¿Cambió la nueva encuesta sus predicciones?

Claro que sí. Pero cambió sobre todo las predicciones de los simpatizantes de Trump, debido a que aquello era exactamente lo que querían escuchar. Estaban encantados con lo sugerido por la encuesta y cambiaron su predicción enseguida.

Los simpatizantes de Clinton no cambiaron apenas su predicción y muchos de ellos ignoraron de lleno la nueva encuesta.

★ EN LUGAR DE ATACAR LAS CONVICCIONES DE ALGUIEN, INSPIRA CONVICCIONES NUEVAS

Tali Sharot llegó a la conclusión de que, para cambiar una convicción, «el secreto está en trabajar a favor de nuestro cerebro y no en su contra», que es lo que la mayoría de las personas intenta, pero no consigue.

No trates de rebatir o negar las evidencias de alguien; **céntrate en inculcar evidencias completamente nuevas** y asegúrate de enfatizar en el impacto enormemente positivo que esas nuevas evidencias tendrán en ellos.

Un ejemplo de esto fue la reacción de un grupo de padres cuando se estableció una falsa relación entre el autismo y la vacuna triple vírica (para el sarampión, las paperas y la rubéola) en un artículo, ahora refutado, publicado en 1998. Cuando se difundieron las conclusiones del artículo, muchos padres se negaron a vacunar a sus hijos, con una obstinación cerril. Al final, un grupo de investigadores logró hacerlos cambiar de opinión, y lo hicieron no yendo en contra de lo que esos padres creían —no se centraron en sus convicciones en absoluto—, sino ofreciéndoles nuevos datos sobre los efectos beneficiosos de la vacuna, sobre cómo evitaría que los niños contrajeran una enfermedad mortal. Y funcionó: los padres aceptaron vacunar a sus hijos.

★ UN AUTOANÁLISIS MINUCIOSO PUEDE REDUCIR LA INTENSIDAD DE CUALQUIER CREENCIA

Lo curioso es que la intensidad con la que alguien cree algo no se reduce cuando atacas a esa persona o cuando tratas de convencerla con datos, pero sí cuando se le pide que explique o analice sus creencias en detalle. Es una técnica que los terapeutas cognitivos conductuales conocen muy bien.

Elizabeth Kolbert describió en *The New Yorker* un estudio de la Universidad de Yale en el que se pidió a un grupo de estudiantes de posgrado que le pusieran una puntuación a su nivel de comprensión del funcionamiento del inodoro de su casa. Luego se les pidió una explicación detallada, paso a paso, de ese funcionamiento. Al acabar, se les pidió que se puntuaran de nuevo. Su confianza en sus conocimientos sobre el funcionamiento de los inodoros se redujo significativamente.

En un estudio similar realizado en 2012, se preguntó a los participantes por su postura sobre una serie de propuestas políticas relacionadas con la cobertura sanitaria. Así lo describe Kolbert: «Se les pidió que puntuaran hasta qué punto estaban de acuerdo o en desacuerdo con cada propuesta. Después, se les pidió que explicaran, con el mayor detalle posible, el impacto de implementar cada una de ellas. Ahí es donde empezaron los problemas para la mayoría». Cuando se les pidió que asignaran de nuevo una puntuación a sus posturas, su grado de convicción disminuyó y se mostraron de acuerdo o en desacuerdo con mucha menos vehemencia.

Pedirle a alguien que explique los detalles y la lógica que sustenta sus creencias más férreas es una forma muy eficaz de rebajar la convicción con la que cree en ellas. Funciona también para las creencias limitantes. Cuando alguien tiene problemas de autoestima y cree que no vale para nada, un modo efectivo de que deje de creerlo es hacerle explicar con todo detalle por qué se siente así y cuestionar sus respuestas.

★ LA ZONA DE CRECIMIENTO ESTÁ DONDE HAY EVIDENCIAS NUEVAS

Ya he explicado en el capítulo sobre la ley número 2 que de adolescente sufría de un terrible pánico escénico, que es algo que se basa en un conjunto de creencias limitantes. Que alguien me dijera que todo iba a salir bien no bastaba para que yo cambiara mis ideas preconcebidas sobre hablar en público, cómo me iría al hacerlo y cuál sería la reacción de los demás. Mis convicciones estaban demasiado arraigadas.

La razón por la cual mi pánico escénico desapareció finalmente —hasta el punto de que ahora me siento un 99,9 por ciento menos nervioso cuando hablo ante una sala abarrotada o en directo en televisión— no es otra que el hecho de que seguí hablando en público. Y hacerlo me fue proporcionando evidencias nuevas, positivas y de primera mano que fueron reemplazando las anteriores que tenía en relación con mi capacidad de hablar en público. Cuanto más lo hacía, mayor era mi confianza en estas nuevas evidencias y, con ella, disminuía la creencia en mi incapacidad y el miedo que me producía.

«Haz aquello que temes, y sigue haciéndolo. Es la forma más rápida y segura que se conoce de vencer tus miedos.»

Dale Carnegie

Para mí, es posible que la verdad fundamental más importante sobre el cambio de convicciones y sobre cómo mejorar la confianza en sí misma de una persona —e incluso la propia— sea que **las convicciones cambian cuando una persona recibe nuevas pruebas que las contrarrestan** y en las que tiene un grado alto de confianza subjetiva.

Si un amigo tuyo tiene una creencia limitante sobre sí mismo o tú mismo la tienes, la mejor forma de cambiar esa creencia no es leer libros de autoayuda o frases inspiradoras o ver vídeos motivacionales, sino **salir de tu zona de confort** y sumergirte en una situación en que esa creencia limitante se vea frente a pruebas nuevas de primera mano.

Es así como se cambian las creencias limitantes más acendradas. Es así como pasé de ser profundamente religioso a ser agnóstico en el lapso de doce meces, de tener poca confianza en mí mismo a creer en mis capacidades en el paso entre la niñez y la vida adulta, y de ser alguien a quien le aterrorizaba hablar en público a tener una confianza indestructible en cualquier escenario.

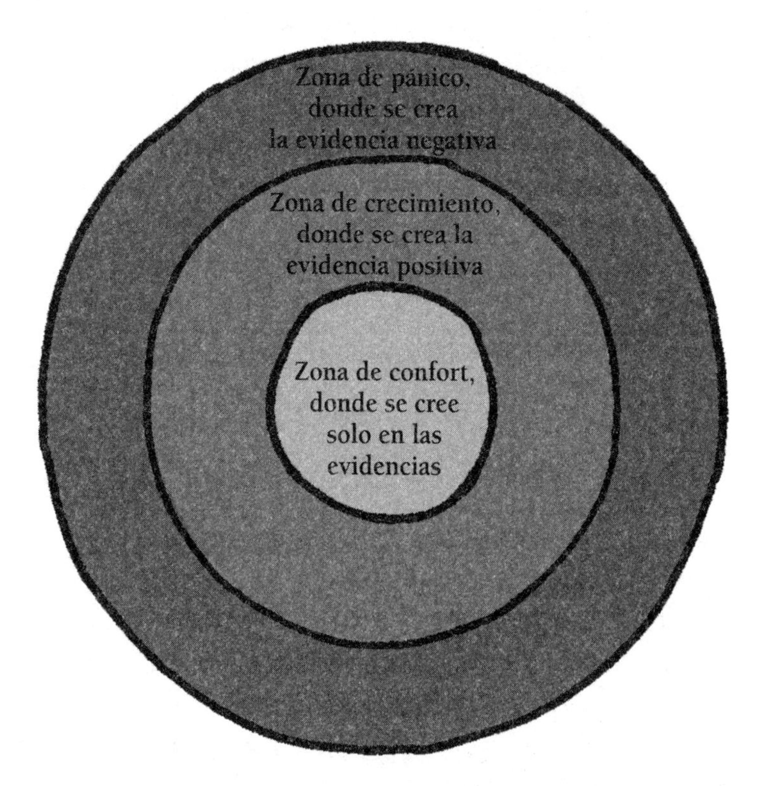

★ LEY: TÚ NO ELIGES EN LO QUE CREES

Las convicciones son obstinadas, pero también maleables. Para cambiarlas, cada persona debe encontrar la forma de obtener evidencias nuevas y convincentes en las que confiar. Es más probable creer en la validez de estas nuevas evidencias si provienen de una fuente que está en concordancia con tus otras creencias existentes. La evidencia que ofrece resultados positivos es la más fácil de creer. Si cuestionas la validez y los detalles de una de tus propias creencias limitantes, tu convicción en ella se debilitará. Si quieres cambiar las convicciones de una persona, no la ataques: haz que sea testigo directo de nuevas evidencias positivas y esto le servirá de estímulo y contrarrestará los efectos negativos de sus creencias anteriores. Las creencias limitantes a las que no nos enfrentamos son las barreras más grandes entre lo que somos y lo que podríamos ser.

Deja de decirte que
no estás cualificado,
que no eres lo
bastante bueno
o que no lo vales.

Creces cuando
empiezas a hacer
las cosas para las que
no estás cualificado.

Del pódcast *The Diary of a CEO*

LEY NÚMERO 5

APUESTA POR LO RARO

A esta ley debo agradecerle todas las empresas de éxito que he creado. Te enseña cómo mantenerte a la vanguardia del mundo tan vertiginoso y cambiante en que vivimos, cómo capitalizar el cambio y cómo puedes evitar quedarte atrás ante las revoluciones tecnológicas que se avecinan.

★ LA HISTORIA

«A la gente le encanta la música; por eso nunca nos faltará trabajo.»

Estas fueron las fatídicas palabras pronunciadas por el CEO de una de las cadenas de tiendas de discos más importantes del mundo mientras se asomaba por el balcón del segundo piso a su bullicioso establecimiento.

Años más tarde, su cadena global de tiendas de discos había quebrado.

Aquel hombre tenía razón: a la gente le encanta la música. Pero no le encanta tener que desplazarse durante una hora, bajo la lluvia, ni abrirse paso a través de una tienda abarrotada para hacerse con un disco de plástico por el que luego tendrá que hacer cola para pagar.

Malinterpretó lo que querían sus clientes: querían música, no discos.

La plataforma digital de música iTunes, desarrollada por Apple, había hecho su aparición en la primavera de 2003, e hizo que sus clientes, habituados a comprar discos, consiguieran lo que querían —música— sin las demás molestias.

Sé de buena tinta que este CEO en particular tenía una actitud tan cínica hacia la música digital que ni siquiera hablaba con los directivos de mayor nivel de su compañía de su irrupción ni de la amenaza que representaba.

Uno de sus socios profesionales me dijo que ese hombre se había «**quedado atrás**» porque no había entendido nada, porque pensó que ese mundo estaba plagado de piratería y no tendría un impacto directo en la afición por los CD.

Creo que también el escritor Clifford Stoll se «quedó atrás» cuando habló con desdén del futuro de internet en la revista *Newsweek*, en febrero de 1995:

> Me preocupa esta comunidad tan de moda y sobrevalorada. Los visionarios predicen un futuro de teletrabajo, bibliotecas interactivas y aulas multimedia. Hablan de reuniones municipales por vía electrónica y de comunidades virtuales. El comercio y los negocios se desplazarán de las oficinas y los centros comerciales a las redes y los módems ... Tonterías. Yo creo que ninguna base de datos en línea reemplazará al periódico.

La revista *Newsweek* acabaría dejándose de imprimir y trasladando toda su actividad a la internet.

En 1903, el presidente de un banco de primera línea sin duda se había quedado atrás cuando le dijo a Henry Ford, el fundador de la Ford Motor Company: «El caballo está aquí para quedarse; el automóvil no es más que una novedad, una moda».

En 1992, Andy Grove, el CEO de Intel, desde luego se había quedado atrás cuando dijo: «La idea de un intercomunicador personal en cada bolsillo es una quimera impulsada por la codicia».

Y el antiguo CEO de Microsoft Steve Ballmer ciertamente se había quedado atrás cuando se rio de Apple y aseguró: «No hay ninguna posibilidad de que el iPhone consiga una cuota significativa de mercado».

Con diecinueve años, me convocaron a una reunión en las elegantes oficinas de Londres de una de las marcas de moda más importantes del mundo. Era 2012 y las redes sociales ya triunfaban entre los consumidores, pero las marcas se estaban quedando atrás, como suele suceder con lo todo lo que tiene que ver con las nuevas tecnologías.

Mi misión aquel día era persuadir al departamento de *marketing* de la marca —es decir, al director de *marketing*— de que se tomara las redes sociales más en serio —de que apostara por todo aquello— y más específicamente, de que la marca lanzara sus propias páginas en las redes. No lo conseguí. Me regañaron, se burlaron de mí y despreciaron mis servicios. El director de *marketing* a quien yo presentaba mi propuesta estaba visiblemente aterrado. «¿Cualquiera podrá hacer comentarios en nuestras publicaciones y criticar lo que hacemos?», preguntó. «No quiero que nuestra marca se haga viral, ¿cómo lo controlaríamos?», continuó. «Con la publicidad en revistas nos va bien, y esto de las redes sociales parece demasiado peligroso.» Dio por terminada la reunión a la mitad de mi presentación y de más está decir que nunca volvió a llamarme.

Mi empresa, en los años siguientes, iría cada vez mejor, y se convertiría posiblemente en la agencia de *marketing* más influyente del mercado.

La marca con la que me reuní aquel día se declaró en bancarrota en 2019.

★ LA EXPLICACIÓN

Quedarse atrás, tal como yo lo entiendo, no es equivocarse, sino tener la arrogancia de creer estar en lo cierto hasta el punto de negarse a escuchar, aprender y prestar atención a lo que viene.

No solo es síntoma de arrogancia; por desgracia, a menudo es un síntoma de ser humano. La razón psicológica por la cual las personas rechazan información importante y potencialmente vital responde a un fenómeno psicológico muy bien estudiado y conocido como **disonancia cognitiva**.

Acuñado por el psicólogo estadounidense Leon Festinger en la década de 1950, el término «disonancia cognitiva» describe la tensión que experimentamos cuando nuestros pensamientos entran en conflicto con nuestro comportamiento. Ser fumador, por ejemplo, es disonante: está en conflicto con la evidencia de que fumar es sumamente nocivo. Para resolver esta tensión, el fumador debe o bien dejar de fumar o bien encontrar una forma de justificar su hábito. Todos conocemos las excusas que usan los fumadores, frases que van desde «fumo solo de vez en cuando» a «hay cosas peores que hacerle al cuerpo», pasando por «¿no soy libre de comportarme como quiera?»

Para Festinger, la disonancia cognitiva permite explicar por qué tantos de nosotros vivimos con ideas o valores contradictorios. Pero también es cierto que puede impedir que cambiemos de parecer cuando deberíamos hacerlo, incluso cuando podría salvar nuestra carrera, nuestro trabajo, nuestra empresa, o incluso nuestra vida.

> Las investigaciones han demostrado que llevamos aún peor la disonancia cognitiva si nos encontramos con hechos o evidencias que desestabilizan o entran el conflicto con la forma en que nos percibimos, que socavan nuestra identidad y nuestra confianza en nosotros mismos, o que nos hacen sentirnos de algún modo amenazados.

En los negocios, quien se aferre con demasiada fuerza a una ideología probablemente no será quien proporcione la solución, porque resolver un problema requiere a menudo tener la humildad suficiente para descartar tu hipótesis inicial y escuchar lo que te dice el mercado.

★ PREFERIMOS ESTAR MUERTOS QUE EQUIVOCADOS

Hacer declaraciones públicas sobre lo que piensas de algo, como hizo el CEO de Intel sobre los móviles, o el CEO de Microsoft sobre el iPhone, podría llevarnos más cerca de cavar nuestra propia tumba, porque al haber mostrado nuestro compromiso con una creencia, nuestros cerebros lucharán incansablemente para probar que estábamos en lo cierto, hasta cuando no haya duda de que estábamos equivocados.

Una y otra vez, los estudios señalan que, en cuanto tomamos una decisión —ya sea votar por determinado partido político, comprar una casa en un barrio y no en otro, o creer que la COVID-19 es grave o que, por el contrario, los riesgos se han exagerado—, empezamos a justificarla y racionalizarla de inmediato. Cualquier duda que hayamos tenido al principio desaparecerá rápidamente.

Quien estudió este fenómeno fue el psicólogo estadounidense Elliot Aronson, que realizó un estudio célebre para el que reunió a un grupo de debate de personas pretenciosas y aburridas. A algunos de los participantes se les hizo superar un arduo proceso de selección y a otros se los incorporó de inmediato, sin que tuvieran que hacer ningún esfuerzo. Quienes lo habían tenido más difícil dijeron disfrutar del grupo más que quienes fueron admitidos sin más. Aronson lo explicó así: siempre que hemos invertido tiempo, dinero o energía en algo que termina siendo una completa pérdida de tiempo, se nos crea una disonancia que intentamos mitigar encontrando formas de justificar nuestra mala decisión. Los integrantes del estudio de Aronson se centraron de manera inconsciente en lo que podía ser interesante, o al menos tolerable, del hecho de formar parte de un grupo deliberadamente aburrido. Las personas que habían invertido muy poco esfuerzo en unirse tenían una disonancia menor que reducir y admitieron con más facilidad que aquello había sido una pérdida de tiempo.

★ NOS NEGAMOS A ESCUCHAR AL OTRO LADO

Aquel director de *marketing* de la marca de moda no fue el único que desestimó mis propuestas. Durante los tres primeros años de vida de mi agencia de *marketing* en redes sociales, nos atacaron, regañaron y criticaron a diario.

Los analistas nos llamaron «parásitos», dijeron que nuestro negocio era una «moda» y predijeron nuestra «bancarrota en pocos meses». Recuerdo tener que consolar el llanto de mi socia cofundadora, Hannah Anderson, cuando en 2015 *BuzzFeed News* publicó un artículo donde se cuestionaba nuestra reputación, nuestras prácticas y nuestra credibilidad.

Como era de esperar, los ataques siempre provenían de personas pertenecientes a los medios y al mundo del *marketing* «tradicionales»: la televisión, la prensa y la radio. Les molestábamos, nos veían como a unos recién llegados. Un analista nos llamó «misteriosos *hackers* de las redes sociales» y otro periodista escribió que ganábamos millones con nuestras «poco recomendables prácticas».

La verdad es que lo que hacíamos no tenía nada de revolucionario. Lo único que pasaba era que no lo entendían y, en cierta medida, el hecho de que un «grupo de veinteañeros de Manchester» estuviese apoderándose el mundo del *marketing* —así lo describió un periodista— amenazaba su sentido de identidad.

Cuando no entendemos algo, o a alguien, o una nueva idea o tecnología, y ese algo nuevo le planta cara a nuestra identidad, nuestra inteligencia o nuestra forma de ganarnos la vida, en vez de escuchar y apostar por ello —para mitigar la disonancia cognitiva— muy a menudo nos quedamos atrás y lo atacamos. Puede que eso nos haga sentir bien, pero un avestruz que esconde la cabeza en la arena se arriesga a que se lo coman.

Esto explica por qué las innovaciones más importantes de nuestra vida recibieron las mayores críticas cuando se presentaron por primera vez: porque amenazaron con hacer añicos el sentido de identidad, la inteligencia y el entendimiento de las personas. Por esta misma razón, hace tiempo que creo que la crítica feroz a una innovación suele ser un indicador positivo de su potencial; una señal de que vale la pena apostar por ello, de que alguien se siente amenazado y la innovación se aproxima.

Por eso aposté por lo que se conoce como «Web 3.0», «tecnología *blockchain*» o «criptomonedas», y fundé una empresa de *software* llamada Thirdweb centrada en ese ámbito, por todas las personas que lo rechazaron, lo atacaron y se enfadaron por que existiera. Esta ola de pesimismo me trajo recuerdos del 2012, cuando puse en marcha una agencia de redes sociales en la Web 2.0, así que me guardé mi opinión e investigué por mi cuenta. Más allá de la sucia avaricia y el cortoplacismo —que abundan siempre que surge una tecnología nueva— descubrí una revolución tecnológica subyacente en el *blockchain* que creo que hará que muchas de las tareas de nuestra vida sean mejores, más fáciles, más rápidas y baratas. Thirdweb fue valorada en 160 millones de dólares en nuestra última ronda de inversión, y en la actualidad contamos con cientos de miles de clientes que usan nuestras herramientas.

Incluso si una innovación no genera una ola de críticas, es importante recordar que la innovación lo trastoca todo porque es diferente. Por definición, debe ser rara, debe parecer poco convencional, debe ser malinterpretada y debe sonar mal, estúpida, boba y hasta ilegal.

En la entrevista que le hice a Rory Sutherland, vicepresidente del grupo publicitario Ogilvy y una leyenda de la publicidad, le pregunté por este asunto y me dijo: «Demasiado a menudo, lo que le importa a la gente no es si una idea es buena o efectiva, sino si se ajusta a las ideas preconcebidas de una convención dominante. Lo nuevo pone en juego ego, estatus, empleos e identidades».

Nos encontramos con esta disonancia cognitiva y esa evitación en todas partes. Cada vez que sentimos afinidad por una ideología, un político, un periódico, una marca o una tecnología, esa misma adhesión distorsiona la evidencia que entra en conflicto con esas lealtades. Si creemos que alguien está «del otro lado», la disonancia aparece antes de que diga una sola palabra.

★ CÓMO CONVERTIRSE EN UNA PERSONA QUE APUESTA POR ALGO

En palabras del emprendedor de la educación Michael Simmons: «Si alguien tiene hoy cuarenta años, la velocidad del cambio que experimentará en 2040, cuando tenga sesenta, será cuatro veces superior al actual. Lo que hoy parece un año de cambio, pasará a ocurrir en tres meses. Alguien que tenga diez años hoy, cuando tenga sesenta experimentará el cambio que ahora lleva un año en solo once días».

Para resumir la profundidad de esta aceleración extrema del cambio, Ray Kurzweil, posiblemente el futurólogo más destacado del mundo afirma: «No experimentaremos cien años de avance tecnológico en el siglo XXI; seremos testigos de unos 20.000 años de progreso (a la velocidad del progreso actual), o de una (velocidad de cambio) mil veces mayor que la alcanzada en el siglo XX».

El cambio va a ser cada vez más rápido, así que prepárate para ver cómo aumenta tu sensación de disonancia cognitiva, es decir, la sensación de que algo no tiene sentido y contradice lo que ya sabes.

Como analizamos en las leyes número 3 y 4, admitir que estamos equivocados —en lugar de lanzarnos a la autojustificación o al rechazo— requiere de autorreflexión y de convivir, al menos temporalmente, con la disonancia.

Nadie quiere ser el emprendedor que pase por alto la próxima revolución tecnológica, nadie quiere ser el CMO a quien se le escape la próxima gran oportunidad de *marketing*, nadie quiere ser el periodista que rechace estar a la vanguardia de los medios. Nadie quiere quedarse atrás. Pero, teniendo en cuenta la ya mencionada velocidad de cambio, habrá cada vez más cosas que te tienten a hacerlo.

Por suerte, hay algunas técnicas prácticas y mentales que podemos adoptar para reducir esa disonancia y esa tendencia a «quedarnos atrás» que genera.

Una de ellas consiste en creer por defecto que dos ideas que aparentan ser contradictorias pueden ser verdaderas al mismo tiempo y aprender a mantenerlas separadas. Los psicólogos sociales Elliot Aronson y Carol Tavris se refieren a esta técnica como la «solución Shimon Peres», por el enfado del ex primer ministro de Israel Shimon Peres cuando su amigo Ronald Reagan, el presidente de Estados Unidos, realizó una visita oficial a un cementerio alemán donde había enterrados exoficiales nazis.

Le preguntaron a Peres qué opinaba de la decisión de Reagan de visitar el cementerio. Al dirigente israelí se le presentaban dos maneras de reducir la disonancia:

1. Dar por terminada su amistad.

2. Decidir que la visita de Reagan era algo trivial por lo que no valía la pena preocuparse.

Sin embargo, no recurrió a ninguna de estas dos respuestas, sino que declaró: «Cuando un amigo comete un error, el amigo sigue siendo amigo y el error sigue siendo un error».

Peres logró «contener» la disonancia y se resistió al impulso de hacer que las dos cosas estuvieran en perfecta consonancia. Su respuesta es una lección sobre cómo evitar las respuestas fáciles e instintivas y no ceder a la presión de una elección binaria, y sobre cómo aceptar los matices y reconocer que dos elementos aparentemente contradictorios pueden ser verdaderos al mismo tiempo. Pese a lo que el tribalismo de internet pueda tentarte a creer, tus creencias más importantes no deberían ser binarias; las personas que apuestan por algo le ven el mérito de la vieja y nueva forma de hacer las cosas al mismo tiempo, y no ceden a la compulsión de rechazar o condenar ninguna de las dos.

En los momentos de disonancia, cuando nos enfrentamos a ideas, innovaciones y datos que no comprendemos, que desafían nuestras convenciones o amenazan nuestra identidad —la Web 3.0, la IA, la realidad virtual, las redes sociales, las ideologías políticas y movimientos sociales de tendencia opuesta— la clave está en resistir la tentación de juzgar —que muchas veces no es más que un intento de aliviar nuestra disonancia cognitiva— y **apostar** por aquello, analizarlo y hacerse preguntas sinceras: ¿Por qué creo lo que creo? ¿Puedo estar equivocado? ¿Sé de lo que estoy hablando? ¿Estoy quedándome atrás porque no lo entiendo? ¿Estoy haciendo lo que hace todo el mundo? ¿Estas convicciones son mías o de las personas que son como yo?

Quienes tengan la paciencia y la convicción de hacerlo, sin duda dominarán el futuro.

Quienes no, seguirán quedándose atrás.

★ LEY: APUESTA POR LO RARO

Si no lo entiendes, apuesta aún más por ello. Si desafía a tu inteligencia, apuesta aún más por ello. Si te hace sentir tonto, apuesta aún más por ello. Quedarte atrás hará que te quedes fuera.

No bloquees a las personas con quienes no estés de acuerdo; síguelas más. No huyas de las ideas que te hagan sentir incómodo; corre hacia ellas.

No arriesgarte será tu mayor riesgo.

Debes arriesgarte a fracasar para triunfar.

Debes arriesgarte a que te rompan el corazón para amar.

Debes arriesgarte a las críticas para recibir el aplauso.

Debes arriesgar lo ordinario para lograr lo extraordinario.

Si vives evitando el riesgo, te arriesgas a dejar pasar la vida.

Del pódcast *The Diary of a CEO*

LEY NÚMERO 6

NO AFIRMES. PREGUNTA. EL EFECTO PREGUNTA-CONDUCTA

Esta ley revela uno de los trucos psicológicos más simples y efectivos que podemos usar para motivar a alguien a hacer algo, crear un hábito o lograr un comportamiento deseado. ¡Puedes utilizarlo contigo mismo o con otra persona!

Estados Unidos, 1980. Ronald Reagan se enfrenta en las elecciones presidenciales a Jimmy Carter, elegido en 1976. La economía se encuentra en un estado calamitoso y Reagan debe convencer a los votantes de que ha llegado la hora de echar a Carter de la Casa Blanca.

En la última semana de la campaña, el 28 de octubre, los dos candidatos celebraron un único debate presidencial, que vieron más de ochenta millones de espectadores, el debate hasta entonces más visto de la historia de Estados Unidos.

Antes del debate, el presidente en funciones, Carter, tenía una ventaja de ocho puntos, según las encuestas.

Reagan sabía que necesitaba usar los pésimos resultados económicos de Carter en su contra, pero, en lugar de hacer lo que todos los candidatos antes que él habían hecho y hablar de datos económicos, hizo algo que nunca nadie había hecho, pero que todos empezaron a hacer desde entonces: formuló una pregunta simple, ya célebre: «¿Su posición económica es hoy mejor que hace cuatro años?». Esto fue lo que dijo:

«El próximo martes, todos ustedes irán a las urnas, se presentarán en el colegio electoral y tomarán una decisión. Creo que, cuando tomen esa decisión, sería bueno que se preguntaran si su posición económica es hoy mejor que hace cuatro años. ¿Le resulta más fácil ir de compras que hace cuatro años? ¿Hay más o menos desempleo en el país que hace cuatro años? ¿Es Estados Unidos un país tan respetado en el mundo como hace cuatro años?... Y si responden que sí a todas estas preguntas, está claro por quién votarán.»

Una encuesta por televoto realizada por ABC News justo después del debate recibió unas 650.000 respuestas, y cerca del 70 por ciento de los encuestados manifestó que Reagan lo había ganado. Siete días después, el 4 de noviembre, Regan derrotaba a Carter por una diferencia de diez puntos, una victoria aplastante, y se convertía en el cuadragésimo presidente de Estados Unidos.

¿Solo una pregunta? No, magia política respaldada por la ciencia. ¿Por qué? Porque **las preguntas, a diferencia de las afirmaciones, provocan una respuesta activa, hacen pensar.** Por eso un grupo de investigadores de la Universidad Estatal de Ohio ha descubierto que, cuando los hechos están de tu lado, las preguntas son mucho más eficaces que las afirmaciones.

★ EL PODER DEL EFECTO PREGUNTA-CONDUCTA

Todos hacemos promesas que no cumplimos. ¿Cuántas veces has dicho «este año comeré más sano» o «esta semana haré ejercicio todas las mañanas» y luego no lo has hecho? Por supuesto que nuestra intención es cumplirlo, pero las buenas intenciones no bastan para generar un cambio significativo. En cambio, una buena pregunta podría hacerlo.

Después de analizar más de cien estudios realizados en el transcurso de cuarenta años de investigación, un equipo de científicos de cuatro universidades estadounidenses descubrió que preguntar es mejor que afirmar a la hora de influir en el comportamiento propio o ajeno.

David Sprott, coautor de la investigación de la Universidad Estatal de Washington, lo explicaba así: «Si le preguntas a una persona por una conducta futura, la probabilidad de que esa conducta se produzca cambiará». Las preguntas provocan una reacción psicológica distinta a las afirmaciones.

Esto significa que, por ejemplo, un letrero que diga «RECICLE, POR FAVOR» es menos probable que aumente la posibilidad de que quienes lo lean reciclen que uno que diga «¿VA A RECICLAR?». Decirse a uno mismo «hoy comeré verduras» es menos probable que aumente nuestras posibilidades de comer vegetales que preguntarse «¿voy a comer verdura hoy?».

Un hecho sorprendente que descubrieron los investigadores es que transformar una afirmación en pregunta puede influir en la conducta de una persona durante un periodo de hasta seis meses.

El efecto pregunta-conducta es incluso más potente con preguntas que solo pueden responderse con un sí o un no.

El efecto pregunta-conducta es más fuerte cuando las preguntas se usan para incentivar conductas que se ajustan a los anhelos personales y sociales del receptor (es decir, cuando una respuesta afirmativa lo acercaría a ser quien quiere ser).

Formular la pregunta con un verbo en futuro implica una responsabilización y una acción, y hace que el efecto pregunta-conducta sea aún más fuerte que si la encabezamos con fórmulas como «puedes» o «podrías», que dan a entender que la pregunta se refiere a la capacidad en lugar de a la acción. Es más fuerte también que si formulamos la pregunta con un verbo en condicional, que implica posibilidad, más que probabilidad.

★ CÓMO USAR LA DISONANCIA COGNITIVA A TU FAVOR

En la ley número 5, señalábamos lo nocivo que puede ser el fenómeno de la disonancia cognitiva, pero ahora voy a contarte lo útil que puede ser.

La disonancia cognitiva describe el malestar mental que experimentamos cuando la mejor versión de ti mismo —la persona que de verdad quieres ser— no coincide con la persona que eres ahora. Supongamos que aspiras a ser un experto en taichí y un amigo te pregunta si lo practicas todos los días. Responder que no generaría disonancia cognitiva porque pondría sobre la mesa un desencaje incómodo entre lo que quieres ser y lo que eres en realidad. Para eliminarlo, es probable que respondas que sí. Y una vez que lo hayas hecho, tu aspiración tiene más probabilidades de hacerse realidad porque la pregunta te ha recordado no solo quién quieres ser, sino también el camino para convertirte en esa persona, y has establecido la intención de transitar ese camino. Y todo gracias a una simple pero poderosa pregunta.

La razón por la cual el fenómeno es aún más efectivo con una pregunta de sí o no es que las opciones binarias no admiten justificaciones o excusas, que son elementos que nos permiten escabullirnos para no enfrentarnos a la realidad de lo que queremos ser y lo que debemos hacer para llegar a serlo.

Si has leído mi primer libro, ya sabrás que, a Sophie, mi maravillosa asistente personal, le gusta anunciar todas las semanas que irá al gimnasio el lunes. En alguna ocasión, cuando he sido lo bastante ingenuo como para preguntarle si había ido al gimnasio el lunes, he tenido que oír una larga y elaborada respuesta con la razón por la cual no pudo ir, seguida del anuncio de que irá el lunes siguiente. Lleva ocho años así.

Lo bueno de las preguntas de sí o no es que no te dejan margen para engañarte. Te obligan a comprometerte con alguna de las dos opciones.

Así que, si empiezas a poner excusas por su conducta o quieres dejarle claro a alguien lo que debería hacer de otra manera, prueba esto: hazte o hazle una pregunta simple cuya respuesta solo pueda ser sí o no. Funciona muy bien si nos centramos en áreas que pueden verse beneficiadas por un poco de motivación adicional. «¿Voy a ir hoy al gimnasio?» «¿Voy a pedir comida saludable para comer?» No dejes espacio para ninguna explicación. Solo sí o no. Hace poco, salí a correr cerca de la casa de mi novia, en Oporto, que es una ciudad conocida por sus colinas empinadas. En un momento en que me acercaba a una elevación particularmente empinada, tanto que parecía casi vertical, el efecto pregunta-conducta vino al rescate. Me pregunté: «¿Vas a seguir corriendo sin parar hasta llegar a la cima?». Mi respuesta fue «sí». No puedo explicarlo, pero, por alguna razón, me fue de mucha ayuda. Alcancé la cima sin detenerme; aquella pregunta eliminó cualquier excusa posible que pudiera haber usado para parar y generó una promesa hacia mí mismo que no quise romper.

Utiliza el efecto pregunta-conducta para ayudar a los demás. Pregúntale a un amigo o a un ser querido: «¿vas a comer más sano?» o «¿vas a presentarte a ese ascenso?». Se ha comprobado una y otra vez que esta confrontación amable produce cambios significativos y fiables, a la vez que motiva a las personas a ser la mejor versión de sí mismas.

Utilízalo en tu trabajo. Si eres camarero en un restaurante y atiendes una mesa de clientes satisfechos, en lugar de decirles «espero que hayan disfrutado de la comida», cuando retires los platos, pregúntales «¿qué tal la comida?» justo cuando les entregues la cuenta, un momento antes de que decidan la propina.

Tal como demostró el presidente Reagan, cuando los hechos están de tu lado, las preguntas se convierten en herramientas muy poderosas para fomentar la conducta que deseas.

★ LEY: NO AFIRMES, PREGUNTA. EL EFECTO PREGUNTA-CONDUCTA

Si deseas generar conductas positivas, no afirmes: haz preguntas binarias que solo admitan una respuesta de sí o no. Es más probable que las personas respondan que «sí» si les acerca a lo que quieren ser y, una vez que lo hayan hecho, es más probable que ese «sí» se haga realidad.

Haz preguntas sobre tus acciones y tus acciones te responderán.

Del pódcast *The Diary of a CEO*

LEY NÚMERO 7

NO COMPROMETAS NUNCA TU AUTORRELATO

Esta ley introduce un concepto del que probablemente no hayas oído hablar nunca, el autorrelato; te muestra el modo en que determina tu éxito en la vida, y te proporciona una estrategia secreta para escribir la mejor de sus versiones y lograr así tus objetivos más ambiciosos.

«Lo que voy a decir no lo sabe mucha gente...», dijo Chris Eubank Jr. inclinándose ominosamente hacia adelante en la silla.

Chris Eubank Jr., campeón de boxeo e hijo del célebre boxeador y miembro del Salón Internacional de la Fama del Boxeo del mismo nombre, pasó por mi casa para que lo entrevistara en el proceso de preparación de este libro.

Esto fue lo que dijo a continuación:

> ...pero el ochenta por ciento de lo que implica ser boxeador está en tu cabeza. Está en el coraje, las agallas y el arrojo que hay que tener para caminar en medio de una multitud de miles de personas y saber, mientras avanzas, que una vez que llegues al cuadrilátero y subas las escaleras, te quitarás la bata, sonará la campana y tendrás que luchar con alguien. Tendrás que aguantar que te hagan daño y tendrás que hacerle daño a alguien, delante de millones de personas que miran desde todo el mundo. Solo ese paseo hasta el cuadrilátero la mayoría de las personas del planeta no pueden hacerlo. Solo ese paseo, por no hablar de la pelea, requiere de una fuerza mental enorme.

Yo: ¿Crees que es posible entrenar esa fortaleza mental?

Eubank Jr.: Creo que sí. He visto a boxeadores desarrollarla. Y se necesita. Al fin y al cabo, habrá momentos, entrenando, haciendo *sparring* y sin duda en las peleas en los que te harás daño de verdad. Estarás en una posición en la que no pararás de hacerte preguntas. ¿Qué hago aquí? ¿Saldré bien? ¿Puedo ganarle a este tipo? ¿Me rindo? ¿Debería encontrar una salida? Es agotador. Todos los luchadores pasan por ese momento.

Yo: ¿Alguna vez te has planteado de verdad abandonar durante una pelea?

(Pausa prolongada.)

Eubank Jr.: Una vez estuve a punto de darme por vencido. Fui a Cuba antes de hacerme profesional. Los boxeadores allí son animales. Son monstruos esos tipos. Me subo al cuadrilátero a hacer una sesión normal de *sparring* y de repente veo que el representante olímpico de los pesos pesados cubano sube las escaleras y se mete en el *ring*. Pensé que venía a practicar boxeo de sombra y precalentar para su sesión de *sparring* con otro, pero me dijeron: «No, no, no, no, vais a hacer *sparring* juntos». Yo dije: «Pero él si pesa tres veces lo que yo. ¿De qué estás hablando?». Y me respondieron: «No, pero te lo pondrá fácil, es solo para entrenar». Así que pensé: «Venga. Qué más da. Vamos allá».

Suena la campana del primer asalto y el tipo se me abalanza y empieza a pegarme. Los golpes más fuertes que he recibido en mi vida. ¡Pam, pam, pam! Los esquivo, me aparto, corro por todo el cuadrilátero. Él sigue atacándome y no consigo quitármelo de encima.

Pam, pam, pam. ¡Me saca del cuadrilátero! Es una caída de un metro de alto sobre un suelo de hormigón. Me golpeo la rodilla al caer y la pierna no me responde. Intento ponerme de pie, pero no lo consigo. Levanto la vista y veo al peso pesado cubano que se asoma por encima de las cuerdas y me mira. Estoy en una encrucijada mental y debo tomar una decisión. ¿Le digo que me he hecho daño en la rodilla y que él es demasiado grande para mí? ¿O me levanto y peleo? Estoy sentado en el suelo, mirando a mi alrededor. Todos me miran, hasta mi padre está allí. Tomé una decisión. Fue como, venga, a la mierda todo. Volví a entrar y el cubano empezó a pegarme otra vez, durante otros dos asaltos... Pero yo solo podía pensar en una cosa: «Tengo que terminar los tres asaltos, porque he dicho que iba a pelear los tres asaltos. No voy a salir de aquí y a dejar que todo el mundo me vea abandonar una pelea. Porque no podría vivir conmigo mismo. Tengo que ir a casa y dormir. Y no puedo ir a dormir sabiendo que otro hombre ha hecho que me dé por vencido». Así que volví a ese cuadrilátero y aguanté la paliza como un hombre. Y, desde ese día, nunca volví a tener miedo. Fue la peor experiencia de toda mi vida, pero también fue la mejor, porque de repente sabía de lo que era capaz. Sabía que era capaz de no rendirme. Si él no pudo hacer que me diera por vencido, ¿quién podrá hacerlo? Nadie. Y esa convicción me acompañó durante el resto de mi carrera.

Yo: Es increíble. Estás hablándome de una historia que escribes sobre ti mismo, para ti mismo, y de lo importante de esa historia para determinar tu comportamiento en el futuro.

Eubank Jr.: Exacto. Cuando más pasa es en los entrenamientos. Hay momentos en los que estoy en la cinta de correr y me da un calambre en la pantorrilla, y todavía me faltan ocho minutos, porque he programado una sesión de cuarenta minutos y estoy en el minuto treinta y dos. Me entra el calambre y me pongo a correr con una sola pierna, literalmente cojeando, porque, si la cinta puede conmigo, ¿qué pasará cuando suba al cuadrilátero con un tipo que me golpea y yo esté lesionado? También me rendiré. Esto es importantísimo, porque te enseña a creer que, por difíciles que se pongan las cosas, eres el tipo de persona que siempre encontrará la solución.

Da igual si hay gente mirando o si nadie sabrá jamás que te has rendido. No puedes darte por vencido cuando nadie te mira. No quieres que ese espíritu entre dentro de ti; debes mantener esos demonios fuera. ¡Son demonios y, si los dejas entrar demasiadas veces, se apoderarán de ti!

> «Odié cada minuto del entrenamiento, pero me dije: "No te rindas. Sufre ahora y vive el resto de tu vida como un campeón".»
>
> **Mohamed Ali**

★ TU AUTORRELATO GENERA «FORTALEZA MENTAL»

El ejército de Estados Unidos es el más importante del mundo. Cada año, unos 1.300 cadetes ingresan en la academia militar de West Point, conocida por su exigencia. Parte de su iniciación consiste en un sistema de entrenamiento extremadamente difícil, llamado *beast barracks*, que, según un estudio que se hizo sobre los aspirantes, está «deliberadamente diseñado para poner a prueba los límites de las capacidades mentales de los cadetes».

Al leer sobre este estudio supuse, como la mayoría de la gente, que los cadetes con más resistencia, inteligencia, fuerza y aptitudes físicas serían los que tendrían mayores posibilidades de superar ese entrenamiento. Pero cuando la investigadora de la Universidad de Pensilvania Angela Duckworth estudió sus logros y, en especial, la influencia de la fortaleza mental, la perseverancia y la pasión en la capacidad de alcanzar objetivos, descubrió algo muy sorprendente.

Duckworth hizo un seguimiento a casi 2.500 cadetes repartidos en dos promociones de nuevos reclutas. Comparó diversos parámetros, como la nota media en la secundaria, el resultado de su examen de selectividad, las pruebas de aptitud física y su puntuación en la llamada «escala de perseverancia» o *grit scale* (que mide el tesón y el interés por los objetivos a largo plazo en una escala que va del uno al cinco).

Resultó que lo que mejor indicaba si un candidato superaría las *beast barracks* no eran ni la fuerza física ni la inteligencia ni la capacidad de liderazgo, sino la fortaleza mental, junto con la determinación por alcanzar un objetivo de largo plazo. La perseverancia era lo más importante. Créase o no, los cadetes que estaban tan solo un punto por encima de la desviación estándar en la escala de perseverancia tenían un 60 por ciento más de probabilidades de superar las *beast barracks*.

Todos los estudios siguen mostrando que nuestro autorrelato y la fortaleza mental, la perseverancia o la resiliencia son más importantes que cualquier otra cosa a la hora de alcanzar nuestros objetivos en los negocios y en la vida. Es muy bueno saberlo, puesto que, si bien no podemos hacer gran cosa para cambiar nuestro físico o nuestras capacidades innatas, sí podemos hacer mucho para perfeccionar nuestro autorrelato.

Por desgracia, ese autorrelato no solo se ve influido por la evidencia de primera mano que nosotros mismos hemos recopilado, sin también por los estereotipos que nos rodean. Por ejemplo, si en la sociedad en la que vives existe el estereotipo de que las personas negras son menos capaces que las blancas y tú eres negro es probable que interiorices esa creencia y que se convierta en parte de tu autorrelato. La ciencia demuestra que este estereotipo puede influir por sí solo de forma significativa en tu autorrelato, tu desempeño y, a fin de cuentas, tus resultados.

Cuando tenía ocho años, mientras me ponía, lleno de ilusión, el bañador en el vestuario de la escuela antes de mi primera clase de natación, un compañero se volvió hacia mí y me dijo casi de pasada: «¿Sabías que los negros no saben nadar? Su cuerpo es diferente, así que ¡no te será fácil!». Soy de ascendencia inglesa y africana, así que en ese momento, con ese comentario casual, no solo se esfumó mi entusiasmo, sino también mi convicción de que alguna vez sería capaz de nadar. Ni qué decir tiene que en la clase de natación no fue bien; chapoteé como un perro que se ahoga y acabé dándome por vencido a mitad de la lección. Necesité 18 años, y la ayuda de una persona creíble que me convenció de que aquello no era verdad, para al fin aprender a nadar.

Un estudio extraordinario publicado en 1995 utilizó algo llamado «*priming*» (condicionamiento) para demostrar los efectos que este tipo de «amenaza del estereotipo» puede tener sobre nuestro autorrelato.

Los investigadores sometieron a un grupo de estudiantes a un examen de vocabulario de cierta dificultad, pero, antes de comenzar, les hicieron preguntas sobre su raza a varios de los alumnos negros. Curiosamente, los estudiantes a los que se les había preguntado por su raza hicieron peor el examen y sacaron notas más bajas que los estudiantes blancos y que los estudiantes negros a los que no se les había hecho ninguna pregunta. Cabe destacar que, cuando a los alumnos no se les preguntaba nada relacionado con la raza, sus calificaciones eran comparables.

El impacto insidioso que un estereotipo negativo puede tener en el autorrelato de alguien no solo se observa en cuestiones de raza. En otro estudio, los investigadores se propusieron poner a prueba el pernicioso mito de que las mujeres no son tan buenas en matemáticas como los hombres. Antes de entregar el examen a un grupo de estudiantes universitarios de ambos sexos, a algunos de los participantes se les comentó que, por regla general, hombres y mujeres obtenían calificaciones diferentes en ese examen y, a otros, que a hombres y a mujeres les iba igual de bien.

Las mujeres que escucharon los comentarios negativos sacaron peores resultados, sufrieron más ansiedad y manifestaron tener peores expectativas sobre su rendimiento que los hombres. El experimento confirmó los resultados de estudios anteriores al descubrir que el mero hecho de exponer a los estudiantes a comentarios sobre su género hacía que la amenaza del estereotipo surtiera efecto, lo que afectaba a su desempeño.

Entonces, ¿qué ocurriría si una mujer pudiese sustraerse a su identidad, cambiar su autorrelato y fingir ser otra persona a la hora de hacer el examen?

Un investigador llamado Shen Zhang se propuso averiguarlo. Entregó un cuestionario con treinta preguntas de matemáticas de respuesta múltiple a 110 alumnas y 72 alumnos universitarios. Antes de empezar, se les dijo a todos que las matemáticas se les dan mejor a los hombres que las mujeres. Además, a algunos de los voluntarios se les pidió que hicieran el examen con su nombre real, mientras que a otros se los instruyó para que usaran uno de los siguientes cuatro nombres inventados: Jacob Tyler, Scott Lyons, Jessica Peterson o Kaitlyn Woods.

Los hombres tuvieron mejores resultados que las mujeres en el examen, pero lo más sorprendente fue que las mujeres que usaron un alias, ya fuera de hombre o mujer, superaron a las mujeres que no lo hicieron. Más importante aún: ¡las mujeres que adoptaron un alias lo hicieron igual de bien que los hombres!

Este estudio demostró de una vez por todas las ventajas de que exámenes y entrevistas utilicen métodos de identificación alternativos que eviten los nombres propios. En palabras del investigador, eso «permitiría a las personas estigmatizadas desconectarse de una situación amenazante» y, sobre todo, «desarmar los estereotipos negativos».

★ LA CIENCIA DEL DESARROLLO DE UN AUTORRELATO SÓLIDO EN TU SALUD, TU TRABAJO Y TU VIDA

El «autorrelato» que describía Chris Eubank Jr. es una teoría que conocen bien tanto científicos como psicólogos, y a la que se refieren como nuestro «autoconcepto». Es lo que pensamos sobre quienes somos y abarca todos nuestros pensamientos y sentimientos sobre nosotros mismos, en el ámbito físico, personal y social. Comprende las creencias que tenemos sobre nuestras capacidades, nuestro potencial y nuestras competencias.

Nuestro autorrelato se desarrolla más rápidamente durante la infancia y la adolescencia, pero continúa formándose y cambiando a medida que acumulamos más evidencias sobre nosotros mismos a lo largo de la vida adulta.

NUESTRO AUTORRELATO GENERA FORTALEZA MENTAL

El profesor de psicología Fatwa Tentama asegura que la resiliencia individual de cada uno se ve influida por su autorrelato. Las personas que tienen un autorrelato positivo son más optimistas, perseveran durante más tiempo frente a la adversidad, gestionan mejor el estrés y alcanzan sus objetivos con mayor facilidad.

«Los individuos con un autoconcepto bajo se creerán y se verán débiles, incompetentes e inoportunos, perderán el interés por la vida, serán pesimistas y se darán por vencidos fácilmente.»

Laura Polk, científica y experta en liderazgo

Un estudio de la investigadora Eka Aryani, de la Universidad Mercu Buana de Yogyakarta, Indonesia, trató de comprender la relación entre el autorrelato y la resiliencia en un grupo de estudiantes, y llegó a la conclusión de que el autorrelato es casi el 40 por ciento de lo que hace que un alumno sea «mentalmente fuerte». El 60 por ciento restante comprende otros factores que también influyen en la resiliencia individual, como las capacidades reales y los factores familiares y comunitarios.

¿Cómo podemos mejorar nuestro autorrelato para ser resilientes y optimistas, alcanzar nuestros objetivos y perseverar frente a la adversidad?

CREAR UN AUTORRELATO MÁS FUERTE

Puede que te suenen estas palabras del famoso entrenador de baloncesto universitario John Wooden: «La verdadera prueba del carácter de un hombre está en lo que hace cuando nadie lo ve». Es cierto, pero, según los datos científicos, también es cierto que el carácter de una persona se forma, evoluciona o se destruye cuando nadie lo ve.

Todo lo que haces —con o sin público— proporciona evidencias de quién eres y de lo que eres capaz.

Como descubrimos en la ley número 4, la evidencia de primera mano —es decir, todo lo que percibes con tus propios sentidos— es, de lejos, la más importante a la hora de crear o cambiar una convicción.

Imaginemos que estás solo, en el gimnasio, levantando pesas. Vas por la última serie y te quedan diez repeticiones más para completar el entrenamiento. Al llegar a la penúltima repetición los músculos te arden. ¿Qué haces?

Tu decisión, en ese momento, puede parecer intrascendente, pero cada decisión que tomamos escribe una línea indeleble de evidencia de primera mano sobre quiénes somos, cómo respondemos frente a la adversidad y qué somos capaces de hacer en el capítulo de hoy de nuestro autorrelato.

Esta evidencia no solo se autocumplirá en el gimnasio, sino que impregnará el resto de tu vida e influirá inexorablemente en tu conducta.

Esta evidencia, cuando las cosas se pongan difíciles, te susurrará al oído: «suelta la pesa», «déjalo ya», «sabes que no puedes con esto». Y la ciencia demuestra que, frente a la adversidad, la evidencia negativa sobre uno mismo te causará más estrés, más preocupación y más ansiedad que un relato repleto de perseverancia, superación y victoria.

Lo que pensamos sobre nosotros mismos crea nuestros pensamientos y sentimientos, nuestros pensamientos y sentimientos determinan nuestras acciones, y nuestras acciones crean nuestra evidencia. Para generar nueva evidencia, debes cambiar tus acciones.

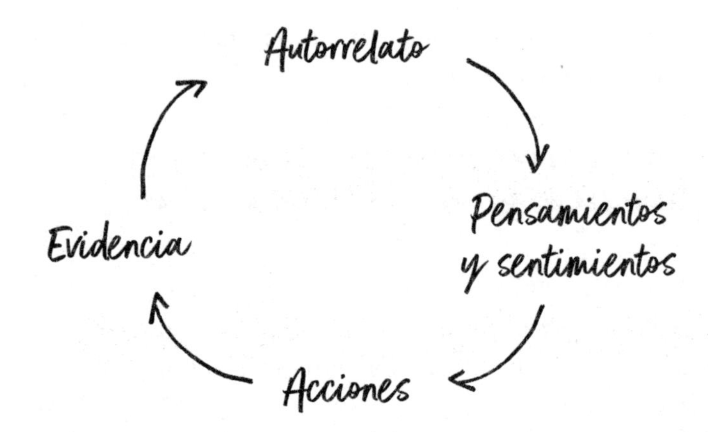

Elige hacer esa décima repetición, aunque sea más fácil detenerse en la novena. Elige tener esa conversación difícil, aunque sea más fácil evitarla. Elige hacer esa pregunta adicional, aunque sea más fácil guardar silencio. Pruébate a ti mismo —de mil pequeñas maneras, en cada oportunidad que tengas— que tienes lo que hay que tener para superar los desafíos de la vida. Y solo cuando lo hagas tendrás realmente lo que hay que tener para superar los desafíos de la vida: un autorrelato sólido, positivo y basado en la evidencia.

★ LEY: NO COMPROMETAS NUNCA TU AUTORRELATO

La fortaleza mental es necesaria para el éxito duradero, y se deriva principalmente de un autorrelato positivo. Para construirlo, necesitas evidencias, y esas evidencias se derivan de las decisiones que tomas frente a la adversidad. Ten cuidado con las evidencias en contra y con el impacto malicioso a largo plazo que puede tener sobre tu autoestima y tu conducta. Si un niño de ocho años te dice que no sabes nadar, mándalo a la mierda.

La señal más convincente de que alguien obtendrá resultados nuevos en el futuro es un comportamiento nuevo en el presente.

Del pódcast *The Diary of a CEO*

LEY NÚMERO 8

NO LUCHES NUNCA CONTRA UN MAL HÁBITO

Esta ley revela algunas verdades sorprendentes sobre cómo adquirir y abandonar cualquier mal hábito que tengas. Te enseña por qué luchar contra los malos hábitos es una estrategia equivocada que a menudo conduce a un efecto rebote y qué es lo que, en cambio, deberías hacer.

De niño me preocupaba que mi padre pudiera morirse.

Cuando yo no tenía ni diez años, mis hermanos y yo descubrimos que nuestro padre fumaba en secreto. Aparentemente nos lo había ocultado para que no reprodujéramos el hábito. Pero en cuanto encontramos sus cigarros, empezó a fumar delante de nosotros.

Para mi sorpresa, solo fumaba en el coche. Nunca de fiesta, ni en casa, ni en el trabajo; solo en el coche. Intenté sutilmente convencerlo para que lo dejara, pero sin éxito. Hasta que un día, diez años después, conseguí, sin darme cuenta, hacer que abandonara el tabaco después de cuarenta años.

Para entender lo que ocurrió, primero debo explicar de forma sucinta cómo arraigan los hábitos.

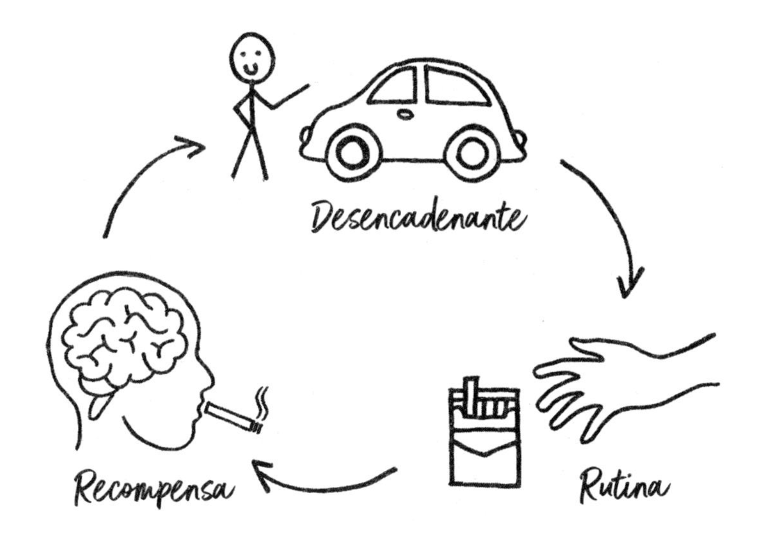

El concepto de **bucle del hábito** fue introducido por Charles Duhigg en su libro *El poder de los hábitos*, donde explora cómo y por qué se desarrollan los hábitos, por qué se afianzan y cómo podemos dejarlos. En su versión más simplificada, el bucle del hábito se compone de tres elementos:

- SEÑAL: El desencadenante del comportamiento habitual (p. ej.: una reunión estresante o una mala noticia).
- RUTINA: El comportamiento habitual (p. ej.: fumar un cigarrillo o comer chocolate).
- RECOMPENSA: El resultado o impacto que tiene en ti el comportamiento habitual (p. ej.: un sentimiento de alivio o felicidad).

Con dieciocho años, tras dejar la universidad para fundar mi primera empresa de tecnología, leí un libro llamado *Hooked,* escrito por Nir Eyal, que explica cómo las grandes empresas tecnológicas y las redes sociales se aprovechan del bucle del hábito para que los usuarios se enganchen a sus productos. Mientras leía el libro, un día pasé por la casa de mis padres y sin querer me lo olvidé en el baño.

Mi padre, al que le encanta leer en el baño, hizo suyo el libro. Le enseñó cómo funcionaba su hábito y entendió al fin la señal (el coche), la rutina (buscar la pitillera en la puerta, agarrar los cigarrillos y encender uno) y la recompensa (la nicotina que libera dopamina en el cerebro) que lo llevaban a fumar.

Al día siguiente, fue al coche, sacó los cigarrillos de la pitillera, los reemplazó por piruletas y nunca más volvió a fumar. Había interrumpido el bucle del hábito y lo había cambiado por otro nuevo, menos adictivo, lo que mejoró drásticamente su salud.

Tanto si lo hizo conscientemente como si no, la ciencia demuestra que lo más importante que hizo mi padre fue no tratar de luchar contra el hábito, sino **reemplazar el último paso del bucle por una recompensa mucho menos adictiva:** las piruletas.

Las últimas investigaciones científicas han revelado hasta qué punto es absurdo intentar luchar contra los malos hábitos, y por qué todo el mundo acaba volviendo a ellos.

¿Alguna vez te has dado cuenta de que cuando te centras demasiado en dejar de hacer algo, a la larga lo único que consigues es hacerlo aún más?

Esto se debe a que somos seres orientados a la acción, no a la inacción. Tali Sharot, a quien ya conocimos en el capítulo sobre la ley número 3, me dijo:

> Para conseguir algo bueno en la vida —ya sea un pastel de chocolate o un ascenso en el trabajo— solemos tener que pasar a la acción y hacer algo para merecerlo. En consecuencia, nuestro cerebro se ha adaptado para entender que

> la acción se relaciona con la recompensa, de modo que, cuando esperamos algo bueno, se activa una señal que hace que seamos más propensos a actuar, y a hacerlo rápido.

Sharot detalla un experimento en el que se dijo a los participantes que podían pulsar un botón para obtener una recompensa (un dólar) o pulsar un botón para evitar una acción negativa (perder un dólar). Como quizá era de esperar, los participantes que pulsaron el botón para obtener la recompensa lo hicieron con mayor rapidez que los que pulsaron el botón para no perderla.

El cerebro asocia las recompensas con la acción, así que hay que emparejar una acción con una recompensa.

Además, algunos estudios han demostrado que cuanto más se intenta reprimir una acción o un pensamiento, más probabilidades existen de realizar esa acción o de centrarse en ese pensamiento. Es una prueba contundente a favor del poder de la manifestación —se obtiene lo que se piensa— pero también es una prueba de que intentar luchar contra un hábito o tratar de no pensar en él es una mala estrategia.

En 2008, un estudio publicado en la revista *Appetite* reveló que un grupo de participantes que intentó no pensar en comer acabó comiendo más que otro que no lo hizo. El primer grupo mostró lo que se conoce como «efecto rebote».

En ese mismo sentido, un estudio de 2010 publicado en *Psychological Science* observó que el grupo de fumadores que intentaba no pensar en fumar en realidad pensaba en ello más que el grupo que no lo intentaba.

Esto me recuerda un consejo que me dio mi profesor de autoescuela cuando tenía dieciocho años: «Steven, el coche irá hacia donde miren tus ojos. Si no quieres chocar con los vehículos que hay a los lados de la carretera, no los mires, porque te desviarás hacia ellos. Mira hacia adelante, a lo lejos, hacia donde quieras que vaya el coche».

Parece una analogía adecuada del modo en el que dejamos y adquirimos hábitos: a la larga, acabarás haciendo aquello en que te centras, así que no te concentres en dejar de fumar, no luches contra el hábito; concéntrate en el comportamiento con que deseas reemplazarlo.

Elliot Berkman, el director del Laboratorio de Neurociencia Afectiva y Social de la Universidad de Oregón, sostiene que, si eres fumador y te dices a ti mismo que no debes fumar, tu cerebro sigue oyendo «fumar». Por el contrario, si te propones mascar chicle cada vez que quieras un cigarrillo, tu cerebro tendrá un objetivo más positivo y orientado a la acción en el que centrarse. Por eso las piruletas ayudaron a dejar de fumar a mi padre: no solo sacó los cigarrillos de la puerta del coche, sino que los reemplazó por una nueva acción —comer piruletas— en la que su cerebro podía enfocarse.

★ SI QUIERES DEJAR UN HÁBITO, DUERME

«¿Cuando duermes?» es una pregunta que en los últimos diez años me han hecho, al menos una vez a la semana, más entrevistadores, moderadores y periodistas de los que puedo recordar. La suposición tácita tras la pregunta —que siempre me ha dejado perplejo— es que no es posible tener un gran éxito profesional y al mismo tiempo dormir lo suficiente. La verdad es más bien lo contrario: siempre he dormido bien. No programo ninguna reunión, llamada o cita antes de las once de la mañana y rara vez uso la alarma para despertarme, porque siempre he sabido que dormir es la base del éxito, no algo que lo impida.

En palabras de Russell Poldrack, profesor de psicología de la Universidad de Stanford, «Es más probable que hagas algo que no quieres hacer si estás estresado». Es decir, que si estás estresado hay más posibilidades de que vayas a buscar el pico de dopamina en forma de azúcar, alimentos procesados, drogas, pornografía o alcohol.

Por lo tanto, una de las cosas más importantes que puedes hacer para que tus nuevos hábitos arraiguen, y repetirlos las veces suficientes en esa etapa temprana para que las neuronas de tu cerebro se activen y se conecten, es mantener niveles bajos de estrés, especialmente en esta fase inicial crítica de darle forma al nuevo hábito.

Una de las cosas más efectivas que se pueden hacer, y también la más sencilla, es descansar bien por la noche. Sea lo que sea lo que quieras mejorar, desde tu vida social hasta dejar de fumar, el sueño te ayudará. Si intentas ponerte en forma, dormir lo suficiente mejorará tu velocidad, fuerza y resistencia.

Si tratas de mejorar tu rendimiento en el trabajo, la falta de descanso te hará estar menos productivo y, si tienes un cargo directivo, estarás menos atento, menos concentrado, menos alegre e incluso tomarás decisiones menos éticas.

Si lo que buscas es bajar de peso o comer de un modo más saludable, la falta de sueño reduce los niveles de leptina, la hormona que le indica al cuerpo que estamos llenos. También provoca el correspondiente aumento de la grelina, la «hormona del hambre», lo que genera más apetito y acumulación de grasas y que, por lo tanto, puede llevarte a comer alimentos poco saludables.

Así que, si quieres dejar atrás los viejos hábitos y adquirir otros nuevos, olvídate de todos los consejos, trucos y atajos complicados y céntrate en lo básico: lo lograrás si **te encuentras bien**, si **no estás estresado** y si **duermes bien por la noche**.

★ NO ADQUIERAS MÁS DE UN HÁBITO A LA VEZ

Es sabido que la fuerza de voluntad es clave para lograr el éxito, pero, hasta hace unos veinticinco años, nuestra visión sobre el tema era algo simplista, dado que la considerábamos una habilidad que, una vez desarrollada, permanece constante. Todo esto cambió cuando el entonces estudiante de doctorado Mark

Muraven (hoy profesor de la Universidad de Albany, Nueva York) sostuvo que la fuerza de voluntad disminuye cuanto más la usamos.

En 1998, Muraven realizó un experimento que se volvería célebre. Colocó en su despacho un bol con rábanos y otro con galletas recién horneadas e hizo pasar a dos grupos de personas a las que les hizo creer que se trataba de un experimento sobre la percepción del sabor. A los integrantes del primer grupo les dijo que podían comerse las galletas e ignorar los rábanos, mientras que a los del segundo les pidió que ignoraran las galletas y se comieran solo los rábanos.

Pasados cinco minutos, un investigador entró en la sala y, tras una pausa de un cuarto de hora, les dio a ambos grupos un rompecabezas imposible de resolver.

Quienes habían comido las galletas, con su fuerza de voluntad aún intacta, se encontraban sumamente relajados e intentaron resolver el rompecabezas una y otra vez, algunos durante más de media hora. De media, quienes comieron galletas estuvieron casi veinte minutos intentando resolver el rompecabezas antes de darse por vencidos.

Quienes habían comido rábanos —y habían tenido que abstenerse de comer las deliciosas galletas apelando a su fuerza de voluntad— hicieron todo lo contrario. Se pusieron nerviosos y comunicaron su enfado. Algunos recostaron la cabeza sobre la mesa en un gesto de desesperanza y otros perdieron la paciencia y empezaron a quejarse de que todo aquello era una pérdida de tiempo. De media, quienes habían comido rábanos dedicaron al rompecabezas alrededor de ocho minutos —menos de la mitad que los que habían comido galletas— antes de darse por vencidos.

Tras el estudio de las galletas y los rábanos, otros investigadores han puesto a prueba y demostrado el «agotamiento de la fuerza de voluntad»: la idea de que, más que una simple habilidad, la fuerza de voluntad es más bien un músculo y —al igual que los músculos del cuerpo— cuanto más trabaja, más se cansa. En uno de esos estudios, a los participantes se les pidió en una primera fase que no pensaran en ciertas cosas, y luego fueron incapaces de reprimir la risa cuando el investigador intentó hacerlos reír. En otro, los voluntarios primero tuvieron que ver una película muy dramática y reprimir sus emociones y luego, en una prueba posterior que ponía a prueba un aspecto más físico que emocional, los participantes, igual que los desafortunados comedores de rábanos, se rindieron antes.

Así que, si lo que prueban los estudios es correcto y la fuerza de voluntad es un recurso limitado, es evidente que cuantas más presiones, restricciones y limitaciones te impongas a ti mismo en tu intento de adquirir nuevos hábitos y abandonar los viejos, menores serán las posibilidades de lograrlo y mayores las de recaer de nuevo.

Luchar contra los hábitos no es buena idea: te dejará sin fuerza de voluntad y aumentarán las probabilidades de que caigas en el efecto yoyó. Por eso las dietas exprés no funcionan: cuando tienes la sensación de estar privándote de algo que realmente quieres, casi siempre fracasas. Por ejemplo, en un estudio de 2014, cerca del 40 por ciento de los participantes afirmó no haber cumplido sus propósitos de Año Nuevo porque sus objetivos eran insostenibles o poco realistas, y otro 10 por ciento aseguró haber fallado porque se había hecho demasiados propósitos.

Por eso es fundamental que te asegures de que tus hábitos son lo bastante pequeños y alcanzables como para poder mantenerlos en el tiempo, sin necesidad de grandes sacrificios que agoten tus reservas de fuerza de voluntad. En lugar de intentar abandonar todos los malos hábitos de una sola vez, márcate menos objetivos, y eso aumentará las probabilidades de que los cumplas. Si tus objetivos son grandes, poco realistas y exigen muchos sacrificios, tu fuerza de voluntad estará sometida a demasiada tensión, se agotará, fracasarás y recaerás.

También por esto muchos psicólogos y científicos han descubierto que la mejor manera de adquirir un nuevo hábito no es luchar contra uno antiguo o privarse de recompensas —eso es, de hecho, contraproducente—, sino **encontrar recompensas nuevas, más saludables y menos adictivas, y asegurarte de seguir recompensándote** durante el camino.

★ LEY: NO LUCHES NUNCA CONTRA UN MAL HÁBITO

Si quieres dejar un mal hábito, no luches contra él. Date cuenta de cuál es tu bucle del hábito y emplea acciones positivas para reemplazarlo. No te enfrentes a más de un mal hábito a la vez; cuantos más intentes modificar, menores serán las posibilidades de cambiar nada. En el proceso de adquirir un nuevo hábito, asegúrate de cuidar de ti mismo y dormir tanto como puedas.

Duerme, haz deporte,
muévete, sonríe, ríe,
escucha.
Lee, ahorra,
hidrátate, ayuna,
construye, crea.

Tus hábitos son
tu futuro.

Del pódcast *The Diary of a CEO*

LEY NÚMERO 9

PRIORIZA SIEMPRE TU PIEDRA ANGULAR

Esta ley defiende la idea de que la mayoría de nosotros tenemos mal nuestras prioridades y te insta a priorizar la salud de modo que puedas vivir lo suficiente para disfrutar de todas tus demás prioridades.

Warren Buffett, oficialmente el hombre más rico del mundo, les dio una vez a un pequeño grupo de estudiantes universitarios en Omaha, Nebraska, su consejo más valioso:

> Con dieciséis años, yo solo pensaba en dos cosas: chicas y coches. No era muy bueno con las chicas, así que pensaba en coches. También pensaba en chicas, pero tenía más suerte con los coches.
>
> Si en esa época se me hubiera aparecido un genio y me hubiera dicho: «Te daré el coche que tú quieras. Lo tendrás aquí mañana por el mañana atado con un gran lazo. Nuevo, a estrenar. ¡Y será todo tuyo!»
>
> Como había oído muchas historias sobre genios, le habría dicho: «¿Cuál es la condición?». Y el genio habría respondido: «Hay una sola condición... Será el último coche que tendrás nunca. Así que deberá durarte de por vida».
>
> Si eso hubiera ocurrido, habría elegido un coche, pero, sabiendo que tenía que durarme de por vida, ¿sabéis qué habría hecho?
>
> Habría leído el manual unas cinco veces. Habría aparcado siempre el coche bajo techo. Si hubiese tenido la más

pequeña abolladura o arañazo, lo habría llevado a reparar de inmediato, porque no hubiese querido que se oxidara. Habría mimado ese coche porque tenía que durarme de por vida.

Esa es exactamente la posición en la que os encontráis respecto a vuestra mente y vuestro cuerpo. Tenéis una sola mente y un solo cuerpo. Y deben duraros de por vida. Es fácil, claro, hacerlos funcionar sin parar durante muchos años.

Pero si no cuidáis esa mente y ese cuerpo, en cuarenta años estarán hechos chatarra, igual que lo estaría el coche.

Lo que hagáis ahora mismo, el día de hoy, es lo que determina cómo funcionarán vuestra mente y vuestro cuerpo dentro de diez, veinte y treinta años.

Debéis cuidar de ellos.

Durante el primer 80 por ciento de mi vida, mis prioridades fueron el trabajo, las chicas, los amigos, la familia, mi perro y mis posesiones materiales.

Hasta que, con veintisiete años, fui testigo, junto al resto del mundo, de cómo un virus global, el COVID-19, se propagaba por toda la civilización y causaba la trágica muerte de más de seis millones de personas.

Hasta ese momento, mi juventud, y la ingenuidad que me infundía, habían hecho que la salud fuera algo que hubiera dado por sentado. A decir verdad, no me preocupaba mi salud; me preocupaba verme bien —tener unos abdominales marcados—, pero, por suerte, nunca había tenido que pensar en «estar sano».

Creo que la pandemia fue una experiencia traumática para la mayoría de nosotros, pero, si hubo un aspecto positivo para mí, es que el trauma de aquellos dos años me dejó marcada en la mente la idea indiscutible de que **la salud debe ser, en efecto, mi máxima prioridad**.

Un equipo internacional de investigadores analizó los datos recopilados a partir de un gran número de artículos revisados por expertos donde se estudiaba a cerca de 400.000 pacientes con COVID-19 y descubrió que las personas con obesidad que contrajeron el virus tenían un 113 por ciento más de posibilidades de enfermar hasta el extremo de tener que ser hospitalizados. Las personas poco saludables tenían mayores posibilidades de morir.

Desde hace tiempo, tengo la firme convicción de que nadie cree realmente que vaya a morir, como demuestra la forma en que vivimos nuestras vidas, las cosas insignificantes que nos preocupan y nuestra actitud frente al riesgo. Sin embargo, el COVID-19 trajo la muerte a mi puerta; por primera vez, llegué a verla de cerca y de forma muy personal. Pude reflexionar sobre sus aspectos aterradores, liberadores e inciertos.

Al ver el rostro esclarecedor de la muerte, me di cuenta de que había establecido mal mis prioridades en la vida. Vi que mi trabajo, mi novia, mis amigos, mi perro, mi familia y todo lo que tenía eran simples piezas colocadas sobre una mesa frágil llamada mi «salud».

La vida podría quitarme alguna de esas piezas de la mesa —como suele ocurrir— y yo seguiría teniendo todo lo demás. Podría quitarme a mi perro, Dios no lo quiera, y aun así seguiría teniendo todo lo demás. Podría quitarme a mi novia, y aun así seguiría teniendo todo lo demás. Pero si me quitara la mesa —la salud— todo se caería al suelo. Lo perdería todo.

Todo depende de la mesa.

Todo depende de mi salud.

Mi salud es mi piedra angular.

Por lo tanto, mi salud, lógicamente, debe ser mi máxima prioridad, todos los días y para siempre.

Y algo crucial: al aceptar esta realidad —al colocar la salud como mi principal prioridad— prolongo mi vida y así puedo disfrutar aún más de todas mis otras prioridades (mi perro, mi pareja, mi familia).

No hay mayor muestra de gratitud que cuidarse a uno mismo.

Esta revelación ha cambiado el curso de mi vida. En los últimos tres años he introducido cambios radicales en mi dieta: he reducido el consumo de azúcar, alimentos procesados y cereales refinados. He empezado a hacer ejercicio seis días a la semana —sin saltarme ninguno— y he incrementado el consumo de agua, plantas y probióticos.

Estoy objetivamente sano, lo que es algo muy bueno, pero también me encuentro muy bien, lo que es aún mejor. El impacto positivo en cada área de mi vida —mis negocios, mi productividad, mi descanso, mis relaciones, mi humor, mi vida sexual, mi confianza en mí mismo— ha sido tan profundo que no podría escribir este libro sin incluir el cuidado de tu piedra angular como una de las leyes ineludibles de la grandeza.

«Quienes piensan que no tienen tiempo para el ejercicio físico, tarde o temprano tendrán que encontrar tiempo para la enfermedad.»

Edward Stanley

★ LEY: PRIORIZA SIEMPRE TU PIEDRA ANGULAR

Cuida tu cuerpo; al fin y al cabo, es el único vehículo que tendrás, la única embarcación que utilizarás para explorar el mundo y la única casa a la que de verdad podrás llamar hogar.

Tu salud
es tu piedra
angular.

Del pódcast *The Diary of a CEO*

PILAR II
LA HISTORIA

LEY NÚMERO 10

LO ABSURDO INÚTIL TE DEFINIRÁ MÁS QUE LO PRÁCTICO ÚTIL

Esta ley te explica cómo hacer que tu mensaje publicitario o el de tu marca llegue diez veces más lejos y alcance a diez veces más público con la centésima parte del presupuesto.

Abrí mi primera agencia de *marketing* con veinte años. La empresa creció más rápido de lo que mi experiencia podía manejar y, al año de fundarla, me encontré aceptando una inversión de 300.000 dólares de nuestro mayor cliente.

Cuando a un joven inexperto de veinte años que por primera vez dirige su propia empresa le das mucho dinero —más del que haya visto en toda su vida— existen muchas probabilidades de que acabe haciendo algo muy estúpido con él. Y eso fue exactamente lo que pasó.

Firmé un contrato de alquiler de diez años de una nave gigante, de casi 1.400 metros cuadrados, en Manchester, al norte de Inglaterra, lo bastante grande para acoger a centenares de empleados en las instalaciones, pese a que no éramos más que diez.

Antes incluso de comprar mesas para que trabajara mi equipo, yo ya había hecho construir un entrepiso e instalado una sala de videojuegos. Y como bajar de allí por una escalera me inspiraba poco entusiasmo, decidí invertir 13.000 libras en un enorme tobogán azul que iba a parar a una gran piscina de bolas.

Para cuando llegaron las mesas, yo ya había hecho instalar una canasta de baloncesto, un minibar bien provisto, grifos de cerveza, un enorme árbol en medio de la oficina y varios otros elementos que denotaban mi enorme inmadurez.

En los años posteriores, y aunque el promedio de edad de la mayoría de nuestros empleados no superaba los veintiún años, no hubo empresa de la que se hablara más, más disruptiva y con un crecimiento más rápido en todo el sector. Nuestras ventas crecieron por encima del 200 por ciento anual durante varios años seguidos. Nuestros clientes eran las marcas más importantes del mundo y nuestra plantilla superaba las quinientas personas el día en que cumplí 25 años.

Y lo más fascinante de todo esto es que jamás tuvimos un equipo comercial.

No lo necesitábamos porque teníamos un enorme tobogán azul.

Sé que todo esto suena delirante, una gran exageración hiperbólica, pero, de verdad, el único y más importante motor publicitario de nuestra empresa en los medios durante nuestros primeros años de existencia fue ese enorme tobogán azul.

Todas las grandes cabeceras de prensa que escribían sobre nosotros, todos los canales de televisión, todos los blogs que nos mencionaban siempre hacían referencia o bromeaban o ponían el foco en el enorme tobogán azul.

Cuando la empresa cumplió tres años, lo habían fotografiado cientos de veces, y tantos periodistas me habían pedido que posara tumbado dentro de la piscina de bolas que ya se había convertido en una broma en la oficina. En cuanto llegaba un periodista a recepción para entrevistarme, alguien desde dentro me gritaba sin falta: «¡A la piscina de bolas!».

La BBC, BuzzFeed, VICE News, Channel 4, Channel 5, *Forbes, GQ, The Guardian, The Telegraph, Financial Times...* Todos hacían cola para venir a nuestras oficinas y entrevistarnos, y la imagen bajo el titular de la noticia casi siempre era la del enorme tobogán azul. En un reportaje de la BBC dijeron que nuestra oficina era la que más molaba del país, y cuando VICE vino a hacer un documental sobre nosotros, el equipo dedicó la mayor parte del tiempo a filmar la piscina de bolas y el enorme tobogán azul desde todos los ángulos posibles.

En retrospectiva, y todo el equipo fundador está de acuerdo, una de las mejores decisiones financieras que tomamos —pese a ser estúpida, involuntaria e inmadura— fue gastar 13.000 libras del dinero que pusimos en ese gran tobogán azul.

Es cierto que, en los siete años que presidí la empresa, no vi que el tobogán se usara más que unas cuantas de veces, pero su utilidad no debería medirse por su propósito inicial, sino más bien por su efectividad como mensaje publicitario.

El tobogán le gritaba algo sobre nosotros al mundo, decía: «esta empresa es diferente», «esta empresa es joven», «esta empresa es disruptiva» y «esta empresa es innovadora». Comunicaba ese mensaje más fuerte y con mayor convicción que cualquiera de las campañas publicitarias que creamos.

Si una imagen vale más que mil palabras, nuestro gran tobogán azul escribió un libro entero, y era un libro que hablaba de nuestros valores, de quiénes somos, de cuáles son nuestras creencias y de cómo nos comportamos.

No estoy diciendo en absoluto que corras a gastarte todo tu dinero en un gran tobogán azul, pero lo que sí afirmo es que tu historia pública no se definirá por las cosas prácticas y útiles que hagas —en muchos casos, ni siquiera por los productos que vendas—, sino por lo **absurdo inútil** con que se asocie a tu marca.

Tengo un amigo que empezó a ir hace poco a un gimnasio londinense llamado Third Space. Con tres pisos de una limpieza absoluta, es posiblemente el más lujoso de toda la ciudad. Para convencerme de que me apuntara, mi amigo me dijo: «Tienes que venir; es increíble. ¡Si hasta tienen un rocódromo de treinta metros en la entrada!»

¿Te das cuenta de lo que hizo mi amigo? Igual que haría todo el mundo, lo que me mencionó no fueron los centenares de muy útiles máquinas de ejercicios, ni los muy útiles soportes de pesas, ni los muy útiles vestuarios; me vendió el gimnasio en base a lo más absurdo que tiene.

Y, a decir verdad, funcionó. Hace ya más de un año que voy a ese gimnasio y, en todo ese tiempo, no he visto a una sola persona acercarse jamás al rocódromo de treinta metros.

Pero cuando te dicen que un gimnasio tiene un rocódromo de treinta metros, tu subconsciente piensa: «Si tiene un rocódromo de treinta metros, ¡entonces debe tener de todo!». O bien: «Si tiene un rocódromo de treinta metros, debe de ser enorme». O, si eres de la generación Z o milenial: «Si tiene un rocódromo de treinta metros, ¡debe de tener muchas otras cosas divertidas y locas que fotografiar y subir a las redes sociales!».

> La publicidad de una marca se define más por lo absurdo inútil que por su utilidad práctica; lo más absurdo de ti lo dice todo de ti.

LA ESTRATEGIA DE MARKETING DE TESLA ES EL ABSURDO

En mucho menos tiempo del que los ha llevado a sus competidores, Tesla se ha convertido en una de las empresas automovilísticas más importantes del mundo. Su Modelo Y es el coche más vendido en Europa y el Modelo 3 es uno de los vehículos de lujo que más se vende en Estados Unidos. El presupuesto de publicidad de Tesla es de cero dólares.

Del mismo modo en que mi agencia de *marketing* no necesitaba un equipo comercial y mi gimnasio probablemente no necesitaba un equipo comercial, Tesla no necesita anunciarse porque es una marca impulsada y definida por sus absurdos.

Está repleta de rasgos intencionalmente absurdos para hacer que sus clientes, los medios y el público en general hablen, se rían y hagan correr la voz sobre sus vehículos. Mientras que la mayoría de los fabricantes de coches han llamado a sus modos de conducción «confort», «estándar» y «deportivo», Tesla se ha entregado alegremente al poder del absurdo llamando a los suyos «*insane*» (locura), «*ludicrous*» (ridículo) y «ludicrous+» (ridículo+).

En 2019, los Tesla incorporaron la opción «Caraoke» (un juego de palabras entre *car*, coche, y karaoke) que permite a los conductores convertir su coche en, cómo no, un karaoke y, en 2015, lanzaron el famoso «Modo de defensa contra armas biológicas» que protege al conductor contra este tipo de armamento. Integraron también un modo «Arcade», que convierte el vehículo en un salón recreativo sobre ruedas, e instalaron *Easter eggs*, que son funciones ocultas que el conductor debe descubrir, como hacer que el auto se convierta en el trineo de Papá Noel, transformar la carretera en un arcoíris y hasta hacer que el coche emita sonidos de flatulencias desde cualquiera de los asientos de los pasajeros.

Todas estas cosas parecen inmaduras y estúpidas, como mi enorme tobogán azul, pero cuando nos sumergimos en los datos de la escucha social, estas funciones absurdas producen más conversaciones sobre la marca que las funciones más útiles de todos sus competidores juntos.

Pensar, hablar o escribir acerca de las cosas que mantienen el *statu quo* no ofrece ningún incentivo, a diferencia de hacerlo sobre las cosas absurdas que se burlan de ese *statu quo*, lo derriban y se le ríen a la cara.

★ LAS CERVEZAS EN LA DUCHA QUE LE HICIERON GANAR MILLONES A BREWDOG

La cadena de cervecerías BrewDog se convirtió en la marca de cerveza de más rápido crecimiento en el Reino Unido en 2019. Lleva también en funcionamiento mucho menos que la mayoría de sus rivales y tienen una fracción del presupuesto de *marketing* que sus competidores globales, algunos de doscientos años de edad o más. Pero, de nuevo, esta desventaja financiera no ha coartado su alcance publicitario, porque su estrategia, para bien o para mal, consiste en evocar intencionadamente el poder de lo absurdo a la hora de difundir su mensaje.

Cuando lanzaron la cadena de hoteles BrewDog en 2021, instalaron neveras de cerveza dentro de cada una de las duchas para que los clientes pudieran bebérselas mientras se duchaban. Seguro que nadie —al menos nadie en su sano juicio— las usa, pero una búsqueda rápida en las imágenes de Google revela que un número considerable de fotos de los hoteles incluyen la imagen de la nevera de cerveza en la ducha. Lo más absurdo de la marca está diciéndolo todo sobre ella.

Sin decir nada directamente en absoluto, la presencia de esa nevera les grita a los clientes: «somos para los amantes de la cerveza», «somos una marca punk», «no nos importan las reglas», «somos disruptivos», «tenemos sentido del humor», «este hotel es para personas diferentes» y, una vez más, para las generaciones más jóvenes, también dice «este hotel te dará contenido de primera para tus canales de redes sociales».

Y si funciona tan bien, ¿por qué no se lanza todo el mundo al absurdo? Porque la mayoría de los líderes empresariales, los directores financieros y los contables exigen un retorno directo y medible de sus inversiones en *marketing*, marca y producto. El absurdo que estoy describiendo es dificilísimo de medir o cuantificar, al igual que tantas otras cosas en *marketing*, como el relato o la creación de marca: o se cree en ello o no.

Por lo que he visto a lo largo de los diez años que llevo asesorarando a las principales marcas del mundo, las pocas personas que sí creen en el poder del absurdo, y actúan en consecuencia, son casi siempre los fundadores de las empresas (los CEO a los que alguien ha nombrado suelen huir del riesgo, tienen menos control financiero y confían menos en los valores de la marca). Lo que invierten en *marketing* casi siempre rinde diez veces más que lo que invierten sus rivales y siempre parecen superar al resto del sector a largo plazo. Y lo que es más importante: es más divertido trabajar con ellos.

Si miras a tu alrededor, verás que los relatos de marca más poderosos le sacan partido al poder de lo absurdo, lo ilógico, lo costoso, lo ineficiente y lo disparatado, porque la convención, lo similar y la racionalidad, por más útiles que sean, no transmiten un mensaje claro acerca de quién eres y quién no.

> «El significado se transmite por las cosas que hacemos que no redundan en nuestro beneficio en el corto plazo, por los costes en los que incurrimos y los riesgos que tomamos.»
>
> **Rory Sutherland, vicepresidente del grupo publicitario Ogilvy**

★ LEY: LO ABSURDO INÚTIL TE DEFINIRÁ MÁS QUE LO PRÁCTICO ÚTIL

Serás conocido por las cosas más absurdas que hagas. Esas cosas serán las que lo digan todo sobre ti, y no tendrás que decir nada por tu cuenta. Lo absurdo es más eficaz y divertido, pero no es para los cobardes ni para los débiles, sino para los valientes, los idiotas y los genios.

La normalidad se ignora.

Lo absurdo vende.

Del pódcast *The Diary of a CEO*

LEY NÚMERO 11

EVITA A TODA COSTA CONVERTIRTE EN PAPEL PINTADO

Esta ley te enseñará el arte de captar la atención de los demás en todo lo que escribas, digas y produzcas. Es el secreto subyacente de todos los narradores, publicistas y creadores más famosos en el mundo.

«Voy a tener que amputarme el brazo.»

Durante seis días, Aron Ralston se mantuvo con vida a fuerza de una férrea determinación, una esperanza asombrosa y una poderosa herramienta innata de supervivencia —incorporada a nuestro sistema— que le permitió desconectarse del tremendo dolor que sentía el tiempo suficiente para amputarse a sí mismo un brazo.

Un día de primavera de 2003, Ralston condujo en dirección a Moab (Utah), para recorrer uno de los senderos de ciclismo de montaña más exigentes del mundo, llamado Slickrock Trail, y pasar unos días escalando cañones en solitario para preparar el ascenso del monte Denali, en Alaska (anteriormente conocido como monte McKinley), que tenía previsto realizar unos meses después. El 26 de abril se adentró en el cañón Bluejohn y, a los ocho kilómetros, llegó a una sección en la que había unos peñascos enormes encajados entre las paredes del cañón. Mientras los atravesaba poco a poco, de pronto, uno de ellos, que pesaba más de trescientos kilos, se desplazó y le aplastó la mano derecha contra la pared del cañón.

No solo la mano de Aaron quedó reducida a una masa sanguinolenta, sino que no podía mover la roca. Estaba atrapado.

No le había dicho a nadie dónde estaba, no había traído más que una cantimplora con agua y varias barritas energéticas, y pasarían días hasta que lo declararan desaparecido.

No había nada que pudiera hacer.

Después de un lapso lleno de agonía en que trató en vano de liberar el brazo y tras un periodo de incredulidad, conmoción y profunda desesperación, por fin logró recomponerse.

La navaja de bolsillo que traía consigo era su única posibilidad de salvación. En los días siguientes, Ralston intentó recortar los bordes de la roca, sin éxito. Luego trató de hacer lo mismo con la pared del cañón, pero también en vano. Se le estaba acabando el tiempo: había llegado allí con tres litros de agua y le quedaba solo uno.

Como él mismo recuerda: «Podía sobreponerme al dolor, podía sobreponerme al miedo, pero no podía superar la necesidad de mi cuerpo de beber agua».

Ralston llevaba cinco días atrapado en el cañón. No le quedaba otra opción que hacer lo impensable. Con la mano libre reunió sus enseres, respiró profundamente y se dispuso a cortarse el brazo.

Miró por un momento el filo sucio de la navaja y luego se la clavó en el brazo atrapado. La amputación le llevó más de una hora, y funcionó: estaba consciente, estaba vivo y ahora también estaba libre.

Exhausto y ensangrentado, pero también sobrepasado por el alivio y la adrenalina, se dirigió hacia la salida del cañón. Tras recorrer unos diez kilómetros a pie, se encontró con unos turistas que lo llevaron a un lugar seguro.

Es curioso, pero en el libro del propio Ralston, y en la película *127 horas* sobre su terrible experiencia, se muestra sorprendentemente impasible, concentrado y tranquilo ante la situación.

«Todo lo demás —el dolor, la idea de un posible rescate, el accidente en sí— se desvanece en el aire. He pasado a la acción», dijo.

Si bien el de Ralston es caso extremo, lo que dijo pone de relieve una de las muchas herramientas de supervivencia que posee el cerebro humano de forma innata: la capacidad para desentenderse de la información que no considera relevante, para poder concentrarse en la información nueva y desconocida que es más importante para nuestra supervivencia y bienestar, aun cuando, como en el caso de Ralston, esa información llega en forma de un dolor inconcebible, una situación extrema o un sentimiento de desesperanza.

Al describir en su libro algunas de las heridas, Ralston señalaba: «Quizás lo más extraño era que no notaba el dolor de la herida. Había tantas otras cosas preocupantes en mis circunstancias que aquello no era lo bastante importante como para merecer la atención de mi cerebro».

Lo que Ralston describe es el increíble fenómeno psicológico de la habituación.

★ LA HABITUACIÓN

El fenómeno conocido como **habituación** es un mecanismo neurológico innato que nos ayuda a enfocarnos en lo importante y dejar de lado aquello en lo que nuestro cerebro no necesita concentrarse.

El superviviente del Holocausto Elie Wiesel, prisionero en los campos de concentración de Auschwitz y Buchenwald durante la Segunda Guerra Mundial, describió en más de una ocasión lo que suponía estar expuesto a la amenaza continua de la violencia y la muerte, así como a los sonidos terroríficos y los hedores nefastos de los campos. A medida que iba pasando el tiempo, su cerebro se **habituaba**: se volvía insensible al peligro, los sonidos, los olores y las demás penurias a las que se enfrentaban.

Pavel Fischl, un joven poeta checo, descubrió a su llegada al gueto de Theresienstadt, controlado por los nazis, el modo en que todo el mundo allí se acostumbraba a su espantoso nuevo entorno:

> Todos nos hemos acostumbrado al ruido de los pasos en los pasillos de los barracones. Ya nos hemos acostumbrado a las cuatro paredes oscuras que rodean cada barracón. Estamos acostumbrados a hacer largas colas, a las siete de la mañana, al mediodía y de nuevo a las siete de la tarde, con el cuenco en la mano, para recibir un poco de agua caliente con sabor a sal o a café, o para que nos den unas patatas. Nos hemos habituado a dormir sin cama, a vivir sin radio, sin tocadiscos, sin cine, sin teatro y sin las preocupaciones habituales de las personas corrientes. Nos hemos acostumbrado a ver cómo se muere la gente rodeada de sus propios desperdicios, a ver a los enfermos en medio de la inmundicia y el asco [...], nos hemos habituado a ponernos la misma camisa toda la semana; pues, en fin, uno se acostumbra a todo.

La habituación es un fenómeno por el cual el cerebro se adapta a los estímulos repetidos a fuerza de ignorarlos o de restarles importancia.

Por ejemplo, si estás en una habitación donde se oye un zumbido constante a un volumen bajo, es posible que al principio te resulte molesto, pero al cabo de unos minutos tal vez ni siquiera lo notes, porque tu cerebro se ha adaptado al ruido y ya no lo procesa.

Este fenómeno cognitivo libera capacidad mental que necesitamos para otras cosas —cosas nuevas que podrían ayudarnos a sobrevivir— y puede observarse en todos los animales con cerebro. En una ocasión, un grupo de investigadores colocó ratas, cuya actividad cerebral monitorizaba, en un laberinto con chocolate escondido a la salida: «La primera vez que la rata entraba en el laberinto olfateando el aire y arañando las paredes, el cerebro explotaba de actividad, como si analizara cada uno de los aromas nuevos, cada estímulo visual y auditivo.

Aunque la rata parecía estar tranquila, su cerebro lo estaba procesando todo a toda velocidad.»

Pero, una vez que la rata encontraba el chocolate, cuando se la volvía a colocar en el laberinto para que fuera a por un segundo trozo de chocolate escondido en el mismo lugar, la actividad mental desaparecía por completo. La rata pasaba a actuar en piloto automático. Ya no necesitaba procesar nada —se había habituado al laberinto—, así que iba directa al chocolate sin pausa, del mismo modo que todos vamos inconscientemente por nuestras vidas de siempre, al trabajo, al gimnasio, o a alguna zona familiar de nuestra casa, sin pensar, procesar o registrar la información del entorno que nos es tan familiar.

Debido a que el cerebro de la rata estaba ahora en piloto automático, había liberado capacidad cognitiva para pensar en otras cosas. Así que, en teoría, la rata podía dirigirse hacia el chocolate mientras reflexionaba al mismo tiempo sobre un problema complejo que tenía ese día en el trabajo. En un mundo en que no nos habituáramos a nuestro entorno, nuestra mente implosionaría por la cantidad de estímulos sensoriales que tendría que procesar.

★ SACIEDAD SEMÁNTICA

Padre. Padre.

¿Te has dado cuenta de que si repites cualquier palabra una y otra y otra vez empieza a convertirse en un mero sonido? Incluso cuando miras la misma palabra escrita repetidamente, como en el párrafo anterior, el cerebro termina por desconectarse de su significado. Esta desfamiliarización a veces hace que nos parezca que la palabra está en otro idioma. Si te la quedas mirando el tiempo suficiente, se convertirá para ti en un simple conjunto de letras, y si la miras un poco más, pasará a ser una serie de marcas sin sentido sobre el papel.

Probablemente ya hayas vivido la experiencia de que la repetición reiterada de una palabra haya hecho que de pronto te parezca extraña, ajena y confusa; de haber usado tanto la palabra que has tenido que detenerte un momento para comprobar si tiene sentido.

Todo esto se debe a una forma de habituación llamada **saciedad semántica**, un término acuñado por Leon James, profesor de psicología del College of Social Science de la Universidad de Hawái, por la que el significado de una palabra o frase se vuelve temporalmente inaccesible debido a su repetición y a la tendencia del cerebro de desconectarse de aquellas cosas a las que necesita dedicar recursos.

Este efecto puede percibirse también en nuestro sentido de la vista. Cuando a un paciente se le administra un medicamento que le paraliza los músculos oculares, al cabo de unos segundos el mundo que tiene delante comenzará a desvanecerse. No es que se haya dormido, sino que la incapacidad de mover los músculos oculares hace que exactamente el mismo patrón de luz caiga sobre los receptores en la parte posterior del ojo y, como sucede con todos nuestros sentidos, cuando un estímulo es constante, nos vamos desconectando, por un proceso de habituación que anula lo constante, que, en este caso, es todo el mundo visible. Bastará con mover una mano (o cualquier otra cosa) frente a su rostro para que el paciente recupere su mundo visual.

★ CÓMO SE PRODUCE LA HABITUACIÓN

El neurocientífico Eugene Sokolov afirma que cuando se experimenta un estímulo —ya sea de palabras, sonidos o hasta sensaciones físicas— lo que el sistema nervioso crea es esencialmente un «modelo» de aquello que lo ha causado, lo que es y cómo debe reaccionar el cerebro frente a él. La mayoría de los estímulos sensoriales no requieren reacción alguna, así que, cuando se produce un estímulo intrascendente, el modelo que crea el cerebro incluye las instrucciones necesarias para ignorarlo en el futuro.

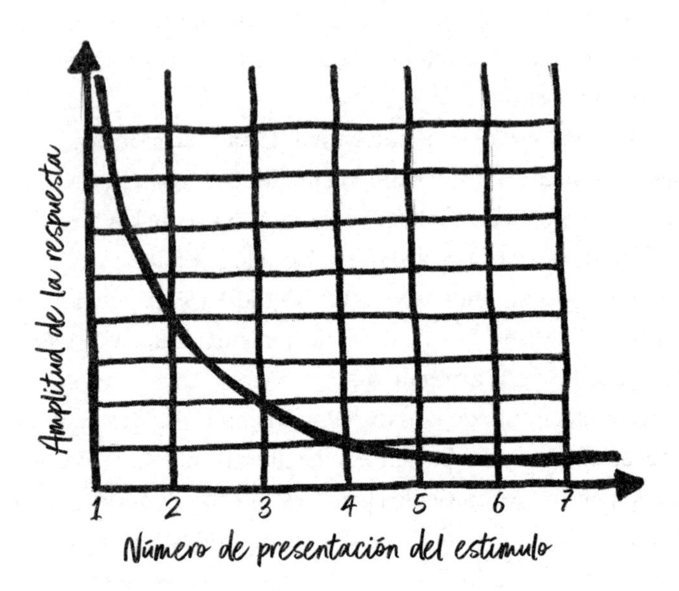

Curva hipotética de habituación en respuesta a estímulos

★ EL MIEDO FRENA LA HABITUACIÓN

PELIGRO. PELIGRO. PELIGRO. PELIGRO. PELIGRO. PELIGRO. PELIGRO. PELIGRO. PELIGRO. PELIGRO. PELIGRO. PELIGRO. PELIGRO. PELIGRO. PELIGRO. PELIGRO.

Hay algo interesante con este fenómeno y es que cualquier palabra se ve afectada por la saciedad semántica, pero el tiempo que tarda la palabra en perder el significado varía. Por ejemplo, las palabras emotivas o las que tienen connotaciones dramáticas, como «¡PELIGRO!», parecen no tener efecto de saciedad porque nuestro cerebro establece otras fuertes asociaciones vinculadas a ella, lo que hace menos probable que se pierda su significado.

De todas las expresiones faciales, las relacionadas con las amenazas son las que tienen mayor impacto. Por razones obvias, vinculadas a la supervivencia, es importante que distingamos un rostro amenazado de uno tranquilo. Se ha comprobado que, con solo siete meses, los bebés ya prestan más atención a las caras temerosas que a las neutrales o felices.

Las pruebas de descarte que he hecho con más de doscientas vistas en miniatura en mi canal de YouTube en los últimos dos años me han hecho darme cuenta de que las miniaturas con rostros animados, amenazadores o aterradores son los que generan más clics en el vídeo. Las caras neutras —que el cerebro está acostumbrado a ignorar y ve casi como si fuera papel pintado en la pared— obtienen resultados significativamente peores en términos de clics en todos los canales.

★ TE HABITÚAS A LA MÚSICA Y AL SONIDO

Con el tiempo, Leon James demostró que la saciedad semántica no solo afecta lo que leemos, sino también a todas las imágenes, aromas y sonidos de nuestra vida.

Si tienes un perro o un gato, tal vez hayas notado la facilidad con que se duermen mientras estás mirando Netflix, hablas con alguien o pones la música a todo volumen. Esto se debe al mismo proceso de habituación. Un estudio demostró que si se hacía sonar un sonido fuerte mientras un gato dormía, al principio se despertaba de inmediato, pero, a medida que se repetía el procedimiento, el gato tardaba cada vez más tiempo en despertarse, hasta que al final seguía durmiendo pese al ruido. Sin embargo, si se variaba el tono levemente, el gato se despertaba de inmediato.

James también exploró el fenómeno con la música. Descubrió que las canciones que más rápido entraban en las listas de éxitos —y que, por lo tanto, más se escuchaban en la radio— eran también las que salían más rápido de las listas. Habían provocado habituación. En cambio, las canciones que escalaban hacia los puestos más altos de las listas más lentamente caían también con más lentitud, desvaneciéndose en lugar de consumirse.

Con esta noción presente, podríamos preguntarnos por qué nos gusta escuchar una canción más de una vez. Esta pregunta me lleva a otro fenómeno psicológico llamado «**efecto de mera exposición**», que se refiere a la tendencia del ser humano a desarrollar preferencia por las cosas o personas que les son más familiares, debido a una exposición reiterada.

En 1968, el psicólogo social Robert Zajonc realizó un experimento por el cual expuso a los participantes a una serie de palabras sin sentido. Presentó cada una de ellas 1, 2, 5, 10 o 25 veces. Los participantes valoraron más positivamente las palabras que habían escuchado 5, 10 y 25 veces que las que habían escuchado 1 o 2 veces. El efecto de mera exposición se ha demostrado desde entonces en varios otros experimentos.

Así que si las cosas nuevas atraen nuestra atención pero nos gustan las cosas que nos son familiares, ¿es posible acaso que haya un nivel óptimo de exposición a algo, uno en el que sea al mismo tiempo lo bastante nuevo para captar la atención de nuestro cerebro y lo bastante familiar para que nos guste? La respuesta es sí, y en el ámbito científico se conoce como «**nivel óptimo de exposición**».

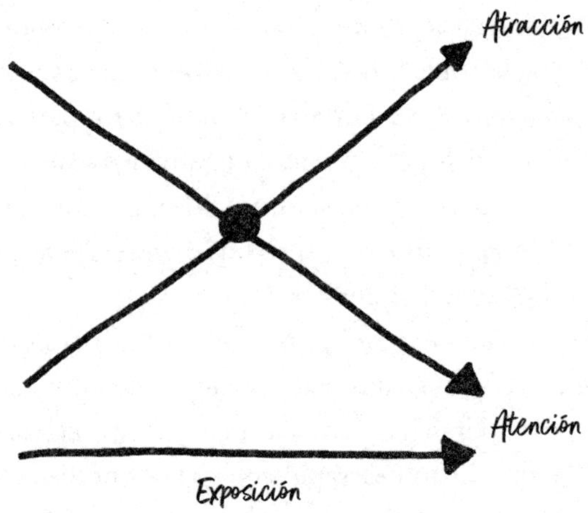

Crear un producto que sea lo bastante novedoso para captar la atención del cerebro, pero también lo bastante familiar para que guste es el objetivo de la mayoría de los sellos y productores discográficos. Por eso se hacen varias remezclas de las canciones que funcionan, por eso los nuevos artistas hacen nuevas versiones de los clásicos y también por eso la mayoría de las canciones tienen *riffs*, sonidos y melodías familiares.

★ NOS HABITUAMOS A LOS OLORES

Nuestro cerebro también se acostumbra a los olores. Pero eso la gente le pregunta al amigo que tiene al lado si nota que huele mal, porque sus propios receptores olfativos se han habituado —ya no huelen su propio olor— y sus receptores nasales ya no envían señales al cerebro.

Si alguna vez has olido varias muestras de diferentes perfumes en rápida sucesión, este fenómeno te resultará familiar. Los vendedores de perfume a veces sugieren que huelas unos granos de café entre un perfume y otro para reducir los efectos de esa habituación nasal.

En un estudio sobre este tema, se les entregó a un conjunto de participantes unos ambientadores de interior que emitían un aroma de pino fuerte pero agradable, siempre la misma cantidad, todos los días, durante tres semanas. Los investigadores observaron que «cada día, los participantes se volvían menos sensibles al olor y nos preguntaban cada vez más si estábamos seguros de que el aromatizador seguía funcionando».

★ LA HABITUACIÓN Y LA SACIEDAD SEMÁNTICA EN EL MARKETING

Resulta irónico, pero dediqué tanto tiempo a ponerme al día sobre los estudios relacionados con el término «saciedad semántica» —analicé literalmente miles de artículos, estudios y vídeos— que el término fue perdiendo poco a poco su significado y se convirtió en mi mente en poco menos que papel pintado.

En varias ocasiones, mientras me documentaba para escribir esta ley y la escribía, tuve que detenerme y comprobar dos y tres veces estar usando la expresión correcta, porque mi cerebro parecía haberse entumecido o desensibilizado y parecía no estar ya familiarizado con ella.

Del mismo modo, los profesionales del *marketing* actuales se están replanteando sus estrategias a partir de las investigaciones recientes sobre este concepto. Un ejemplo actual es lo que se llama «insensibilidad al Black Friday». Gracias a la dramática sobreutilización del término «Black Friday», la expresión ha perdido el valor que tenía para enganchar a los clientes. Lo hemos repetido tantas veces que, para muchas personas, el término es indistinguible del resto, como el papel pintado de una habitación.

En *marketing*, cualquier palabra o frase que funcione acabará siendo sobreutilizada y desvirtuada de tanto abusar de ella. Decía el escritor y periodista Zachary Petit:

> Otro ejemplo interesante podría ser la palabra «revolución». En 1995, junto con un colega periodista, abordamos un proyecto, tras observar la frecuencia de las palabras «revolución» y «revolucionario» en los anuncios de prensa. Analizamos varias ediciones de un periódico entre los años 1950 y 1995. Descubrimos que la palabra «revolución», hasta finales de la década de 1960, se usaba solo esporádicamente y, sobre todo, para referirse a revoluciones políticas reales.
>
> Sin embargo, a finales de la década, los partidos políticos principales, ya fueran de izquierdas, de derechas o de centro, e incluso las agrupaciones juveniles, empezaron a repetirla con frecuencia. Luego, en una edición del periódico de mediados de la década de los años 1970, nos encontramos con un anuncio de una marca de muebles que

declaraba que sus sillas de oficina estaban hechas con una «tecnología sueca revolucionaria». Después de aquello, empezaron a aparecer anuncio tras anuncio de productos de electrónica, medicamentos, chocolates, leche, aceites de cocina y detergentes, todos los cuales declaraban ser «revolucionarios».

Veinte años después, la palabra «revolución» se había usado con tanta frecuencia que había perdido su significado, tanto desde el punto de vista político como del *marketing*. Su poder se había desvanecido.

★ EVITAR EL FILTRO DE HABITUACIÓN

He aquí un secreto que quiero que recuerdes, para evitar la explotación, la sobreutilización y el desempoderamiento de las palabras.

Cuando lancé mi pódcast en YouTube, teníamos millones de visitas mensuales al canal, pero alrededor del 70 por ciento de los visitantes habituales no estaban suscritos. En un intento no muy imaginativo de hacer que la gente se suscribiera empecé a decir, al principio de cada pódcast, «dale al *like* y suscríbete», que es la frase que dicen todos y cada uno de los creadores de contenido que están en YouTube.

No tuvo ningún impacto visible en mi tasa de visitas y suscripciones, y siguió el lento goteo de nuevos suscriptores. Al pensar un poco sobre cuáles podrían ser los motivos, me planteé la hipótesis de que quizá el cerebro del público ya estaba demasiado habituado a la frase «dale al *like* y suscríbete», que es la que utilizan por defecto todos los creadores de vídeos. ¿Y si estaba tan manida que ni siquiera me oían decirla?

Busqué una forma de expresar la misma idea que desafiara las leyes de la habituación. Decidí que en los primeros segundos de mis vídeos diría:

«El 74 por ciento de los que veis este canal de forma habitual no estáis suscritos.»

(El dato es tan específico, revelador y sugerente que el cerebro le presta atención, traspasando el filtro habituacional.)

«Si en algún momento te han gustado nuestros vídeos, solo te pido un favor: dale al botón y suscríbete.»

(Este es una llamada a la reciprocidad, un fenómeno psicológico que demuestra que los demás harán algo por ti si sienten que tú has hecho algo por ellos.)

«Nos ayuda más de lo que crees y, cuanto mayor sea el canal, más importantes serán los invitados.»

(Esta es una promesa de recompensa futura: si te suscribes, serás recompensado con invitados aún mejores.)

Una sola emisión de esta nueva «llamada a la acción» hizo que la tasa de conversión de espectadores a suscriptores del canal se incrementara en un asombroso 430 por ciento. Se ha convertido en el pódcast de YouTube que más rápido crece del mundo, superando al legendario Joe Rogan. Pasó de tener 100.000 suscriptores a varios millones en un lapso de meses, y los pronósticos de SocialBlade.com dicen que superará los treinta millones en los próximos cinco años.

El «**papel pintado**», como yo lo llamo —es decir, la sobreutilización de términos, frases y llamadas a la acción hasta el punto de que el cerebro se habitúa a ellos y se desconecta— es el enemigo de todo relato y estrategia de *marketing* que aspire a triunfar. Los equipos de *marketing* utilizan clichés por pereza, temor al riesgo y falta de creatividad. Pero esta ley muestra que, si tienes un mensaje importante y quieres infiltrarte en los circuitos del cerebro, captar su atención y que registre su significado, debes utilizar terminología inesperada, inusual y que no esté manida.

★ LA REPETICIÓN NO ES LA CLAVE

En *marketing*, nos dicen que la clave está en la repetición. Un principio muy apreciado en la publicidad de los medios de comunicación de masas es que, cuantas más veces vea el cliente el anuncio, más probable es que tenga el efecto deseado. Esto es verdad, en un principio, porque todo aprendizaje depende de la presentación reiterada de un determinado estímulo, pero también es importante comprender qué es lo que hace que un estímulo reiterado sea constructivo, como en un proceso de aprendizaje, o disruptivo, como cuando se llega a la saciedad semántica.

En múltiples estudios, los investigadores han visto que la relación entre la frecuencia de exposición a un mensaje publicitario y su significado puede representarse mediante una letra «U» invertida.

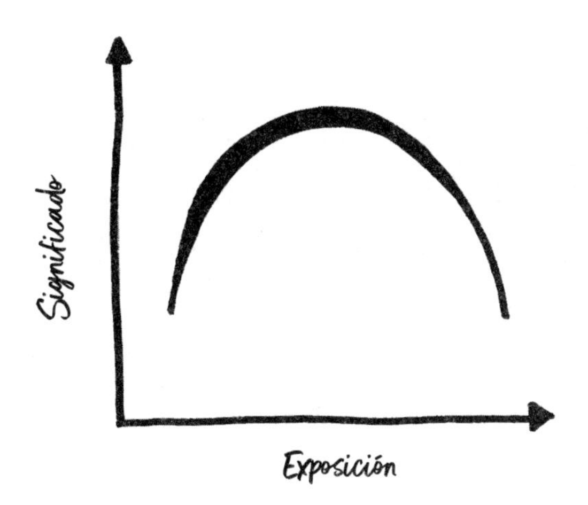

La parte ascendente de la curva (que indica un aumento del significado) se llama «generación semántica» y la parte descendente (pérdida del significado) es la «saciedad semántica». El lugar más deseado por todos los publicistas es justo el punto de cambio de inflexión de la curva. Es ahí donde el término, el mensaje o la frase han alcanzado su significado y efectividad óptimos en la mente de los consumidores.

Una vez alcanzado este punto crítico, aunque siga siendo memorable, deja de ser efectivo como mensaje para generar una acción, impulsar una venta o evocar una respuesta emocional. En este punto, si la frase, las palabras o los sonidos habían sido pensados para llamar a la acción, es hora de echar mano a la creatividad y pensar una forma nueva de traspasar el filtro de la habituación del cerebro.

> *El buen marketing es incómodo. Provoca en el cerebro adormecido un frenesí neurológico.*

El *marketing* fuerte exige una opinión, una respuesta y una emoción. No busca gustar: quiere amor u odio. Y una vez que ha alcanzado un punto de familiaridad habitual, cambia de forma y atrapa de nuevo la atención de su público.

★ LEY: EVITA A TODA COSTA CONVERTIRTE EN PAPEL PINTADO

Las palabras importan y pueden decidir el destino de las ideas, los políticos y las marcas. Saber comunicar de una forma que vaya al grano, llame la atención y atraviese los filtros de la habituación marcará la diferencia entre el éxito y el fracaso en muchos aspectos de nuestra vida. Tu cerebro tiene una herramienta de supervivencia profundamente prehistórica, su filtro de habituación, que es lo que le permite adaptarse y desconectarse incluso de los estímulos más impensablemente dolorosos, incómodos o malolientes. Para que te escuchen, cuenta historias de un modo no convencional, no repetitivo y sin filtros.

Haz que la gente sienta algo como sea.

Del pódcast *The Diary of a CEO*

LEY NÚMERO 12
TÓCALE LAS NARICES A LA GENTE

Esta ley explicará por qué hacer enfadar a la gente es una consecuencia inevitable de construir una marca que importe, y también por qué el odio es un indicador de que estás diciendo lo adecuado.

Cuando me preparaba para escribir este libro, recorrí la librería Barnes & Noble Los Ángeles para investigar un poco cuáles eran las tendencias del mundo editorial. Algo que saltaba a la vista, y que me impactó muchísimo, fue que ahora una enorme cantidad de libros de autoayuda incluyen palabras malsonantes en el título.

La moda de incluir palabrotas en la cubierta de los libros se disparó en 2016 con el libro de Mark Manson *El sutil arte de que (casi todo) te importe una mierda*, del que su autor, a quien entrevisté para preparar este libro, me dijo que ha vendido más de quince millones de ejemplares. Es una de las señales más claras de que los autores —que compiten en géneros saturados— tratan de evitar la «saciedad semántica» y captar la atención de tu cerebro traspasando su «filtro del papel pintado».

En 2018, entre los 25 libros más vendidos de Amazon estaban —además del ya mencionado *El sutil arte de que (casi todo) te importe una mierda*— *What the F*@# Should I Make for Dinner? (¿Qué c*** hago de cenar esta noche?)*, *50 Ways to Eat Cock* (*50 formas de comer pollo* pero también *50 formas de comerse una polla*), *Unf*ck Yourself (Sal de tu puta cabeza)* y *Calm the F**k Down (Relájate, coño)*. Según los registros, diez años atrás no había ningún libro en la cima de las ventas que incluyera lenguaje vulgar en el título.

Michael Szczerban, el editor de Sarah Knight y responsable de la publicación de varios de sus libros superventas con palabras soeces en la cubierta, entre ellos *Calm the F**k Down*, ha dicho:

> Los editores y los autores tratan de encontrar maneras de abrirse paso entre tanto ruido y de llegar a la gente. Esta forma parece funcionar con algunos libros y, cuando eso ocurre, los demás intentan seguir el mismo camino. Hay personas a las que no les gusta y hay libreros que no quieren venderlos porque hay una palabrota en el título. Pero los beneficios superan con mucho las desventajas.

Cuando dice «los beneficios superan con mucho las desventajas», hace referencia a uno de los principios fundacionales del *marketing*, que es evitar la saciedad semántica y lograr ser escuchado.

Es un principio que todos mis equipos de *marketing* han explotado, han pregonado y han ejecutado durante más de diez años, hasta el punto de que llegamos a escribirlo en una de las paredes de nuestra oficina: «Haz que la gente sienta algo como sea».

La indiferencia —cuando la gente no te ama ni te odia— es el resultado menos rentable para quien busca vender.

La indiferencia ante tus palabras, tu mensaje o tu llamada a la acción es el camino más seguro al tan temido filtro de habituación del que ya hemos hablado en la ley anterior.

Tuve la oportunidad de entrevistar a Jane Wurwand, ilustre y visionaria fundadora y directora de Dermalogica y The International Dermal Institute, y una de las autoridades más reconocidas y respetadas de la industria de la belleza. Bajo su liderazgo, Dermalogica ha crecido hasta convertirse en una marca líder en el cuidado de la piel, utilizada por más de 100.000 profesionales del sector en más de cien países de todo el mundo, lo que la ha convertido en una de las mujeres más ricas de la industria de la belleza.

Su secreto número uno de *marketing* para evitar los filtros habituacionales de sus clientes es decir y hacer cosas «que le toquen las narices a la gente». Lo explicaba así:

> Debemos estar preparados para tocarle las narices a un 80 por ciento de la gente o jamás activaremos al 20 restante. De no hacerlo, nos quedaremos a mitad del camino, seremos mediocres, estándar, aceptables pero insípidos. Eso es un producto. Eso no es una marca. Una marca provoca una respuesta emocional. Así que eso se convirtió en nuestro lema del *marketing*: «Tenemos que tocarle las narices al 80 por ciento y activar al 20 por ciento». No necesitamos gustarle a todo el mundo. Y si no somos ligeramente disruptivos, puede que le gustemos a todo el mundo, pero no vamos a enamorarlos. Puede que algunas personas nos odien, pero otras nos amarán.

Pero atención: toda táctica emocional tiene un tiempo de vida útil. Los ganchos emocionales tienen un rendimiento decreciente a medida que el cerebro se habitúa y rebaja su significado.

Si comparamos el dominio en las listas de los libros más vendidos de las obras con palabras malsonantes en el título entre 2018 y ahora, está claro que el grado de efectividad de esta táctica empieza a estar en declive. Lo que hace que un mensaje emocional sea efectivo lo acaba haciendo popular. Algo que, por el poder de la habituación, lo convierte en papel pintado rápidamente.

★ LEY: TÓCALE LAS NARICES A LA GENTE

No tengas miedo de alienar a los demás con enfoques de *marketing* emocionales, audaces y hasta divisivos. Generar una respuesta emocional que atrape al 20 por ciento de tu audiencia y enfurezca al 80 restante puede ser más valioso que quedarse en un enfoque que al 100 por cien le sea indiferente.

Habrá quienes te amen.

Habrá quienes te odien.

Habrá quienes directamente ni se interesen por ti.

Solo conectarás con los dos primeros.

Pero no con los terceros.

La indiferencia es el resultado menos rentable.

Del pódcast *The Diary of a CEO*

LEY NÚMERO 13

LANZA PRIMERO TUS GOLPES DE EFECTO PSICOLÓGICOS

Esta ley te mostrará cómo crear un enorme valor percibido en la mente de tus consumidores con cambios en tu producto sorprendentemente minúsculos, superficiales y muchas veces gratuitos, y te revelará los trucos psicológicos que tus marcas predilectas están usando contigo ahora mismo.

Mi peluquero lleva tres años manipulándome.

Viene a mi casa, el mismo día, a la misma hora, cada semana y me hace siempre el mismo corte de pelo. Creo que presta mucha atención a los detalles y es muy perfeccionista, y por eso confío en él para que me corte el pelo.

Un día, en una de sus visitas habituales, tuvimos por primera vez un desencuentro. Tras el corte, me quitó la capa y me dijo: «Listo».

A mí mi instinto me decía que algo no estaba bien. Por una razón que no podía explicar, me parecía que me había cortado el pelo con prisas y que no había prestado la atención de siempre a los detalles.

«¿En serio? ¡Qué rápido!», le contesté, y me fui a mirar en el espejo de la cocina lleno de dudas. Me examiné el cuero cabelludo en busca del trozo que se le había escapado. Pero no, el corte era perfecto, como siempre.

Seguía creyendo que me había cortado el pelo deprisa y corriendo, así que miré el teléfono para ver el tiempo que le había llevado: era el mismo de siempre.

Confundido porque no sabía por qué me sentía engañado, le dije: «No sé por qué, pero tengo la sensación de que lo has hecho con prisas». Me miró con un aire de confusión total y después, como si le hubiera contado la broma más graciosa del mundo, estalló en una carcajada incontrolable. «¡Ah, lo siento, tío, culpa mía! Como estábamos hablando se me olvidó hacer lo que hago siempre al final del corte», explicó.

¿Lo que hacía siempre al final del corte? Me habló entonces de un truco psicológico al que llama «un último tijeretazo» y que llevaba diez años usando conmigo y con todos sus clientes.

Me dijo que se había dado cuenta de que sus clientes siempre sentían que había hecho un mejor trabajo si simulaba inspeccionar con cuidado el corte terminado antes de dar un último, y ficticio, tijeretazo.

Así que, al final de todos los cortes de pelo, incluidos todos los míos hasta ese momento, hacía un ritual que consistía en apagar la maquinilla eléctrica, tomarse una larga pausa, caminar alrededor del cliente como si inspeccionara el cabello con atención, y luego simular un tijeretazo final, antes de anunciar que había acabado.

Ese día se había olvidado de ese pequeño ritual y yo lo había notado instintivamente. Me pareció que mi corte de pelo era peor que otras veces, que había sido apresurado o negligente, y solo porque él había olvidado un truco psicológico de diez segundos que inconscientemente me había convencido de que él cuidaba al máximo los detalles.

En realidad, este último tijeretazo no mejoraba en nada mi pelo —mi peluquero llegó a admitir que ni siquiera cortaba nada de verdad durante ese ritual—, pero incidía mucho en mi percepción de que había hecho un trabajo exhaustivo. Este es el poder de un *moonshot* o golpe de efecto psicológico, un término acuñado por el vicepresidente de Ogilvy, Rory Sutherland.

Un golpe de efecto psicológico es una inversión relativamente pequeña que mejora drásticamente la percepción de algo.

Los golpes de efecto psicológicos son la prueba de que casi siempre es más barato, más fácil y más efectivo invertir en la percepción que en la realidad.

★ UBER ES UN GOLPE DE EFECTO PSICOLÓGICO

«¿Y si pudieras pedirlo por teléfono?»

Esa es la pregunta que se hicieron Travis Kalanick y Garrett Camp una noche gélida en París. Habían llegado desde Estados Unidos para un congreso sobre tecnología y llevaban mucho rato viviendo una experiencia desagradable que a todos nos resulta familiar: esperar un taxi que no sabían cuándo iba a llegar, si es que iba a llegar. Esa pregunta tan simple que se hicieron esa noche, surgida de la incertidumbre y la frustración, los conduciría a la creación de Uber, que es la aplicación para pedir un taxi a la que recurren por defecto más de cien millones de personas al mes en seiscientas ciudades y 65 países.

En situaciones de mucho estrés —por ejemplo, cuando estamos a punto de perder un vuelo o llegamos tarde a una reunión o a un evento—, cada segundo parece un minuto, cada minuto una hora y cada hora un día. Los sentimientos de angustia que nos genera una situación así los conocemos todos: es la ansiedad de la incertidumbre del cliente.

Reducir la tensión psicológica de sus clientes se convirtió en el principal reto de los fundadores de Uber y por eso contrataron a un equipo entero de expertos en comportamiento y gestión de datos, psicólogos y neurocientíficos, con los que formaron lo que llamaron el «Uber Labs».

En sus investigaciones, los expertos de Uber Labs descubrieron varios principios psicológicos clave que influyen en la satisfacción del cliente con la compañía y en su percepción de la experiencia en su totalidad: la regla del pico y final, la aversión a la inactividad, la transparencia operacional, la ansiedad ante la incertidumbre y el efecto del gradiente de meta. Entender estas cinco fuerzas psicológicas poderosas le permitió a Uber rediseñar por completo todo un sector y crear un negocio valorado en 120.000 millones de dólares.

1. LA REGLA DEL PICO Y FINAL: LOS DOS MOMENTOS QUE MÁS IMPORTAN

La regla del pico y final es un sesgo cognitivo relacionado con cómo recuerdan las personas una experiencia o un hecho. En pocas palabras, juzgamos una experiencia en función de cómo nos sentimos en su momento álgido y en su momento final, y no por una media perfecta de la suma del total de cada uno de sus momentos. Y algo crucial: ¡se aplica tanto a las buenas como a las malas experiencias! Toma nota si tienes una marca o un negocio: **los clientes juzgarán la experiencia completa en base a solo dos momentos: la mejor (o peor) parte y el final.**

Esta perspectiva nos ayuda a entender por qué un vuelo terrible al inicio de unas vacaciones tiene menos impacto negativo que un vuelo terrible al final de esas mismas vacaciones, por qué una cena maravillosa puede verse teñida de amargura por un recargo sopresa en la cuenta, y por qué un desacuerdo de dos minutos al final de una agradable salida con tu pareja empañará el recuerdo de toda la velada.

También explica por qué se instruye a los conductores de Uber para que sean excepcionalmente amables al final del trayecto, minutos antes de que envíes tu valoración y les ofrezcas una propina.

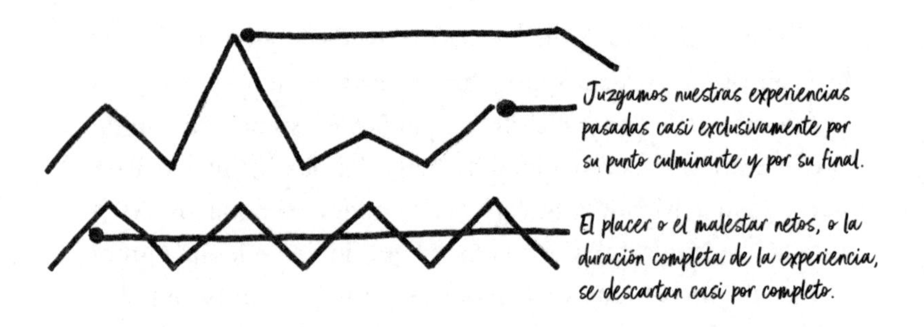

Juzgamos nuestras experiencias pasadas casi exclusivamente por su punto culminante y por su final.
El placer o el malestar netos, o la duración completa de la experiencia, se descartan casi por completo.

2. LA AVERSIÓN A LA INACTIVIDAD: NUESTRA NECESIDAD DE ESTAR JUSTIFICADAMENTE OCUPADOS

Algo que puso de relieve Uber Labs fueron las investigaciones que afirmaban que **las personas ocupadas son más felices que las que están ociosas**. Es así incluso en el caso de las personas que no están ocupadas por voluntad propia (es decir, que realizan algún tipo de actividad por obligación). De hecho, hasta una justificación falsa, hasta una razón engañosa, puede llegar a mover a alguien a la acción, tal es nuestro apetito por la distracción y la actividad. Lo que viene a decir esta investigación es que muchas de las metas que perseguimos no son más que excusas para mantenernos ocupados.

Para Uber, esto significaba que si podían mantener ocupados a los clientes mientras esperaban, dándoles algo que ver o con lo que interactuar de algún modo, esos clientes estarían significativamente más contentos y sería menos probable que cancelaran el viaje.

Así que, en lugar de hacerles saber la hora a la que llegaría su taxi y nada más, el equipo de Uber Labs creó varias animaciones atractivas —como un coche en movimiento sobre el mapa que les daba a los clientes algo que ver mientras esperaban—, en un esfuerzo por evitar la «infelicidad por inactividad».

Curiosamente, los estudios en los que se basaba Uber muestran que la mayoría de las personas preferirían un tiempo de espera largo, siempre y cuando pudieran hacer algo mientras esperan, frente a un tiempo de espera corto en el que no tuvieran un modo de mantenerse ocupados. Esto explica, en parte, por qué los restaurantes sirven un aperitivo de cortesía para aliviar la espera, por qué las plataformas de contenidos audiovisuales como Netflix y YouTube reproducen previsualizaciones cuando pasas el ratón sobre la imagen y por qué Google Chrome instaló un juego con un dinosaurio que aparece cuando se pierde la conexión a internet.

Los estudios demuestran que mantener al cliente ocupado mejora su satisfacción, su retención y su conversión; ¡y en porcentajes que superan el 25 por ciento!

3. LA TRANSPARENCIA OPERACIONAL: LAS MARCAS DEBEN SER CAJAS DE CRISTAL

Conseguir un taxi en 2008 era una tarea plagada de incertidumbres. El cliente no tenía forma de saber cuándo vendría su coche (o si vendría), quién era el conductor o por qué estaba tardando. En aquel entonces, si el taxista no encendía el taxímetro, podía sacarse el precio de la manga, en base a su propia estimación. Aun cuando el taxímetro se ponía en marcha, no podías saber si el conductor tomaba una ruta más larga a propósito para cobrarte de más.

Esta falta de transparencia envenena toda experiencia de un cliente; genera desconfianza, y la desconfianza nos hace escépticos, resentidos y desleales a una marca.

A partir de estas observaciones, Uber Labs recurrió a un principio psicológico llamado **transparencia operacional** y empezó a explicar cada uno de los pasos que se producían entre bambalinas para mostrar el progreso durante la espera. Incluyeron el cálculo estimado de la hora de llegada, un desglose detallado de cómo se calcula la tarifa, estimaciones justificadas para cada cosa y actualizaciones rápidas —con explicaciones— para cada cambio.

Estos cambios dieron como resultado una rebaja del 11 por ciento en la tasa de cancelación de los servicios solicitados, lo que, para Uber, con más de 7.000 millones de viajes al año, es una mejora multimillonaria.

4. LA ANSIEDAD ANTE LA INCERTIDUMBRE

En 2008, Domino's Pizza se enfrentó a un interesante desafío operativo y de experiencia del cliente. Cuando llevaban esperando su pizza más tiempo del previsto, los clientes llamaban a la empresa para preguntar dónde estaba. Todo el proceso de preparación de la pizza se veía interrumpido, porque la persona que contestaba el teléfono le preguntaba a la persona que elaboraba la pizza por qué iba con retraso y, al final de todo, al cliente se le daba una respuesta incierta y vaga. El cliente que llamaba estaba retrasando, sin quererlo, la entrega de su propia pizza por la falta de transparencia operacional que se le ofrecía.

Otras cadenas de pizzerías respondieron a este desafío invirtiendo en bolsas térmicas que mantenían las pizzas calientes, contratando a más personal y más repartidores, lanzando campañas del tipo «si el pedido no llega en el plazo previsto te devolvemos tu dinero» y ofreciendo aperitivos gratis si la entrega se retrasaba. Pero los teléfonos seguían sonando.

Lo que todas estas pizzerías no estaban teniendo en cuenta era la frustración psicológica que constituía el meollo del problema: la gente no quería una entrega más rápida, sino **menos incertidumbre** sobre su entrega.

Domino's lo entendió y en 2008, utilizando su propio *software* de gestión de pedidos, creó su ahora famoso sistema de seguimiento, el «Domino's Pizza Tracker», que muestra a los clientes exactamente en qué punto de un proceso de cinco pasos se encuentra su pedido.

Este pequeño descubrimiento psicológico y la innovación que desencadenó cambiaron el negocio de Domino's. Las llamadas de clientes indignados cayeron en picado, la satisfacción y la fidelidad se dispararon y la empresa ganó cientos de millones en el proceso.

Una investigación publicada en la revista *Nature* demostró que es menos estresante a nivel psicológico saber que está a punto de suceder algo negativo (por ejemplo, que nuestra pizza llegará 30 minutos tarde) que quedarnos con la incertidumbre (por ejemplo, no tener ni idea de dónde está la pizza que llega tarde). Esto se debe a que el área de nuestro cerebro que trata de anticipar las consecuencias se activa más cuando nos enfrentamos a la incertidumbre. Está, de hecho, en vilo. Rory Sutherland lo explica en su libro *Alchemy*: un aviso de retraso en un vuelo es mucho más irritante, mentalmente, que otro que precise que el retraso será de 50 minutos.

Cada día de la semana, llegan y salen unos trescientos trenes bala o *Shinkansen* de los cuatro andenes de trenes de la ciudad de Tokio, a intervalos de unos cuatro minutos de media. Los trenes se detienen en la estación durante no más de diez minutos y a los pasajeros les lleva dos minutos desembarcar y tres subir.

TESSEI, una empresa filial de Japan Railway, es quien se encarga de la limpieza de estos trenes bala y de que estén en condiciones para los más de 400.000 pasajeros que usan el servicio día a día. Los clientes solían quejarse de la falta de higiene, porque, por la proximidad entre la llegada y la salida de los trenes, suponían que no podían limpiarse correctamente en tan poco tiempo.

Teruo Yabe, el CEO de TESSEI quería cambiar esta percepción; él creía que los trenes sí estaban muy limpios, pero que algunos pasajeros no se lo creían porque el proceso no les resultaba lo suficientemente visible. Así que, en lugar de contratar más personal de limpieza, Yabe decidió hacer que los que ya había destacaran: cambió el color de los uniformes, de azul pálido a un rojo brillante muy vistoso, y les pidió a sus empleados que hicieran de su trabajo un *show*, lo que a día de hoy se conoce en todo el mundo como el «teatro de siete minutos de los Shinkansen», a modo de despedida de los pasajeros que se marchaban y de bienvenida a los que venían.

Cuando el tren entra en la estación, el personal de limpieza forma en fila al lado de las puertas y hace una reverencia. Con bolsas de basura abiertas en las manos, saludan a los pasajeros que bajan del tren y les dan las gracias por depositar allí sus desperdicios. A continuación el personal recorre los vagones a toda velocidad, recogiendo la basura, barriendo e higienizando todas las superficies, y una vez completado este proceso, forman en fila junto al tren y hacen una segunda reverencia en señal de respeto al tren que se va y a sus nuevos pasajeros.

Las quejas por la higiene de los trenes no solo cayeron en picado, sino que, al parecer, el personal —que experimentaba un sentimiento renovado de orgullo por su trabajo, debido al mayor respeto que recibían por parte de los pasajeros— limpiaba más a fondo, con más alegría y motivación. Lo que pasaría a conocerse como el «milagro de los siete minutos» reposicionó la línea ferroviaria como una de las más limpias del mundo.

Esto demuestra que hasta la incertidumbre sobre la higiene puede rectificarse con un golpe de efecto psicológico, y es una prueba más de que **casi siempre es más barato, más fácil y más efectivo invertir en la percepción que en la realidad.**

5. EL EFECTO DEL GRADIENTE DE META: ACELERAR CERCA DEL FINAL

En 1932, un especialista en comportamiento llamado Clark Hull estudiaba ratas en un laberinto. Mediante el uso de sensores, monitoreaba la velocidad a la que corrían hacia una recompensa alimenticia. Hull observó que, cuanto más cerca estaban del final del laberinto y del premio correspondiente, más rápido se movían.

A este principio lo llamó «efecto del gradiente de meta».

Se ha demostrado reiteradas veces que lo que nos motiva más es estar cerca de lograr un objetivo: trabajamos más rápido cuanto más cerca estamos del éxito.

Los participantes que coleccionan sellos en una tarjeta como parte de un programa de fidelización de una cafetería compran café con más frecuencia cuanto más cerca están de ganar una bebida gratis; los usuarios de internet que valoran canciones a cambio de cheques regalo valoran más canciones a medida que se acercan a la meta de la recompensa, y los usuarios de LinkedIn son más propensos a agregar información sobre su perfil si se les muestra una barra que les hace ver lo cerca que están de completarlo.

Uber Labs resolvió este problema con el diseño de su mapa, que hace todo lo posible por destacar lo cerca que está el coche de llegar tanto al punto de recogida como al de destino.

Todos estos trucos psicológicos han convertido a Uber en la compañía de taxis más famosa en el mundo, y en líder de su sector a nivel internacional. Y gracias al trabajo realizado por los expertos en psicología de Uber Labs, la empresa dice que solo hacen falta 2,7 viajes para que un usuario se convierta en cliente permanente.

★ EL PODER DE LOS GOLPES DE EFECTO PSICOLÓGICOS

Moonshot, el término en inglés para «golpe de efecto», proviene del proyecto espacial Apollo 11, que llevó al primer ser humano, Neil Armstrong, hasta la Luna en 1969, en lo que Armstrong describió como «un gran salto para la humanidad». Un «golpe de efecto psicológico» es un gran salto hacia adelante gracias al poder de la psicología.

En la entrevista que le hice, Rory Sutherland me dijo:

> Es difícil incrementar la satisfacción del cliente haciendo un tren diez veces más rápido; es mucho más fácil incrementar la satisfacción del cliente mediante principios psicológicos que logren que disfrute diez veces más del trayecto. No creo que gobiernos como los del Reino Unido necesitaran gastarse 50.000 millones de libras en trenes más rápidos si hicieran que el wifi del tren funcionara mejor para los usuarios. Parece probable que los mayores avances de los próximos cincuenta años no provengan de mejoras en tecnología, sino en psicología y diseño.

Es curioso, pero en la mayoría de los ascensores, el botón de «cerrar puertas» no funciona. Son puertas que están diseñadas para cerrarse al cabo de cierto tiempo, por razones legales y de seguridad. Según Karen Penafiel, exdirectora de National Elevator Indrustry Inc., «los usuarios del ascensor no pueden hacer que las puertas se cierren más rápido». Pero este placebo imaginario les da la idea de control, disminuye la incertidumbre, les hace sentir más seguros y, con ello, incrementa la satisfacción del cliente.

Algunos fabricantes de jabones agregan a sus productos mentol, menta o eucalipto con el único fin de producir un efecto de hormigueo en las manos, lo que a su vez produce el fuerte efecto psicológico —observado también en la medicina y en los suplementos vitamínicos— de que algo está funcionando porque puedes sentirlo.

McDonald's ha implementado hace poco sus propios golpes de efecto psicológicos al instalar quioscos de autoservicio y enormes pantallas que muestran en qué momento del proceso está su comida, y al empezar a entregar tickets a los clientes una vez que han hecho su pedido —para aprovechar el efecto del gradiente de meta—, disminuyendo así el grado de incertidumbre, los tiempos de espera y la frustración que genera el proceso. Estos cambios han producido una serie de resultados de grandísimo efecto para la marca.

En palabras del expresidente de la empresa, Don Thompson: «La gente come primero por los ojos» y el hecho de visualizar la comida —en lugar de las palabras de una lista— hace más probable que te apetezca comértela, algo que antes no era factible debido al espacio limitado de los expositores de los establecimientos. Además, hay estudios que demuestran que el uso de una pantalla táctil crea un efecto de novedad y diversión, lo que hace que el consumidor se sienta más inclinado a realizar compras más autoindulgentes. Más aún: al no tener que pasar por la posible vergüenza de tener que recitarle al empleado la lista, potencialmente larga, llena de grasa y detallada, de lo que va a pedir, el cliente se siente más libre de pedir más comida.

Este cambio relativamente pequeño le ha reportado ganancias multimillonarias a la franquicia global de venta de hamburguesas: las ventas han aumentado casi un 10 por ciento, ha mejorado la satisfacción de los clientes y, si bien el proceso de producción no ha cambiado, la percepción de los clientes sobre lo «rápido» que es el restaurante de comida rápida sí se ha visto afectada en positivo.

★ LEY: LANZA PRIMERO TUS GOLPES DE EFECTO PSICOLÓGICOS

Los golpes de efecto psicológicos permiten a las marcas crear un enorme valor percibido mediante cambios minúsculos, superficiales y muchas veces gratuitos. Es lo primero que deben explorar emprendedores, expertos en ventas y creativos en su búsqueda por crear —la ilusión de— valor.

No le declares la guerra a la realidad, invierte en cambiar percepciones.

Nuestra verdad no es lo que vemos.

Nuestra verdad es la historia que elegimos creer.

Del pódcast *The Diary of a CEO*

LEY NÚMERO 14

LA FRICCIÓN PUEDE CREAR VALOR

Esta ley te mostrará la verdad contraintuitiva de que, a veces, tus clientes querrán más tus productos... si haces que su experiencia sea peor.

Durante mi época de CEO de *marketing*, asistí a numerosas reuniones de identidad de marca de nuestro cliente Coca Cola en las que sus ejecutivos de *marketing* parecían perplejos frente al éxito de Red Bull y del sector de las bebidas energéticas en general.

Las ventas de las bebidas azucaradas caían en picado, mientras que las de las bebidas energéticas, igual de poco saludables y de sabor rancio, se disparaba. ¿Qué hacía que unas crecieran más que las otras? Nuestra investigación reveló que los clientes de las distintas categorías tenían expectativas diferentes. Y, a expectativas diferentes, golpes de efecto psicológicos diferentes.

En la entrevista que le hice, Rory Sutherland señaló que Red Bull cumple con la expectativa psicológica de mejorar tu desempeño y «darte alas» haciendo intencionadamente que su bebida sepa mal. Como tiene un sabor más parecido a un medicamento que a una agradable bebida con gas, han convencido a sus clientes de que está repleta de sustancias químicas potentes y efectivas. En función de las expectativas, que las cosas sepan «mejor» puede hacer que sean menos deseadas.

Uno de mis mejores amigos fundó y dirigió una de las marcas de nutrición de alto rendimiento de más rápido crecimiento en Europa. A menudo me confesaba que su mayor reto en términos de productos era que sus productos sabían tan bien que los clientes sencillamente no creían que fueran buenos para ellos. En un momento dado, se plantearon de verdad hacer que sus productos supieran peor, en un intento por aumentar las ventas.

Estos ejemplos demuestran que facilitar las cosas no es necesariamente el camino hacia un golpe de efecto psicológico; a veces, hay que hacer lo opuesto: aumentar la fricción, el tiempo de espera y las molestias para obtener el mismo aumento del valor percibido.

En la década de 1950, General Mills lanzó varias premezclas de repostería bajo la famosa marca Betty Crocker. Para hacer el bizcocho, había que agregar agua, mezclar y hornear. Se trataba de una premezcla infalible. Contenía leche en polvo y huevos, y era imposible que saliese mal. Cuando se lanzaron las premezclas, las expectativas eran altas. Pero el producto no despegó y su recepción fue tibia en el mejor de los casos.

General Mills no entendía qué era lo que había salido mal. Había buscado ahorrarles tiempo a las ocupadas madres y esposas, pero, por algún motivo, había fallado. La empresa contrató a un equipo de psicólogos para investigarlo. Su conclusión fue que, aunque el producto ahorraba tiempo y esfuerzo si se comparaba con la preparación de un pastel desde cero, las esposas y amas de casa de Estados Unidos no podían soportar la idea de que alguien creyera que se habían pasado horas cocinando cuando en realidad no lo habían hecho, ni la de tener que admitir que habían tomado un atajo y no habían hecho ningún esfuerzo. Así que se decantaban por la cocina tradicional.

General Mills podría haber realizado una campaña publicitaria para abordar el problema, pero, guiados por la psicología, la empresa fue en otra dirección, en contra de las convenciones del *marketing* y en busca de un golpe de efecto psicológico. Sacaron el huevo de la mezcla e imprimieron la frase «añada un huevo» en la parte delantera del envase. Esta «técnica de sustracción» causó mayor fricción, hizo que el producto fuera menos conveniente y que les exigiera más tiempo a sus clientas (es decir, se convirtió en un producto objetivamente menos valioso), pero, al hacerlo, consiguieron que las cocineras se sintiesen más necesarias y, en consecuencia, las ventas se dispararon.

De forma similar, cada vez que un restaurante me trae un bistec crudo y una piedra caliente para cocinarlo, tengo claro que están empleando, lo estén buscando o no, un poderoso golpe de efecto psicológico.

Las preferencias sobre el punto de la carne son totalmente personales. Esto hace que sea uno de los platos que más se devuelven a la cocina, incluso en los restaurantes más sofisticados. No parece muy lógico que pedirle a un cliente que prepare su propia comida pueda incrementar su satisfacción y su percepción del valor de la experiencia en general, pero eso es precisamente lo que sucede cuando se le ofrece una piedra caliente.

Al traerme la carne cruda, reducen mi tiempo de espera, le ahorran tiempo al chef, aumentan la posibilidad de que yo esté satisfecho porque me dejan cocinar el bistec de la forma en que me gusta (al punto), hacen que sienta que he invertido un esfuerzo en mi comida, reducen las quejas y devoluciones, y, al mantenerme ocupado, se evitan un cliente ocioso. ¡En **este golpe de efecto psicológico**, la transparencia operativa, la aversión a la inactividad y el efecto del gradiente de meta actúan al mismo tiempo!

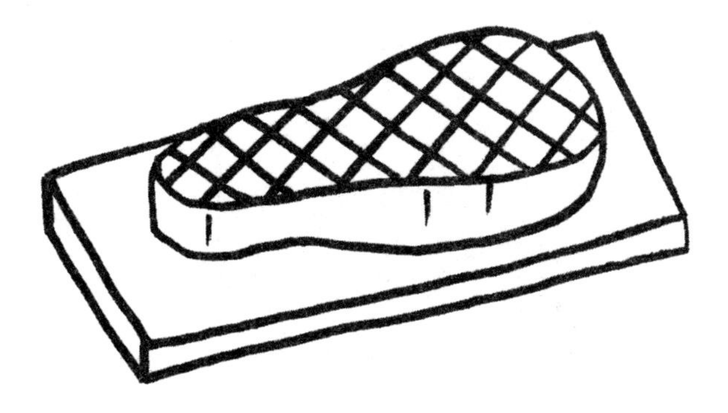

Los metabuscadores de vuelos, hoteles y seguros han entendido que la fricción puede crear valor. Descubrieron que un menor tiempo de búsqueda en sus sitios web a menudo redundaba en menores ventas, así que ahora incrementan los tiempos de espera de manera artificial y muestran todos los sitios en los que están buscando, en un intento de convencerte de que han hecho un trabajo exhaustivo y que no tienes que buscar en otra parte. Esta táctica se ha traducido en más ventas, mejor retención y mayores tasas de rentabilidad de clientes.

★ LEY: LA FRICCIÓN PUEDE CREAR VALOR

Que la fricción pueda crear valor parece un sinsentido, pero las empresas que emplean **golpes de efecto psicológicos** entienden que los seres humanos no son lógicos: son irracionales, insensatos y, sobre todo, ilógicos, tanto en su comportamiento como a la hora de tomar decisiones. Por lo tanto, para influir en ellos, a veces debes crear, producir y decir cosas que no tienen sentido.

El «valor»
no existe.

Es una percepción
a la que llegamos
con las
expectativas
que cumplimos.

Del pódcast *The Diary of a CEO*

LEY NÚMERO 15

EL MARCO ES MÁS IMPORTANTE QUE LA FOTO

Esta ley explica cómo la manera en que se presenta un producto a los consumidores afecta de forma drástica a la percepción de su valor.

Un solo error insignificante echó por tierra mi historia de amor con mi marca favorita.

Solía ir vestido de los pies a la cabeza con ropa de esta marca en particular. Me había enamorado de ella unos años atrás, tras descubrir la historia del fundador, su visión, su devoción por el detalle, su creatividad, su talento artístico y la magia técnica que ponía en cada obra maestra. La marca confeccionaba diseños únicos para el día a día, a un rango de precios bastante alto.

Un día funesto en que navegaba por mis redes sociales me encontré por causalidad con un vídeo publicado por el fundador de la marca en que recorría la cadena de producción en China donde cobraban vida sus creaciones. El vídeo buscaba alardear sobre la gran escala de la operación y el crecimiento meteórico de la marca ilustrando la cantidad de productos que se estaban fabricando, cómo se hacían y el proceso que regía toda la cadena.

En ese mismo instante, el hechizo se rompió; la encantadora fantasía con que la marca me había embrujado se evaporó.

No fue el hecho de que la marca produjera en China, ni tampoco ver las condiciones de producción o las caras de los trabajadores que confeccionaban las piezas. Fue más bien ver en el vídeo los mismos zapatos que yo llevaba puestos en aquel momento regurgitados de una monstruosa máquina y lanzados a una pila de miles de pares idénticos. Fue ver exactamente la misma camiseta que vestía en ese momento apilada sobre miles de otras de cualquier manera, en un contenedor colosal parecido a un vertedero, con una cascada de camisas que se desparramaban por el borde como un cesto de basura rebosante.

Aunque la marca jamás lo había dicho de forma explícita, mi cabeza de enamorado siempre había percibido sus productos como obras de arte únicas, confeccionadas de manera artesanal por su devoto fundador en persona. Por supuesto, yo podría haber imaginado que el proceso en algún momento implicaba algún tipo de producción en serie, pero estas cosas no se rigen por la lógica: son historias que elegimos creer basándonos en la evidencia que se nos presenta. Hasta entonces, la única narración que la marca había hilado era la del arte, la exclusividad y el romance.

El modo en que se envasa algo tiene un gran impacto sobre cómo se recibe. La manera en que se presenta afecta a cómo los consumidores perciben y valoran la marca. En ese momento, el marco de mi marca de ropa favorita cambió irreversiblemente.

No se trata de un descubrimiento conductual reciente. Las famosas campañas «Desafío Pepsi» de la década de 1970 les pedían a los consumidores que, con los ojos vendados, probaran Pepsi y Coca Cola de unos vasos blancos sin inscripciones, y también de latas y botellas con la marca. La gente prefería Pepsi cuando la bebía de los vasos, pero, sorprendentemente, prefería Coca Cola cuando se servía en botella o en lata. Para el consumidor, la presentación de la bebida sí modificaba su sabor.

Si acudes a tu tienda de artículos electrónicos habitual, posiblemente te veas inmerso en una abrumadora jungla de cables, dispositivos y baterías apilados uno encima de otro, del suelo al techo. Lo habitual en los comercios solía ser pensar que, cuanto más productos expusieras, mayores posibilidades tendrías de concretar una venta. Esta es una manera muy lógica de actuar, pero Apple sabe que los seres humanos somos cualquier cosa menos lógicos, y que existen otras fuerzas psicológicas dominantes que importan mucho más.

Todas las Apple Store del mundo evocan el extraordinario poder del marco con el fin de persuadir inconscientemente a los compradores de que gastar varios miles de dólares en un pequeño dispositivo electrónico (como un iPhone) merece la pena.

Han diseñado sus tiendas para que se parezcan más a galerías de arte (reconocidas por tener piezas únicas de gran valor) que a una desordenada tienda de venta de artículos electrónicos. Sus expertos en comportamiento saben que el marco que se cree influirá en el valor del dispositivo que contiene. Al exhibir solo una pequeña cantidad de sus artículos, Apple evoca el poder de la escasez —un tipo de marco—, que dicta que la demanda y, por lo tanto, el valor precibido de un producto aumenta cuando la oferta parece limitada. Todos sabemos de forma intuitiva que un local comercial es caro, por lo que, al dejar Apple un montón de espacio vacío alrededor de cada uno de sus productos está señalando que cada artículo es tan valioso que se justifica el gasto. En términos psicológicos, trasvasamos el valor del espacio vacío alrededor del producto al propio producto, igual que ocurre con una pieza de arte. Apple enmarca sus productos en un escenario psicológico seductor.

Para ilustrar lo poderoso que puede ser el marco que rodea algo a la hora de alterar la percepción, fíjate en este ejemplo visual:

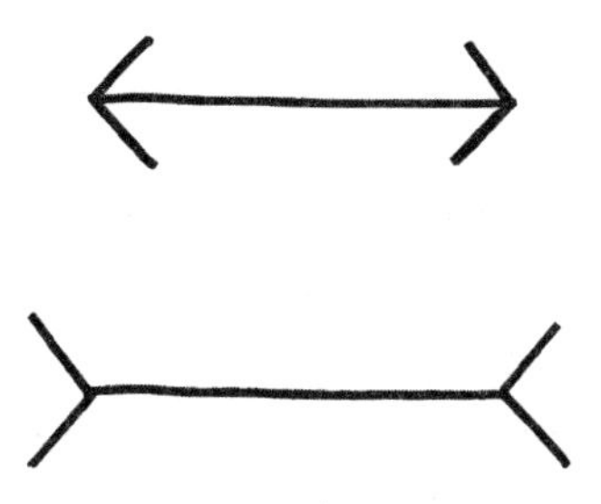

Las líneas entre las dos puntas de flecha tienen la misma longitud.

Soy inversor y embajador, para una compañía llamada WHOOP, de un dispositivo portátil que registra los principales indicadores de salud. La empresa ha sido valorada recientemente en 3.600 millones de dólares, es la más importante del sector y entre sus clientes figuran desde Cristiano Ronaldo hasta LeBron James y Michael Phelps.

WHOOP ha triunfado en un ámbito repleto de gigantes con presupuestos descomunales al *marketing* —Apple, Fitbit, Garmin— en parte debido a su inteligente enfoque en el marco.

El CEO de WHOOP me contó que la empresa se ha resistido sistemáticamente a todos los llamamientos a añadir un visor de la hora al dispositivo, a pesar de lo fácil que sería implementarlo, por este mismo motivo. En la actualidad, WHOOP es la única marca líder de dispositivos o pulseras portátiles de este tipo que no tiene pantalla ni le muestra la hora a quien la lleva.

¿Por qué? Porque creen que añadir una pantalla modificaría la percepción que tiene el cliente del dispositivo, que dejaría de ser un artefacto para la salud que usan los atletas y se convertiría en un reloj. Añadir algo objetivamente valioso —la posibilidad de ver la hora— disminuiría el valor psicológico del producto. En el mundo de los golpes de efecto psicológicos, muy a menudo menos es más, y una palabra, un ajuste o una decisión pueden marcar una gran diferencia en la percepción sobre el valor del producto.

En 2019, aconsejé a una gran multinacional en el ámbito del B2B o «negocio a negocio» que prohibiera el cargo de «encargado de ventas», que dejara de usar el término «ventas» y lo reemplazara por «socios». El resultado: empezaron a recibir más respuestas a sus correos electrónicos y sus ventas se incrementaron en un 31 por ciento. Tal como sospechaba, un puesto de trabajo con la palabra «ventas» predispone a las personas con las que contactas a creer que vas a molestarlas para que compren algo que no desean. En cambio, la palabra «socio» sugiere que la persona está en tu equipo.

Hace unos años, Elon Musk hizo una promesa a las asociaciones que defienden los derechos de los animales: no más cuero en los vehículos Tesla. El empresario ha cumplido con su palabra y, desde el Modelo 3, los interiores de los coches se hacen con lo que se conoce, curiosamente, como «cuero vegano».

Según Rory Sutherland, la leyenda de la publicidad que acuñó la frase «**golpe de efecto psicológico**», Tesla entendió instintivamente el poderoso impacto que tienen los golpes de efecto psicológicos en la percepción del valor: en lugar de decir que los nuevos asientos son de «plástico» —que es la verdad—, la empresa se aferró a la palabra «cuero», y a lo que connota en términos de lujo, para conservar el valor percibido que tiene la tapicería de sus coches. Enmarcarlo así es una de las formas más comunes de conseguir un golpe de efecto psicológico sin mejorar en absoluto la realidad de un producto ni la experiencia.

Enmarcar no consiste en mentir ni en engañar, sino en saber cómo presentar tu producto o servicio desde la perspectiva más objetiva y convincente.

Por ejemplo, resulta más convincente decir que un producto alimenticio es un 90 por ciento magro que decir que tiene un 10 por ciento de grasa. Ambas cosas son ciertas, pero una es más atractiva que otra en términos psicológicos.

Estos ejemplos ilustran un principio importante, pero con frecuencia olvidado en las estrategias de marca, *marketing* y negocios: **la realidad no es más que una percepción** y **el contexto reina.**

★ LEY: EL MARCO ES MÁS IMPORTANTE QUE LA FOTO

Lo que dices no es todo lo que dices. Lo que dices está determinado por el contexto en el que existe tu mensaje, producto o servicio. Si cambias el marco, cambias tu mensaje. Tus clientes lo oirán todo, también las cosas que no dices. No te centres solamente en lo que dices, céntrate en si el marco que rodea lo que intentas decir distorsiona tu mensaje de una manera positiva o negativa.

Un marco elegante transformará lo más vulgar.

Del pódcast *The Diary of a CEO*

LEY NÚMERO 16

UTILIZA A RICITOS DE ORO EN TU BENEFICIO

Esta ley te muestra un truco tan simple como efectivo que puedes usar para que lo que estás vendiendo parezca tener más valor, sin necesidad de cambiar el precio.

«¿Y por qué quiere enseñarme casas que no me interesan?», le pregunté a mi asistente, Sophie, que me leía el itinerario de visitas que había programado mi agente inmobiliario, Clive, para el día siguiente. «No estoy segura», me contestó. «Insiste en que veas varias opciones.»

Unos días después, presenté una oferta de compra para la segunda de las tres propiedades que Clive me había mostrado. Gracias, Clive.

Pero no termina aquí la historia. Meses más tarde, estaba yo investigando los diferentes trucos psicológicos a los que recurren las marcas y los expertos en ventas para influir en nuestro comportamiento cuando me topé con algo llamado «efecto Ricitos de Oro».

El efecto Ricitos de Oro es un tipo de «anclaje».

El anclaje es un sesgo cognitivo por el cual los individuos confían demasiado en datos aparentemente irrelevantes (el «ancla») en el momento de tomar una decisión.

En el contexto del efecto Ricitos de Oro, consiste en presentar dos opciones «extremas» junto con la opción que esperas vender para que la opción intermedia resulte más atractiva o razonable.

En la mayoría de las situaciones, el «verdadero» valor de algo no es más que una opinión, por lo que buscamos pistas en el contexto y el precio que nos ayuden a tomar una decisión. Cuando entra en juego el efecto Ricitos de Oro, percibimos la opción más cara como un lujo excesivo. Por el contrario, la de menor precio nos parece arriesgada, insuficiente y de baja calidad, y en el medio tenemos la que suponemos que es la mejor opción, porque pensamos que debe tener una combinación de los beneficios de las otras dos: es una apuesta segura, rentable y de buena calidad.

Al reflexionar sobre las propiedades que me había mostrado Clive, me di cuenta de que yo solo le había pedido que me mostrara la segunda de ellas, pero él había insistido en enseñarme las tres. La primera que me mostró era demasiado pequeña y tenía un precio seguramente fuera de mercado. La segunda era espaciosa y solo un poco más cara que la primera, mientras que la tercera era extremadamente cara, estaba en la misma zona, y parecía muy sobrevalorada. Como una marioneta controlada por Clive, opté al instante por enviar una oferta por la segunda propiedad.

Intrigado por saber si Clive me había manipulado a conciencia, le mandé un mensaje preguntándole si conocía el efecto Ricitos de Oro. Me contestó primero con una carita sonriente que guiñaba un ojo y luego con un mensaje que decía: «¡Nunca enseñes una única opción!».

Menudo listo.

Clive no es la única persona, marca u organización que recurre el efecto Ricitos de Oro para influir en el comportamiento. Panasonic lo utilizó en 1992, al poner a la venta un horno microondas premium por 199,99 dólares junto a los otros dos que ya tenía en el mercado por 179,99 y 109,99 dólares. Las ventas del que se convirtió en la opción de precio medio —el de 179,99— se dispararon, lo que hizo que Panasonic llegara a tener hasta un 60 por ciento de la cuota del mercado.

★★★

En un experimento, se les pidió a los participantes que eligieran entre París o a Roma para unas vacaciones con todos los gastos pagados. Ganó París.

Experimento 1

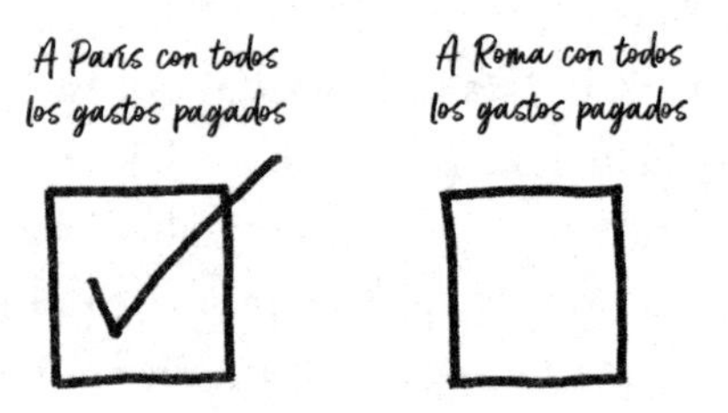

Pero luego se realizó una segunda encuesta, esta vez añadiendo la opción de unas vacaciones a Roma con todos los gastos pagados excepto el café. La opción con todo incluido a Roma no solo fue más popular que la opción sin el café, sino también que la de todo incluido a París.

Experimento 2

A París con todos los gastos pagados

A Roma con todos los gastos pagados (excepto el café)

A Roma con todos los gastos pagados

Cuando dispone de poca información, el cerebro busca pistas en el contexto sobre el valor de las opciones. La presencia de la opción de Roma sin el café incluido proporciona una de esas pistas y viene a decir que el viaje a Roma es tan valioso que le han quitado algo, de lo buena que es la oferta.

Para hacer que el efecto Ricitos de Oro funcione, las marcas suelen ponerle a la opción intermedia un precio más alto que el más bajo del mercado, pero que esté muy lejos del más caro. Por ejemplo, una línea aérea que vende billetes de ida y vuelta a Nueva York cobraría 800 libras por la tarifa económica, 2.000 por la tarifa *business* y 8.000 por la primera clase. A muchos clientes les parecerá que el billete de 2.000 libras es el que les ofrece el mejor valor, aunque claramente no sea el mejor precio.

Todo lo que se ha descrito en la ley de los golpes de efecto psicológicos sirve para resaltar una falacia fundamental sobre cómo contamos historias y ofrecemos experiencias: nos consideramos seres racionales —la disonancia cognitiva que genero en ti cada vez que afirmo que tus decisiones no tienen sentido es una prueba de ello—, así que al elaborar estrategias de *marketing* para otras personas suponemos que también ellas lo son y tendemos a hacer el enorme esfuerzo de mejorar la realidad, en lugar de ir por el camino más fácil y sacar ventaja de la psicología.

Nuestras decisiones no responden al sentido común, sino al sinsentido generado por las convenciones sociales, el miedo irracional y el instinto de supervivencia.

Los grandes expertos en ventas, narradores de historias y creadores de marcas comprenden que ir en pos de un golpe de efecto psicológico no es un acto de maldad ni de falta de ética ni de honestidad. Es justo que estas percepciones psicológicas trabajen en nuestra contra para crear atajos que lleven a percepciones desfavorables, por lo que también es justo que tengas la posibilidad de usar esas mismas fuerzas para volver a tu favor estas palabras, contextos, estigmas y percepciones, creando atajos a una percepción que le permita al mundo ver una representación más genuina de la verdadera belleza, valor e importancia de lo que has creado.

Todo vale en los golpes de efecto psicológicos.

★ LEY: UTILIZA A RICITOS DE ORO EN TU BENEFICIO

Las personas tienden a emitir juicios de valor en base al contexto, así que ofrecerles un rango de opciones que comprenda una versión económica, una estándar y una premium del mismo producto puede ser un modo de contar una historia e influir en la percepción del cliente potencial sobre la oferta estándar.

El contexto
es lo que
crea
el valor.

Del pódcast *The Diary of a CEO*

LEY NÚMERO 17

DEJA QUE LO PRUEBEN Y LO COMPRARÁN

Esta ley revela el modo más fácil de hacer que alguien se enamore de un producto al instante.

«¡No, tío Steven! ¡Es mío!», exclamó mi sobrina con los ojos llenos de lágrimas cuando le pedí tímidamente que me devolviera el regalo de Navidad que acababa de entregarle.

En las prisas de envolver los regalos para toda mi familia, mis sobrinos incluidos, cometí el error de principiante de no etiquetar cada regalo con el nombre de a quién iba dirigido y le había dado, sin querer, a mi sobrina un muñeco de Buzz Lightyear, el personaje favorito de *Toy Story* de mi sobrino. Así que estábamos a punto de ver cómo él abría un paquete que contenía una muñeca de Elsa, de *Frozen*, que le encantaba a mi sobrina.

La habitación se sumió en el silencio mientras yo buscaba las palabras correctas para tratar de arreglar la situación. Mi sobrina se aferró al muñeco con fuerza y entrecerró los ojos con determinación furiosa. «Pero… pero…», tartamudeé, «es que ha habido un pequeño malentendido. ¡Buzz era para tu hermano!».

La tensión en el cuarto se volvió palpable. Los ojos de mi sobrina pasaban de los míos a su preciado juguete. Mi sobrino, presintiendo el drama que se desarrolaba frente a él, se detuvo a la mitad del proceso de abrir su regalo y estiró el cuello para ver mejor el espectáculo.

Me di por vencido.

«Está bien, puedes quedártelo». No me sentía con fuerzas para negociar con la implacable determinación de una niña de tres años al borde del llanto. El drama no lo valía.

Para mi sorpresa, mi sobrino, que ya había terminado de desenvolver su flamante muñeca de Elsa, también parecía contento. No se quejó, no intentó cambiárselo a su hermana y se agarró a la muñeca con tanto cariño como el que mostraba su hermana por Buzz. Ambos estaban encantados con lo que habían recibido, pese a que yo sabía que si les hubiese dado a elegir en la tienda habrían optado por el otro juguete.

Esta metedura de pata con los regalos de Navidad me enseñó una poderosa lección psicológica sobre un fenómeno que los psicólogos conductistas llaman «**efecto de dotación**», un sesgo cognitivo que hace que las personas sobrevaloren un objeto por el solo hecho de poseerlo, independientemente de su valor objetivo. En otras palabras, los individuos tienden a estar mucho más apegados a los objetos que creen propios que a otros similares que no poseen. Es un potente truco psicológico que las marcas utilizan con todos nosotros a todas horas.

Una de esas marcas es Apple: sus tiendas ofrecen a sus clientes una experiencia interactiva. Todos sus productos están a la vista y se puedan tocar.

Más aún, en Apple se preocupan de que todos y cada uno de los dispositivos del establecimiento estén enchufados a la corriente, con las apps configuradas y conectados a internet, y orientan todas las pantallas exactamente en el mismo ángulo para atraer más experiencias potenciales. Son estrictos a la hora de formar a su personal para que no presione a los clientes para que compren (el hecho de que no reciban comisiones por ventas ayuda) ni tampoco les pida que se vayan, lo que permite que pasen todo el tiempo que quieran jugando con los productos.

En sus talleres personalizados (llamados *one to one*) el objetivo es capacitar al cliente para que encuentre las soluciones por sí mismo; de hecho, no tocan el ordenador sin permiso del cliente.

Quizá parezca que no se trata más que de buenos modales o amabilidad, pero te aseguro que es algo mucho más calculado. Apple está apelando al poder de dos hechizos psicológicos subconscientes. Uno es el efecto de mera exposición que vimos en la ley número 11, que incrementa el apego por el producto al aumentar la exposición del consumidor a él, y otro es el efecto de dotación, que incrementa el valor percibido de un producto al darle al consumidor permiso para tenerlo durante un tiempo. En pocas palabras, la mera exposición al objeto hace que te guste más y el efecto de dotación hace que lo valores más.

Apple considera que crear una «**experiencia de propiedad**» funciona mejor que cualquier intento de venta agresiva. Las experiencias multisensoriales de las Apple Store lo demuestran con toda claridad.

Es algo tan poderoso que la oficina del fiscal general de Illinois emitió un comunicado de advertencia a la población, antes de la campaña de Navidad de 2003, para que tuvieran cuidado a la hora de utilizar productos como si fueran suyos al ir de compras. Aunque esta advertencia suena un poco extraña, se sustenta en tres décadas de investigación.

En un estudio realizado en 2009 por la Universidad de Wisconsin, se les pidió a dos grupos de estudiantes que valoraran dos productos: un muelle de juguete y una taza. En el primer experimento, a uno de los grupos se le permitió tocar los objetos y al otro, no. En el experimento siguiente, a uno de los grupos se le permitió imaginarse que los objetos eran suyos y al otro, no. El resultado fue extraordinario: el hecho de tocar los objetos o de imaginar que eran suyos incrementaba las estimaciones de valor de los productos entre los participantes.

La estrategia de Apple de permitir a los clientes que permanezcan en la tienda y jueguen con los dispositivos durante un tiempo ilimitado también es deliberada, y está basada en investigaciones que demuestran que, cuanto más tiempo pruebe un cliente un producto, más ganas tendrá de comprarlo.

Build-A-Bear es una multinacional con cuatrocientos establecimientos en todo el mundo que ofrece una experiencia altamente multisensorial, participativa e interactiva: en sus tiendas, los niños eligen, diseñan y participan en la creación de sus propios animales de peluche. Pero Build-A-Bear no es una «tienda»; a sus establecimientos los llama «talleres» y encima de cada oso cuelga un cartel que apela a los efectos de mera exposición y dotación al animar a los niños a tocar a los osos: ¡VÍSTEME, ABRÁZAME, ESCÚCHAME, ESTRÚJAME, ELÍGEME!

Hay más pruebas aún de los efectos de la experiencia de propiedad. En un estudio de 1984 los investigadores les regalaron a los participantes o bien un billete de lotería o dos dólares. Más tarde, se le ofreció a cada uno de ellos la oportunidad de cambiar el billete por el dinero o viceversa. Solo unos pocos se mostraron dispuestos a hacer el canje.

¿Y qué sucede en condiciones reales? Dos investigadores de la Universidad Duke, Dan Ariely and Ziv Carmon, analizaron el efecto de dotación en la vida cotidiana. El deporte más popular en Duke es el baloncesto. No hay espacio suficiente en la pista para toda la gente que quiere ver los partidos, así que, para solucionarlo, la universidad decidió empezar a sortear las entradas.

Carmon y Ariely llevaron a cabo su experimento durante la ronda final del torneo universitario de baloncesto March Madness, en la que la demanda de entradas era aún más alta que lo habitual. Los estudiantes que formaban parte del estudio esperaban pacientemente en el patio de la universidad para participar en el sorteo.

Después del sorteo, se les preguntó a los ganadores a qué precio venderían su entrada si alguien quisiera comprársela. A los que no habían ganado, se les preguntó cuánto estarían dispuestos a pagar por una entrada.

De media, quienes no tenían entrada dijeron estar dispuestos a pagar hasta 175 dólares por una. Por su parte, quienes habían ganado una entrada dijeron que no la venderían por menos de 2.400. ¡Quienes tenían una entrada la valoraban casi catorce veces por encima de quienes no la tenían!

★ LA RAZÓN DE NUESTRA POSESIVIDAD

El sentimiento de posesividad se remonta a miles de años atrás en la historia de la humanidad y todavía es observable en algunos de nuestros primos del orden de los primates.

En 2004, dos economistas llevaron adelante un experimento con chimpancés, unos polos de zumo de frutas y un tubo con mantequilla de nueces. Los alimentos se escogieron especialmente porque no podían ingerirse con demasiada rapidez y durarían lo suficiente para los propósitos del intercambio. Cuando se les dio a elegir, el 58 por ciento de los chimpancés prefirieron la mantequilla de nueces al helado. Así que no sorprendió a nadie que, de los chimpancés que optaron por la mantequilla, casi el 79 por ciento decidieran no cambiarla por un helado. Pero de los que recibieron el helado, el 58 por ciento se negó a cambiarlo por la mantequilla.

Los economistas llegaron a la conclusión de que el efecto de dotación posiblemente se afianzó en los humanos en una etapa temprana de la evolución. Pero ¿por qué eran tan sobreprotectores los primeros seres humanos con las cosas que ya tenían y se mostraban tan reticentes a intercambiar o a pagar por las que no? La respuesta parece ser que el riesgo asociado al canje —en particular si la otra parte no actuaba de forma justa—, era un fuerte factor disuasivo. Nuestros ancestros no disponían de un modo fiable de hacer cumplir las condiciones de un trato, así que reducían el precio que estaban dispuestos a pagar por las cosas (el valor del canje) para compensar por el riesgo que corrían de terminar con menos de lo que habrían debido obtener.

★ LEY: DEJA QUE LO PRUEBEN Y LO COMPRARÁN

Hacer llegar el producto a las manos del cliente sigue siendo una herramienta muy potente para comerciales, expertos en ventas y marcas. La próxima vez que te propongas que alguien se enamore de un producto y pague un buen precio por él, no te limites a decirle lo bueno que es: usa el poder del efecto de dotación. Aprende de Apple: deja que lo toque, que juegue con él, que lo pruebe y que lo manipule. Si lo haces, es posible que, al igual que mi sobrina, ya no quiera devolvértelo.

Si se mira a través de la lente de la propiedad, lo ordinario se vuelve extraordinario.

Del pódcast *The Diary of a CEO*

LEY NÚMERO 18

LUCHA POR LOS PRIMEROS CINCO SEGUNDOS

Esta ley demuestra por qué en el mundo del marketing, los negocios y las ventas tu éxito a menudo no depende más que de cinco segundos. Si lo haces bien en esos cinco segundos, triunfarás. Si no, fracasarás.

(Pausa incómoda de diez segundos mientras miro con aire de amenaza al público).

«"Y justo por eso te expulsaron de la escuela; eres incapaz de aguantar haciendo algo en lo que no crees. Y siempre te parece que conoces una forma mejor de hacer las cosas. ¡No me llames ni a mí ni a nadie de tu familia hasta que no vuelvas a la universidad!" Y tras eso, mi madre colgó el teléfono.»

Estas cuatro frases son las que utilicé, entre 2015 y 2020, para abrir mis conferencias en más de trescientos escenarios de todo el mundo. Es el discurso arrebatado que me dirigió mi madre el día en que la llamé para decirle que dejaba la universidad para montar una empresa.

Nunca me presentaba. Nunca decía mi nombre ni el de la empresa a la que representaba. Sabía que, en los primeros cinco segundos, los filtros de habituación de la audiencia harían, o que las personas sintonizaran conmigo y me prestaran su atención o que decidieran que yo era papel pintado, se desconectaran y llevaran su atención a otro lado. Por esta misma razón, **los primeros cinco segundos, en cualquier narración, son decisivos**.

Como ya he mencionado, mis empresas de *marketing* nunca han tenido un departamento comercial que saliera a ofrecer nuestros servicios, pero, aun así, hemos trabajado con las marcas más importantes del mundo—Amazon, Apple, Samsung, Coca Cola— y hemos generado ingresos de hasta nueve cifras.

Si tuviera que atribuir nuestro éxito a una sola cosa —más allá del tobogán azul del que he hablado en la ley número 10—, sin duda sería a que contamos las historias más cautivadoras, sorprendentes y emotivas. Nunca he intentado venderme. Nunca he bombardeado a una audiencia con gráficos, ni estadísticas, ni datos. Todas mis charlas empezaban, sonaban y terminaban más como algo salido de Harry Potter que como una presentación de ventas.

Al igual que la mayoría de las personas, tengo una capacidad de concentración muy breve cuando algo me aburre; tal es así que me expulsaron de la escuela por dormirme en clase y por absentismo (llegué a tener un nivel de asistencia del 31 por ciento). Luego fui a la universidad, me dormí en la primera clase, dejé la carrera al día siguiente y no volví jamás. Creo que por eso siempre he entendido la importancia de contar historias que exijan atención. Si alguien me habla con voz monótona durante un período de tiempo prolongado, mi cerebro activa el botón de repetición de la alarma.

Pero, por alguna razón, la mayoría de las historias que se cuentan en un escenario siguen siendo terriblemente aburridas. Cuando alguien ha hecho algo que le ha costado sangre, sudor y lágrimas, casi siempre acaba viviendo en una burbuja delirante y egocéntrica. Empieza a creer que lo que ha hecho es tan revolucionario, fascinante y trascendente que merece la atención de todo el mundo.

Desde esta perspectiva distorsionada y ensimismada, una de las trampas más comunes y traicioneras en que puede caer ese creador en el momento de contar su historia al mundo es creer que a su público le importan él, su producto, su esfuerzo y su «innovación» tanto como le importan a él. Cuando esto pasa, la historia que cuenta se vuelve, lógicamente, larga y deslucida.

En cambio, cuando un contador de historias comprende que no hay nadie en absoluto a quien él le importe tanto como a él mismo (que a nadie le importa que su pasta dentífrica sepa más a menta, que su agencia de publicidad sea un poco más intrépida o que la ropa de su marca quede más entallada que otras) cuenta historias cautivadoras, emotivas, con tanto gancho que no te dejan otra opción que prestar toda tu atención a cada palabra que sale de su boca.

MrBeast, para quien no lo conozca, es quizás el *youtuber* más famoso del mundo: en el momento de escribir estas líneas, tiene más de 150 millones de suscriptores, sus vídeos suman 30.000 millones de visualizaciones y se supone que gana cientos de miles de millones de dólares al año. Ha anunciado hace poco que va a convertirse en el primer *youtuber* multimillonario, y me inclino a creer que lo conseguirá.

¿Cómo lo ha hecho? Según él, los primeros pocos segundos de cualquier vídeo son los más importantes. En los primeros cinco segundos de todos sus vídeos, él presenta lo que llama «un gancho», una promesa clara y convincente sobre por qué deberías ver el vídeo que traspasa el filtro de habituación del cerebro, te hace pensar «pero ¿va en serio?» y al hacerlo, evita que ese espectador desconecte o se vaya con un clic.

MrBeast sostiene que no hay que empezar por ninguna otra cosa; nada de presentarse, nada de embarcarse en largas explicaciones, ni siquiera nada de poner el típico montaje de imágenes con música que utilizan la mayoría de los creadores de vídeos. Lo que él en resumidas cuentas hace es gritarle una promesa convincente a la cara a todos sus espectadores, una que atrapa su atención el tiempo suficiente para que él la cumpla. He aquí algunos ejemplos de los primeros cinco segundos de sus vídeos:

Vídeo 1, primeros cinco segundos:

¡HE RECREADO TODOS Y CADA UNO DE LOS ESCENARIOS DE *EL JUEGO DEL CALAMAR* Y LA PERSONA QUE SOBREVIVA DE LAS 456 QUE ESTÁN AQUÍ GANARÁ 456.000 DÓLARES! (350 millones de visualizaciones)

Vídeo 2, primeros cinco segundos:

¡HE METIDO A CIEN PERSONAS DENTRO DE UN CÍRCULO GIGANTE Y LA ÚLTIMA EN SALIR GANARÁ 500.000 DÓLARES! (250 millones de visualizaciones)

Vídeo 3, primeros cinco segundos:

ME HE GASTADO 2,5 MILLONES DE DÓLARES EN ESTE AVIÓN PRIVADO Y HE HECHO QUE ONCE PERSONAS LE PONGAN LA MANO ENCIMA. ¡LA ÚLTIMA EN RETIRAR LA MANO SE LO LLEVA! (100 millones de visualizaciones)

En los últimos diez años, se me ha empezado a conocer por repetir un escenario hipotético una y otra vez. Cada vez que me encuentro con un equipo de *marketing* que por desgracia vive en esa burbuja delirante egocéntrica —que ha caído en la trampa de creer que el mundo siente un enorme interés por ellos—, esto es lo que les digo:

Imaginaos que la clienta a la que queréis llegar se llama Jenny. Imaginaos que acaba de salir en dirección al trabajo después de una larga noche en vela y de pelearse con su marido. Mierda, se le ha pinchado una rueda en la autopista y está diluviando. Ahora sí llegará tarde al trabajo. Está enfadada, cansada y no tiene tiempo. Saca su teléfono en el arcén para llamar al servicio de asistencia en carretera y lo primero que ve es vuestro mensaje publicitario, vuestro anuncio, vuestro contenido. ¿Qué tendríais que decirle en ese instante para que os prestara atención, para que hiciera clic, para que os comprara? Lo que sea que diga ese mensaje es exactamente lo que tenéis que decirles a todos vuestros clientes. Porque si podéis captar a la atención de Jenny, que está en el arcén, en medio de esa situación, podréis captar la de cualquiera.

Cuando estés pensando en cuál es el relato que quieres explicar, hazlo pensando en primer lugar en el cliente que menos interés podría tener en él. Por esta misma razón, quizás hayas notado que cada una de las leyes de este libro comienza con una afirmación convincente de no más de cinco segundos de duración que explica por qué deberías leer el capítulo. Sé que la mayoría de vosotros se saltará algunas secciones de este libro, pero por el hecho de hacer una promesa convincente en los primeros cinco segundos de cada capítulo, imagino que la retención se incrementa al menos un 25 por ciento. Y en los negocios, un 25 por ciento, y más aún en áreas de rentabilidad compuesta, cambiará tu trayectoria por completo. Si yo diera 300 charlas, un incremento del 25 por ciento en el nivel de consultas podría suponer cientos de millones de dólares a lo largo de diez años. Y solo por poner toda mi atención en los primeros cinco segundos.

★ BASTA DE INSULTAR A LOS PECES

«Tienes la capacidad de atención de un pez.»

La frase se usa a menudo para burlarse de las personas con poca capacidad de atención. Sin embargo, si las investigaciones recientes están en lo correcto, en realidad podría ser un cumplido.

En un estudio realizado por Microsoft en el año 2015, un grupo de investigadores canadienses monitorizaron la actividad cerebral eléctrica de 2.000 participantes y llegaron a la conclusión de que, en los últimos quince años, el rango atencional promedio del ser humano se había reducido de doce a ocho segundos.

Para poner esta información en perspectiva, el mismo artículo informa que la capacidad de atención de los peces es de nueve segundos. ¡Un segundo más que los humanos! Así que, si alguien compara tu rango de atención con el de los peces, ahora mismo la respuesta más adecuada sería «gracias».

Cada vez estamos más distraídos. De media, una persona que trabaja en una oficina mira el móvil más de 1.500 veces a la semana, lo que equivale a tres horas y dieciséis minutos al día, y comprueba la bandeja de entrada de su correo electrónico treinta veces cada hora.

Una visita a una página web dura de media unos diez segundos y, según informó Ofcom, el regulador de las comunicaciones del Reino Unido, en agosto de 2018, las personas miran su móvil casi cada diez minutos mientras están despiertas.

Entrevisté a Johann Hari, autor del superventas *El valor de la atención*, que habla de la cada vez más reducida capacidad de atención humana, y me dijo:

> Acabé viajando por todo el mundo. Entrevisté a 250 de los expertos mundiales en atención y concentración, desde Moscú hasta Miami; desde una favela en los suburbios de Río de Janeiro, donde la capacidad de atención se había desplomado de una manera particularmente calamitosa, hasta unas oficinas de Nueva Zelanda. Nos enfrentamos a una verdadera crisis. Nuestra capacidad de atención se está reduciendo de verdad. Hay cambios en nuestra forma de vivir que son el equivalente a verter ácido sobre la capacidad de atención de todos nosotros. Tenemos una cultura atencional patogénica, una cultura en la que es muy difícil para todos nosotros entrar en un estado de concentración

profundo y mantenerlo. Por eso las actividades que requieren formas de concentración profundas, como leer un libro, han caído en picado en los últimos veinte años.

Durante los últimos diez años he producido miles de vídeos, y los gráficos de retención de esos vídeos ponen de relieve un relato predecible y con frecuencia desalentador: pierdo entre un 40 y 60 por ciento de mis espectadores en los primeros segundos de casi todos los vídeos de más cinco minutos de duración, en todas las plataformas de redes sociales.

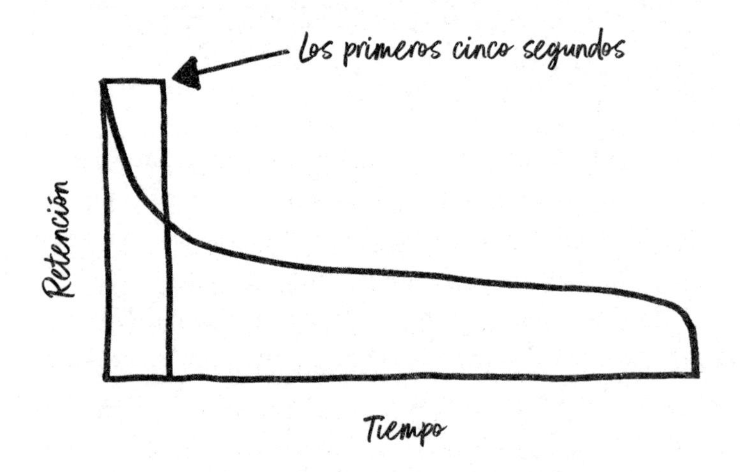

Esto viene a demostrar que esos primeros cinco segundos determinan de manera desproporcionada la suerte de cada uno de los segundos que les siguen. Y esto es válido para los contenidos en redes sociales, los discursos, los vídeos y cualquier otro medio que luche por tu atención.

Hace cinco años, mi agencia de *marketing* recibió el encargo de promocionar una campaña. Se trataba de un vídeo desopilante de dos minutos y medio de duración cuya producción había costado cientos de miles de dólares, y parte de nuestro trabajo consistía en hacer que lo viera la mayor cantidad de personas posible.

Cuando la empresa nos envió el material para distribuirlo, de entrada, les sugerimos que reeditaran el vídeo para que los primeros cinco segundos llamaran más la atención. En la versión que recibimos, esos primeros segundos mostraban un plano del lugar en el que se había grabado el vídeo, con el logo de la marca superpuesto.

Nos respondieron que el vídeo debía compartirse como estaba. Seguimos sus instrucciones y lo compartimos en varios canales de redes sociales de gran audiencia. Los resultados fueron cuanto menos decepcionantes.

Cuando el cliente me preguntó por qué el rendimiento del vídeo no había sido el esperado, le contestamos que los primeros cinco segundos iniciales aniquilaban el potencial del vídeo en su totalidad. Le ofrecimos reeditar esos primeros segundos y les aseguramos que con eso cambiaría la suerte de los dos minutos y medio que les seguían.

Afortunadamente, aceptaron. El vídeo reeditado se hizo viral, y en siete días sumó más de tres millones de visualizaciones en todos los canales de nuestras redes sociales. Un mínimo cambio en los primeros cinco segundos había hecho que un 150 por ciento más de personas siguieran viendo el vídeo más allá de los diez segundos iniciales y que se quedaran el tiempo necesario para disfrutarlo, comentarlo (lo cual hace que los algoritmos lo compartan) y compartirlo directamente en sus propios canales.

★ LEY: LUCHA POR LOS PRIMEROS CINCO SEGUNDOS

Podría dar cien ejemplos más de casos reales que demuestran que esos primeros cinco segundos son decisivos para cualquier gran historia. Si quieres que tu historia sea escuchada, debes diseñar, con pasión, contundencia y provocación, esos cinco segundos iniciales para que resulten irresistiblemente atractivos, perturbadoramente magnéticos y cautivadores hasta las lágrimas. Déjate de calidas presentaciones, de frases de cortesía y de montajes musicales de segunda, y ve directamente a la promesa, la conclusión o la provocación más convincentes posible. Sea cual sea el medio en el que te encuentres, debes ganarte el derecho a la atención que buscas en esos cinco segundos iniciales.

La atención podría ser el regalo más generoso que alguien puede ofrecer.

Del pódcast *The Diary of a CEO*

PILAR III
LA FILOSOFÍA

LEY NÚMERO 19

TRABAJA LOS DETALLES

Esta ley revela lo que todo gran emprendedor, deportista y entrenador parece saber de forma instintiva: tu éxito se define por tu actitud hacia los detalles, esos que la mayoría de las personas pasan por alto, ignoran o desestiman. La forma más fácil de hacer grandes cosas es prestar atención a las pequeñas.

En 2023, mi pódcast *The Diary of a CEO* se convirtió en el más descargado de todo el Reino Unido, según Apple. También alcanzó el número uno de la categoría de pódcast de negocios de Spotify en Estados Unidos y en enero, por primera vez, consiguió más suscriptores (320.000) en YouTube que el legendario pódcaster Joe Rogan ese mismo mes.

Nuestro pódcast es relativamente nuevo en comparación con el de muchos de nuestros competidores. Solo hace poco más de dos años que existe en formato semanal y en vídeo. De hecho, no creo que el pódcast haya alcanzado el éxito que tiene por el hecho de que yo sea el presentador; no creo que mis preguntas sean excepcionales, ni que nuestro montaje sea el mejor, ni siquiera que tengamos los invitados más famosos del mundo. Tampoco digo que hagamos mal ninguna de esas cosas, pero hay otras personas que las están haciendo mejor.

El secreto, en mi opinión, es que nos trabajamos a fondo las cosas pequeñas más que ningún otro equipo que yo haya conocido jamás. Nos obsesionamos con miles de detalles minúsculos que considero que la mayoría de las personas tacharía de triviales, locos o innecesarios.

Para dar solo algunos ejemplos: antes de que venga un invitado, investigamos cuál es su música favorita y la ponemos de fondo cuando llega. Ningún invitado lo ha mencionado nunca, pero nos parece que los pondrá de mejor humor y hará que se abran más. Hemos estudiado cuál es la temperatura óptima para conversar (ni mucho calor ni mucho frío). Testeamos el título, la imagen y la promoción de cada episodio del pódcast por medio de herramientas de IA y anuncios en las redes sociales semanas antes de colgarlo. Hasta tenemos en plantilla a un analista de datos a tiempo completo; le hemos hecho desarrollar una herramienta de IA que traduce el pódcast a múltiples idiomas, para que, si le das al *play* en la versión de YouTube del pódcast en Francia, por ejemplo, mi voz y la del entrevistado aparezcan automáticamente traducidas al francés. Hemos desarrollado un modelo basado en datos que nos dice a quién invitar al programa, cuáles son los temas con más repercusión que el invitado ya ha tratado previamente, la duración óptima de la conversación y hasta cuántos caracteres debe tener el título de un pódcast.

Nuestro éxito no puede atribuirse al hecho de que seamos los mejores en una sola cosa, pero sí a la atención incansable que le dedicamos a los más pequeños detalles. La búsqueda de formas de mejorar, por insignificantes y aparentemente triviales que sean, se ha convertido en nuestra religión. Esta misma minuciosidad está presente en todas mis empresas y es una característica común entre las marcas más innovadoras, disruptivas y de más rápido crecimiento del mundo.

★ KAIZEN

Durante 77 años, con sus altibajos, General Motors (GM) ha liderado el sector del automóvil, con unas ventas anuales superiores a las de cualquier otra empresa a nivel global. Pero, en los últimos años, ha sido destronada por Toyota, con su enfoque único a la hora de fabricar vehículos y desarrollar una empresa y una cultura empresarial.

Toyota se proclamó líder mundial en fabricación de automóviles en términos de ventas por segundo año consecutivo en 2022. Su crecimiento interanual del 9,2 por ciento amplió la brecha con su competidor más cercano, Volkswagen, en casi dos millones de coches vendidos, frente a los 250.000 del año anterior.

La clave del éxito de la empresa es el llamado «sistema de producción Toyota». Se desarrolló en Japón durante la era posterior a la Segunda Guerra Mundial, cuando el país estaba en plena reconstrucción y se enfrentaba a la escasez de capital y equipamiento. En respuesta a estos desafíos, el ingeniero de Toyota Taiichi Ohno formuló una filosofía que permitió a la empresa extraer el máximo potencial de cada componente, máquina y empleado.

El secreto de la filosofía de Toyota es un principio que se conoce por su nombre en japonés, «**kaizen**», que significa «mejora continua». Según esta filosofía, la innovación es un proceso incremental; **no consiste en dar grandes saltos hacia adelante, sino en mejorar pequeñas cosas, de pequeñas maneras, en todos los lugares posibles** y a diario.

La filosofía kaizen rechaza de plano la noción de que solo un grupo selecto y reducido de personas de la jerarquía de una empresa sean las responsables de la innovación; insiste en que esa es una tarea cotidiana que les incumbe a todos los empleados de todos los niveles.

Gracias a la filosofía kaizen, Toyota asegura implementar la impactante cifra de un millón de ideas nuevas por año, y la mayoría de ellas son sugerencias realizadas por trabajadores de planta comunes y corrientes.

Es curioso, pero se dice que las instalaciones de Toyota en Estados Unidos reciben cien veces menos sugerencias de mejora por parte de sus empleados que sus homólogas japonesas.

Estas sugerencias a menudo son cuestiones nimias, como, por ejemplo, hacer que las botellas de agua sean más grandes para que los empleados puedan hidratarse mejor, o bajar un estante para que sea un poco más fácil alcanzar las herramientas, o hacer la letra de un cartel de seguridad un punto más grande para que haya menos accidentes.

Puede que estas sugerencias parezcan insignificantes, pero la filosofía kaizen considera que son las mejoras más pequeñas las que, por acumulación, harán avanzar a la empresa y la pondrán por delante de sus competidoras, que no se preocupan por estos pequeños detalles.

La filosofía kaizen dice que hay que crear un estándar, asegurarse de que todo el mundo lo cumple, pedir a los empleados que encuentren maneras de mejorarlo y repetir este proceso para siempre.

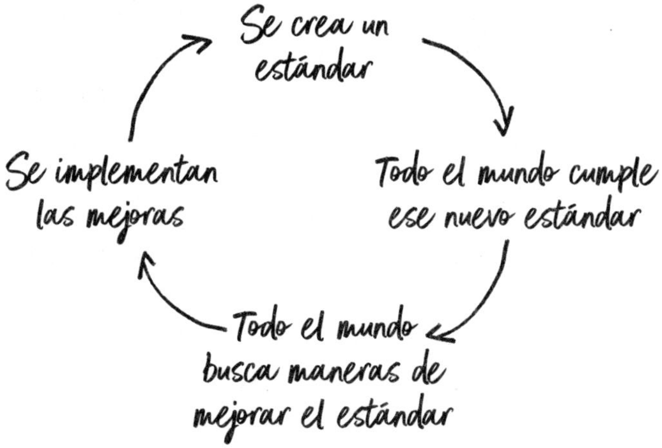

Se crea un estándar

Todo el mundo cumple ese nuevo estándar

Todo el mundo busca maneras de mejorar el estándar

Se implementan las mejoras

★ KAIZEN FRENTE A CONVENCIÓN

Como Toyota es una de las empresas de más éxito de Japón, muchos suponen que su éxito se debe a la cultura japonesa, la dinámica salarial o la actitud de los empleados. Pero la historia cuenta otra cosa.

A principios de la década de 1980, durante la presidencia de Ronald Reagan, había una tensión creciente entre Estados Unidos y Japón debido al gran número de coches importados que inundaban las carreteras estadounidenses. La industria del país estaba en crisis. La planta de General Motors en Fremont, California, era un buen ejemplo de este deterioro. En materia de calidad y productividad, era la peor planta de la empresa con diferencia: el ensamblaje de un coche llevaba mucho más tiempo de media que en cualquier otra planta y los defectos en los coches terminados alcanzaban cifras de dos dígitos.

La ausencia de coches construidos en Fremont en el aparcamiento de personal era una clara muestra del poco orgullo y confianza de los empleados en la empresa. La planta tenía unas 5.000 quejas gremiales pendientes de resolución, y el sindicato del sector había promovido varias huelgas y peticiones de bajas médicas colectivas como forma de protesta; las condiciones laborales eran tóxicas e insostenibles.

Se necesitaba una gran cantidad de trabajadores temporales en cualquier turno para cubrir las tasas de absentismo, que excedían el 20 por ciento, y se contrataba equipos especiales de limpieza para limpiar las botellas de alcohol y los desechos relacionados con el consumo de drogas abandonados en el aparcamiento de empleados al final de cada turno.

GM, que veía la planta como caso perdido, decidió cerrarla y echar a toda la plantilla.

Toyota vio en aquello una oportunidad para resolver las fricciones comerciales existentes y poner a prueba su filosofía kaizen en el terreno de su competidor y, en 1983, le propuso a

GM una alianza conjunta. La fábrica de Fremont se reabriría con el nuevo nombre de New United Motor Manufacturing Inc. (NUMMI) y pasaría a producir el Toyota Corolla y el Chevrolet Prizm como productos principales.

Toyota se ofreció a invertir dinero en efectivo, a supervisar el buen funcionamiento de la planta y a implementar su filosofía. Incluso aceptó volver a contratar los mismos empleados y tener el mismo sindicato de trabajadores, las mismas instalaciones y el mismo equipamiento, a pesar del terrible fracaso de la planta solo un año antes.

El expresidente de Toyota, Eiji Toyoda, creía que era el primer paso necesario para llegar a tener una planta propia en Estados Unidos. Pero también lo veía como la forma perfecta de poner a prueba la viabilidad del sistema de producción Toyota en otros países.

Toyota volvió a contratar a casi el 90 por ciento de la plantilla de empleados sindicados de Fremont e implementó una «política de no despidos» que impedía que se pudiera echar a nadie. Luego enviaron a 450 jefes de grupo y de equipo a la planta de Toyota City para formarlos en su exclusivo sistema de producción Toyota, inspirado en el kaizen, a un coste de más de tres millones de dólares. Bajo la filosofía de Toyota, la opinión de los trabajadores tendría mucho peso en las operaciones de la planta. Las antiguas descripciones de cien líneas de los puestos de trabajo de los empleados fueron reemplazadas por tres palabras: «miembro del equipo». El organigrama se simplificó y se redujo de catorce niveles a tres: director de planta, jefe de grupo y jefe de equipo.

Como por arte de magia, empleados que antes habían estado tan desmotivados que se enfrentaban a sus jefes empezaron a participar en las decisiones relacionadas con el trabajo. Recibieron formación en resolución de problemas y prácticas de kaizen, y se convirtieron en verdaderos expertos en sus respectivas áreas. Los parámetros de su trabajo también cambiaron radicalmente: no solo se esperaba de ellos que hicieran su parte, sino que se les asignaban tareas que involucraban una actitud proactiva de mejora.

Se animaba a los miembros del equipo a que implementaran las ideas que se les ocurrían rápidamente y todo lo que funcionaba se replicaba como buena práctica. Todos los miembros del equipo podían también detener la línea de producción en cualquier momento para solucionar un problema solo tirando de una cuerda accesible desde cualquier punto de la fábrica.

Al año de su inauguración en 1985, la fábrica NUMMI tenía los niveles de calidad y productividad más altos de todas las plantas de GM del mundo.

En lugar de doce defectos de media por vehículo ahora no había más que uno, si bien los autos se ensamblaban en la mitad del tiempo que antes, cuando los empleados estaban tan a disgusto. No había día en que se registrara un ausentismo mayor al 3 por ciento, un reflejo del aumento espectacular del grado de satisfacción y de compromiso de los trabajadores. La innovación operativa también se disparó: la participación de los empleados en las nuevas ideas excedía el 90 por ciento y la dirección implementó casi 10.000 de ellas.

En 1988, NUMMI ya ganaba premios y en 1990 el sistema de producción Toyota y su filosofía kaizen se convirtió en el estándar global de la industria para la fabricación. Todo ello en menos de dos años. Las instalaciones, el personal y el equipamiento eran los mismos. La filosofía, en cambio, no, y el resultado fue radicalmente diferente.

★ EL 1 POR CIENTO PUEDE CAMBIAR TU FUTURO

El gran espejismo, en la vida y los negocios, que hace que la filosofía kaizen de mejoras incrementales se haya adoptado poco, ignorado y pasado por alto es que los detalles no son más que detalles.

Eso es objetivamente cierto, pero un gran número de cosas pequeñas acaban conformando algo grande, y es más fácil, más inclusivo de todos los miembros del equipo y, por lo tanto, más alcanzable aspirar a mejorar una gran cantidad de detalles que motivar a un equipo para encontrar e implementar grandes cosas.

Algo realmente desafortunado que sucede en esta vida es que las cosas que son fáciles de hacer también son fáciles de no hacer. Es fácil ahorrar un dólar, así que también es fácil no ahorrarlo. Es fácil lavarse los dientes, así que también es fácil no lavárselos. Cuando algo es fácil de hacer y de no hacer, el resultado de hacerlo o no hacerlo es invisible en el corto plazo, así que con frecuencia elegimos no hacerlo. Pero las matemáticas y la economía demuestran a las claras que nuestras decisiones más pequeñas tienen un gran impacto en nuestra posición en el futuro.

Con el tiempo, la diferencia entre dejar que algo empeore en un 1 por ciento cada día frente a hacer que mejore en un 1 por ciento cada día se vuelve muy significativa. Míralo así:

Año	Al empezar el año	Al acabar el año: 1 por ciento mejor cada día	Al acabar el año: 1 por ciento peor cada día
1	100 £	3.778 £	2,5517964452291100000 £
2	3.778 £	142.759 £	0,0651166509788394000 £
3	142.759 £	5.393.917£	0,0016616443849302700 £
4	5.393.917 £	203.800.724 £	0,0000424017823469998 £
5	203.800.724 £	7.700.291.275 £	0,0000010820071746445 £
6	7.700.291.275 £	290.943.449.735 £	0,0000000276106206197 £
7	290.943.449.735 £	10.992.842.727.652 £	0,0000000007045668355 £
8	10.992.842.727.652 £	415.347.351.332.000 £	0,0000000000179791115 £
9	415.347.351.332.000 £	15.693.249.374.391.300 £	0,0000000000004587903 £
10	15.693.249.374.391.300 £	592.944.857.206.937.000 £	0,0000000000000117074 £

Si empiezas el año con cien libras y te las ingenias para que ese valor mejore a razón de un 1 por ciento diario durante 365 días, habrás multiplicado ese valor por 37. Al cabo de diez años, suponiendo que continúe esa misma mejora incremental del 1 por ciento diario, ¡ese valor se dispara por encima de los 15.000 billones de libras!

En cambio, dejar que esas cien libras vayan perdiendo un 1 por ciento diario hará que tu dinero se vea reducido a 2,55 libras tras un año, a 6 peniques al cabo de dos años y a cero de ahí en adelante.

Mejora diaria del 1% versus empeoramiento del 1% diario

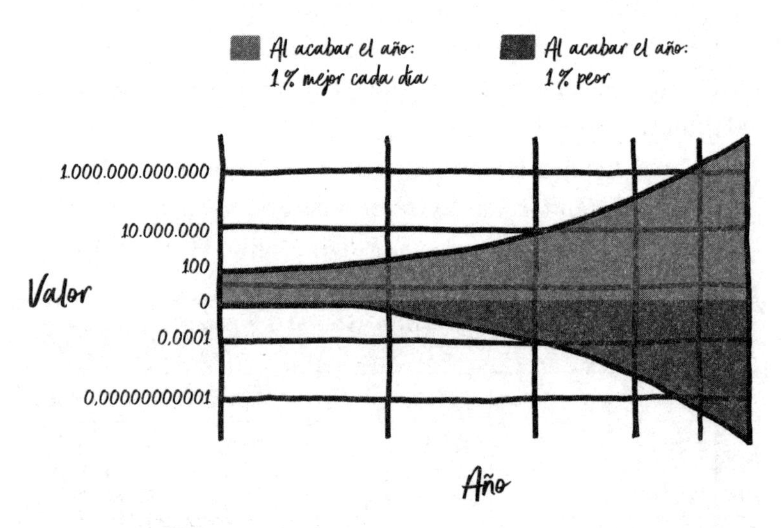

No lavarte los dientes hoy no tendrá un impacto visible. No lavarte los dientes ningún día de esta semana puede provocar un ligero olor desagradable, pero no tendrá consecuencias significativas. No lavarte los dientes en cinco años acabará contigo gritando en la silla del dentista mientras te arrancan todos los molares. ¿El problema dental cuándo se produjo? Comenzó hoy mismo, por pasar por alto algo que era fácil de hacer y fácil de no hacer.

En Toyota, la cultura kaizen no apareció de la noche a la mañana. Hicieron falta veinte años para lograr que dos sugerencias por persona y año se convirtieran en el estándar en toda la empresa.

La filosofía kaizen requiere de tiempo, inversión y mucha fe.

★ EL ARTE DE INCREMENTAR LAS SUGERENCIAS

Lo has visto en más de un sitio: el buzón de sugerencias de la empresa, con su pequeña abertura en la parte superior para introducir las propuestas de los empleados, su candado y un aspecto general de abandono. Pese a sus buenas intenciones, su fracaso a la hora de brindar cualquier tipo de resultado significativo suele deberse a dos factores. Uno: una gran cantidad de «sugerencias» en general no son «ideas creativas» según los estándares Toyota sino más bien quejas anónimas, críticas poco constructivas o ataques pasivo-agresivos al funcionamiento de la empresa. Dos: las pocas sugerencias proactivas o nunca se llevan a la práctica o no es posible hacerlo porque son impracticables. La mezcla letal entre quejas del personal y falta de seguimiento por parte de la dirección es lo que tristemente lleva a la destrucción de la confianza y a la muerte en el polvo del buzón de sugerencias.

¿Qué hay de diferente en los *teian* o buzones de sugerencias de las empresas japonesas? ¿Por qué funcionan donde otros sistemas fracasan? ¿Acaso son sus empleados más inteligentes o sensibles? ¿O lo que ocurre es que sus directivos están más abiertos a encontrar sugerencias útiles entre las inútiles? ¿Tiene que ver con la cultura japonesa? La respuesta es mucho más simple y es ajena a cualquier cultura nacional.

La respuesta se halla en la persona a la que llamaremos «*coach* de ideas» y cualquier empresa puede beneficiarse de ello. Cuando le preguntaron Ron Haigh, responsable de relaciones públicas internas de Toyota en Japón, cómo era posible que aceptaran el 99 por ciento de las ideas que les llegan al buzón de sugerencias, él dio una respuesta reveladora.

Haigh explicó que los supervisores analizaban las ideas de sus empleados con ellos, los orientaban sobre los aspectos prácticos, los apoyaban para que la idea fuera concreta y efectiva, y los ayudaban a que tuviera éxito. Todo un contraste con la mayoría de los buzones de sugerencias occidentales, en los que los responsables dicen «sí» o «no» (seguramente con más frecuencia lo segundo) y luego explican por qué una idea «nunca funcionaría».

En el sistema kaizen, tu supervisor es tu *coach* de ideas. La idea sigue siendo del empleado, pero, al trabajarla con alguien con más experiencia en el arte de lo posible, el 99 por ciento de las ideas se aceptan y se desarrollan colaborativamente para convertirse en algo concreto que puede funcionar.

A todos los empleados de Toyota se les asigna la tarea de proponer al menos una idea por mes, y esa es una parte central del trabajo de cada uno. Los supervisores también tienen la misión de asegurarse de que cada uno de los miembros de su equipo aporta al menos una idea al mes. Eso garantiza que todo el mundo reme en la misma dirección: a todos les interesa contribuir a que las ideas tengan éxito.

Cada *coach* tiene también su propio *coach*: cada uno de los supervisores le responde a su vez a un *coach*, cuyo rol es ayudarlo a que desarrolle la suficiente cantidad de ideas nuevas cada mes. De este modo, se anima a todos los empleados de la empresa, desde la categoría más alta hasta la más baja, a que escuchen, refinen y apoyen todas las sugerencias nuevas.

Un aspecto fundamental es que la persona que ha tenido inicialmente la idea es quien la pone en práctica. Puedes imaginarte de qué modo este principio modifica ya de por sí el tipo de sugerencias que se reciben. Una crítica ya no es una idea;

frases como «odio la música de la oficina» no son sugerencias, porque, según este principio, toda idea debe ser algo práctico, productivo y enfocado en una solución.

Por último, a todos los empleados de Toyota se los forma en la filosofía kaizen, en el sistema de producción de Toyota y en cómo funciona el proceso de idea-sugerencia. Es muy inusual que sus homólogos occidentales formen a sus equipos en la filosofía de las ganancias incrementales, en cómo formular sugerencias de la forma adecuada y en los fundamentos de su filosofía corporativa.

★ EVITA PAGAR POR LAS SUGERENCIAS

Las empresas tienden a tratar a los empleados como ratas que van detrás del queso en un laberinto, y les pagan por los comportamientos que quieren reforzar. Este enfoque es simplista, poco efectivo, cortoplacista y caro. El enfoque más complejo, efectivo y barato es crear una cultura empresarial en la que a los empleados les importa lo bastante la empresa, estén lo bastante motivados y se sientan lo bastante reconocidos como para dar un paso al frente, contribuir al esfuerzo común e invertir su energía en mejorar la compañía.

Según la filosofía kaizen, se necesitan muchas ideas y muy frecuentes para lograr un progreso significativo a lo largo del tiempo. Y para conseguir muchas ideas, necesitas a personas que se dejen llevar por su propia curiosidad, motivación y dedicación. Hay una conocida fábula que ilustra esta idea.

> Había una vez una anciana que vivía sola. Cada tarde, su paz y su tranqulidad se veían perturbadas por el ruido de unos niños que jugaban en la calle, frente a su casa. Con el paso del tiempo, los niños empezaron a hacer cada vez más ruido y la mujer se enfurecía cada vez más. Un día se le ocurrió una idea: llamó a los niños y les explicó con toda

> amabilidad que oírlos jugar tan felices al aire libre le alegraba el día, pero que había un problema: como era anciana y hacía años que vivía sola, estaba quedándose sorda. Así que les pidió a los niños que le hicieran el favor de armar todavía más jaleo. E incluso dio un paso más: les ofreció veinticinco céntimos a cada uno por las molestias.
>
> Al día siguiente, los niños volvieron a la calle y armaron un gran alboroto en la puerta de la casa de la anciana, tal como ella les había pedido. La mujer les dio los veinticinco céntimos a cada uno y les pidió que volvieran al día siguiente. Pero ese día solo les pagó veinte céntimos. ¡Y al día siguiente solo quince! La pobre anciana les explicó que estaba quedándose sin dinero y que en adelante les pagaría cinco céntimos. Los niños estaban horrorizados con la idea de ganar la quinta parte de lo que habían ganado apenas unos días atrás. Se fueron muy ofendidos y juraron no regresar jamás. No valía la pena el esfuerzo, dijeron, por solo cinco céntimos el día.

La idea ingeniosa de la mujer fue hacer que algo que los niños disfrutaban haciendo y que hacían gratis perdiera la gracia para ellos. Pero la lección más importante está clara: es posible reemplazar una motivación genuina por una prefabricada. Es un fenómeno que también se conoce como «apilamiento motivacional», y por el que, si a las ideas se les concede una retribución económica, es posible interferir o hasta hacer desaparecer la auténtica energía creativa y la ambición de quien las tenía.

Este relato es más que una fábula: es ciencia. Entrevisté a Daniel Pink, escritor y experto en motivación, y hablamos acerca del impacto de las retribuciones económicas sobre nuestra motivación. Compartió conmigo una gran cantidad de investigaciones que demuestran que pagarle a alguien por hacer algo que anteriormente hacía por pura diversión hace que pierda la alegría intrínseca de hacer esa tarea. Cuando una afición se convierte en trabajo, decae la motivación.

Los investigadores de la London School of Economics and Political Science analizaron 51 estudios sobre sistemas de retribución por resultados y la conclusión fue la siguiente: «Los incentivos económicos pueden reducir la motivación intrínseca y disminuir las razones éticas o de otra índole para cumplir las normas sociales en el trabajo, como la imparcialidad. En consecuencia, la aplicación de incentivos económicos puede tener un impacto negativo en el rendimiento general.»

★ LA DISTORSIÓN DE LA INNOVACIÓN

A menudo se entiende la innovación como un evento milagroso, algo que surge únicamente del genio de unos pocos elegidos o de un golpe de suerte accidental. La bombilla, el velcro, la penicilina y los pósits no son más que algunos ejemplos que perpetúan este malentendido.

El proceso arduo e incremental que hay tras cada descubrimiento casi siempre queda olvidado en el relato de estas historias de invención que solo resaltan el resultado final.

No dejes que estos mitos te engañen. La verdadera innovación casi siempre nace del sudor y la determinación de unos cuantos individuos perseverantes y de grandes equipos unidos por el espíritu y filosofía adecuadas, no de momentos de iluminación súbita, de golpes de suerte azarosos o de una genialidad intencional.

En todas las empresas que he fundado que han alcanzado la cima de su sector, no fue nunca una única decisión, invención o innovación lo que nos llevó hasta allí. Mi objetivo principal siempre ha sido lograr que nuestros equipos superen a la competencia en el esfuerzo y el cariño invertidos, y crear una cultura empresarial basada en el reconocimiento, la celebración y la evidencia que no ha dejado de demostrarnos a todos que las cosas más pequeñas, las más sencillas y accesibles, pueden tener el mayor impacto.

«El 1 por ciento» es una de las frases más repetidas en mis empresas, y una de mis responsabilidades como CEO es identificar y alentar esas ganancias del 1 por ciento, dondequiera que aparezcan dentro de la empresa.

★ LEY: TRABAJA LOS DETALLES

Siempre he creído tener una receta secreta para el éxito. Mientras que nuestra competencia piensa que la regularidad o las grandes victorias son el camino a la cima, yo sé —sin la menor sombra de duda— que el camino correcto consiste en hacer pequeñas mejoras de un modo constante, emplearse a fondo en los detalles y luchar por los pequeños logros.

Si no te preocupas por los pequeños detalles, no harás un buen trabajo, porque un buen trabajo es la culminación de cientos de pequeños detalles. Las personas de más éxito del mundo se trabajan los pequeños detalles.

Del pódcast *The Diary of a CEO*

LEY NÚMERO 20

UN PEQUEÑO FALLO HOY GENERA UN GRAN FALLO MAÑANA

Esta ley revela por qué la mayoría de las personas terminan perdidas en su trabajo y en sus relaciones por descuidar una disciplina simple y constante en su vida.

Si se nos pidiera que explicáramos cómo se convirtió Tiger Woods en uno de los mejores golfistas de todos los tiempos, la mayoría de nosotros sacaríamos a relucir los mismos datos bien conocidos: era un niño prodigio cuyo talento ya era evidente con dos años; dedicó su vida al entrenamiento, hasta el punto de pasarse horas analizando imágenes de su rendimiento, y su propio padre lo llamaba «el Elegido» y tenía una fe inquebrantable en su potencial.

Pero quienes realmente conocen a Woods dirán que fue su filosofía kaizen de mejoras obsesivas y continuas la que debe llevarse el crédito por sus logros.

En 1997, después del torneo Masters y solo siete meses después de convertirse en profesional, Woods le dijo a su entrenador, Butch Harmon, que quería revisar —o, más concretamente, rehacer— todo su *swing* desde cero. Harmon le advirtió que no habría atajos, que sería un viaje largo y que su rendimiento en los torneos empeoraría antes de llegar a ver algún resultado.

Amigos, compañeros y expertos coincidieron con él, pero Woods sabía que su *swing* podía ser un poco mejor, así que no les hizo caso. A él no le parecía que la reinvención de su *swing* fuese una amenaza para su juego, sino más bien una oportunidad para mejorarlo gradualmente, así que asumió el riesgo y dio el pistoletazo de salida a su viaje kaizen.

Woods se inspiró directamente en la búsqueda de perfección de Toyota y empezó a hablar de la filosofía kaizen como si fuera su religión. Él y su entrenador crearon su propia secuencia kaizenesca: practicar mucho, analizar las grabaciones de su *swing* para descubrir las posibilidades de mejora, implementar esas mejoras en el gimnasio y en el campo de juego, y volver a empezar de nuevo por el principio.

Tal como le había anunciado su entrenador, fue un largo camino. Woods dejó de ganar torneos —de hecho, no ganó nada en 18 meses— y los expertos empezaron a decir que estaba acabado. Pero Woods y sus entrenadores tenían fe en que esas pequeñas mejoras se notarían al cabo de un tiempo. Les respondió a sus críticos: «Ganar no siempre es un indicador de que uno está mejorando».

La actitud kaizen de Woods rindió sus frutos. Su nuevo *swing,* más preciso, exacto y versátil que nunca, se convertiría en un arma mortal. A finales de 1999, Tiger Woods consiguió la cifra récord de seis victorias seguidas y desde entonces se ha convertido en el probablemente mejor golfista de todos los tiempos, con 82 victorias en el PGA Tour, más que ningún otro golfista.

Woods es la prueba de que la búsqueda de la perfección es cuestión de disciplina, no de heroísmo.

La teoría de la evolución y de la «supervivencia del más fuerte» de Charles Darwin postula que no llevar a cabo pequeñas adaptaciones puede llevarte a la extinción, ya que las pequeñas mutaciones generan una ventaja de supervivencia. Es una analogía adecuada de la filosofía kaizen.

Como afirmaba Darwin, el éxito de un individuo no vendrá determinado por un único golpe de genio, sino que será el subproducto de una filosofía que favorezca la evolución gradual, la mutación y la adaptación en todos y cada uno de los aspectos de un organismo a lo largo de un período de tiempo prolongado.

Hay un principio de navegación aérea que se llama «la regla de uno en 60» y que dice que apartarse un grado de su objetivo hará que un avión se desvíe de su destino final en una milla por cada 60 que haya volado. Este concepto aplica también a nuestras vidas, carreras, relaciones y a nuestro desarrollo personal. Una desviación pequeña de la ruta óptima de vuelo se va amplificando con el tiempo y la distancia, y algo que hoy parece un pequeño fallo puede convertirse en un gran fallo luego.

Esta regla pone de manifiesto la necesidad de realizar en tiempo real las correcciones y ajustes que proporciona la filosofía kaizen. Si queremos tener éxito, necesitamos rituales simples para evaluar nuestro rumbo y hacer los pequeños ajustes necesarios con tanta frecuencia como sea posible, en todos los aspectos de la vida.

John Gottman, el aclamado psicólogo especializado en relaciones de pareja, llegó a la conclusión, tras décadas de investigación, de que la existencia del desprecio en una relación es el indicador más seguro de que terminará en divorcio. El desprecio es la sutil falta de respeto y consideración por el otro miembro en la pareja. Como un avión que se desvía un grado de su ruta de vuelo, el daño que provoca avanza lentamente, con el tiempo, en aquellas relaciones en las que la pareja no resuelve sus conflictos por una comunicación escasa o poco frecuente.

Esta reflexión me hizo establecer uno de los rituales kaizen más importantes que tengo en mi relación de pareja: una charla semanal con ella para hablar sobre la relación. Nos sentamos, conversamos abiertamente y buscamos maneras de mejorar, alinear y resolver cuestiones pendientes, ya sean pequeñas o grandes.

En una de nuestras últimas conversaciones, ella me dijo que mi respuesta de «lo siento, estoy con algo ahora mismo», que es la que le doy si me interrumpe mientras trabajo, puede sonar brusca, y hace que parezca enfadado, y me pidió que la suavizara con alguna palabra cariñosa. Mi involuntaria brusquedad la hacía sentirse sutilmente rechazada.

Ahora, para no sonar como un malhumorado adicto al trabajo, le digo: «Lo siento, amor, estoy con algo ahora mismo». Si bien parece un cambio mínimo, expresar el problema en voz alta y rectificarlo ha evitado que se agrave con el tiempo y que nos cause un problema mayor más adelante. Como un avión ligeramente desviado de su ruta, hemos reorientado un grado el curso de nuestra relación para poder seguir yendo en la dirección correcta.

Aplico los mismos principios a mis negocios, mis amigos y en mi relación conmigo mismo. Hablo cada semana con los responsables de mis empresas y con mis amigos, y me autoevalúo en mi diario. Así me aseguro de que todo va en la dirección esperada, que todo está alineado, y que cualquier corrección necesaria puede identificarse y aplicarse.

Semana a semana, mi bandeja de entrada se llena de mensajes de personas que se sienten perdidas en sus carreras, en sus negocios o en sus relaciones de pareja o de amistad. En casi todos los casos, acaba siendo evidente que sus circunstancias actuales son consecuencia de haber descuidado pequeñas cosas durante un período de tiempo prolongado. No comprobaron si estaban bien consigo mismos y con los demás, no dijeron lo que pensaban, no afrontaron una conversación difícil ni lidiaron con los asuntos aparentemente triviales de sus vidas. En consecuencia, se desviaron muy levemente de su curso —apenas un grado—, lo que, con el tiempo, los llevó a un destino al que no querían ir.

★ LEY: UN PEQUEÑO FALLO HOY GENERA UN GRAN FALLO MAÑANA

La filosofía kaizen no solo tiene que ver con negocios, eficiencias o mejoras; tiene que ver con asegurarte continuamente de que estás en el camino correcto y de que vas en dirección al destino buscado, querido y deseado.

Las semillas más pequeñas de la negligencia de hoy se convertirán en los mayores remordimientos de mañana.

Del pódcast *The Diary of a CEO*

LEY NÚMERO 21

FRACASA MÁS QUE LA COMPETENCIA

Esta ley prueba que cuanto más alta sea su tasa de fracasos, mayores serán sus posibilidades de éxito. ¡Te animará a empezar a fracasar mucho más rápido de cómo lo haces ahora!

Thomas J. Watson fue presidente de IBM durante la friolera de 38 años. Fue uno de los empresarios más prominentes de Estados Unidos durante la primera mitad del siglo XX, junto con Henry Ford, y se convirtió en uno de los hombres más ricos de su época gracias a su enorme éxito en IBM. Su principio fundamental en relación con la innovación puede resumirse en una simple frase: «Si quieres incrementar tu tasa de éxito, duplica su tasa de fracaso». También dijo: «Cada vez que hemos dado un paso adelante en IBM, ha sido porque alguien ha estado dispuesto a asumir un riesgo, a jugársela e intentar algo nuevo».

Cuando le preguntaron si iba a despedir a un empleado que había cometido un error que le costó a la empresa 600.000 dólares, respondió sin pensárselo un momento: «No, me acabo de gastar 600.000 dólares en formarlo, ¿por qué debería querer que otra persona se quede con toda esa experiencia?»

Watson comprendió instintivamente que el fracaso era también una oportunidad de progreso y que lo opuesto a ello, no fracasar nunca, sería la muerte de IBM. Advirtió sobre los riesgos de la autocomplacencia, aun cuando IBM estaba en lo más alto de su sector, y, en línea con el enfoque kaizen, dijo:

«Cuando un individuo o una empresa decide que ha logrado el éxito, el progreso se detiene».

Incluso antes de haber oído hablar sobre Thomas J. Watson y su perspectiva poco convencional sobre el fracaso, me pasé años fomentando, midiendo e impulsando la tasa de fracasos de mi equipo. Todos sabemos que el fracaso proporciona información, y podemos estar de acuerdo en que esa información es conocimiento y que, como reza el tópico, el conocimiento es poder. Por lo tanto, el fracaso es poder, y **si quieres aumentar tus posibilidades de éxito, debes incrementar tu tasa de fracasos**. Los que fracasan por fracasar constantemente están destinados a ser eternos seguidores. Los que fracasan más que su competencia serán seguidos siempre.

★ CÓMO AUMENTAR TU TASA DE FRACASOS

Booking.com es la web de reservas hoteleras de más éxito en todo el mundo. Pero, como todo líder de un sector, comenzó siendo muy pequeña, teniendo muy poco capital y estando muy por detrás de sus competidores.

Gillian Tans, ex CEO de Booking.com, ha dicho: «Hay muchas empresas que empiezan con un producto bonito y lo comercializan por todo el mundo. Booking hizo lo contrario. Teníamos un producto básico y trabajamos mucho para descubrir lo que querían los clientes. Fracasamos muchísimas veces.»

Pocos años después de su lanzamiento, en 2004, uno de los ingenieros de Booking.com asistió a una conferencia en la que oyó hablar a Ronny Kohavi, de Microsoft, sobre la importancia de la experimentación y el fracaso. Se llevó ese aprendizaje a su equipo de Booking.com, donde había constantes discusiones sobre qué pasos seguir, qué mejoras implementar y qué dirección tomar, discusiones con las que se perdía mucho tiempo.

Empezaron a aprender lo que querían los clientes a través de unos cuantos experimentos simples, y luego usaron esas conclusiones para construir un producto: el Booking.com que conocemos hoy en día. Tans lo explica de la siguiente manera: «Crecimos así, sin *marketing* ni relaciones públicas, solo probando y experimentando constantemente lo que les gustaba a nuestros clientes».

Después de ver el éxito que había tenido en la empresa incrementar la experimentación y el fracaso, Booking.com desarrolló y lanzó su propia «plataforma de experimentación» en 2005, lo cual le permitió aumentar enormemente la cantidad de pruebas que llevaba a cabo.

Adrienne Enggist, directora sénior de desarrollo de productos de Booking.com, recordaba:

> Yo venía de pequeñas empresas en las que los CEO lanzaban un gran rediseño de producto cada seis meses, y, cuando lo introducías, era difícil saber lo que funcionaba y lo que no. Aquí, el equipo era pequeño, cabía en una sola planta, y era emocionante ver a todo el mundo asumir riesgos, fracasar, impulsar pequeños cambios muy rápidamente, y usar experimentos para medir el impacto.

Booking.com llegaría incluso a nombrar un «director de experimentación», que ha predicado públicamente lo importantísimo que es para las empresas fracasar más, con mayor frecuencia y poder medir esos experimentos, diciendo: «Creemos que la experimentación controlada es el método más eficaz para crear los productos que los clientes quieren».

En la actualidad, Booking.com tiene una plantilla de 20.300 empleados y unos ingresos anuales de 10.000 millones de dólares. Su web está disponible en 43 idiomas y cuenta con más de 28 millones de anuncios de alojamientos de todos los rincones del mundo. Mientras lees estas líneas, Booking.com está llevando a cabo un millar de experimentos, dirigidos y diseñados por cada uno de sus equipos de desarrollo de producto y tecnología.

Consideran que es su cultura empresarial de fracasar más que la competencia lo que les ha permitido superar a sus competidores.

Amazon también es fiel seguidora de la religión de fracasar más rápido. Jeff Bezos, el fundador de la plataforma de comercio electrónico valorada en más de un billón de dólares, envió el siguiente comunicado a sus accionistas cuando la empresa se convirtió en la más rápida de la historia en alcanzar unas ventas anuales de 100.000 millones de dólares:

> Un área en la que creo que destacamos especialmente es el fracaso. Creo que somos el mejor lugar en el mundo en el que fracasar (¡tenemos muchísima práctica en eso!) y **el fracaso y la invención van inseparablemente de la mano. Para inventar, hay que experimentar**, y, si sabes de antemano que algo va a funcionar, no estás haciendo un experimento. La mayoría de las grandes organizaciones están a favor de la idea de invención, pero no están dispuestas a sufrir las consecuencias de la serie de experimentos fallidos necesarios para llegar a ella.
>
> Los grandes ingresos suelen proceder de una apuesta que va en contra del sentido común, y el sentido común por lo general tiene razón. Si te dan un 10 por ciento de posibilidades de multiplicar por cien lo invertido, ve a por ello siempre. Pero no olvides que eso significa que vas a equivocarte nueve de cada diez veces. Todos sabemos que, en el béisbol, si bateas con todas tus fuerzas, si te la juegas, muchas veces te va a salir mal, pero también conseguirás unos cuantos *home runs*. La diferencia entre el béisbol y los negocios, sin embargo, es que el béisbol tiene una distribución de resultados truncada. Cuando bateas, por bien que conectes con la bola, lo más que podrás hacer son cuatro carreras. En los negocios, muy de vez en cuando, cuando sales al terreno de juego, puedes hacer mil carreras. Esta

distribución de rendimientos tan amplia es por lo que es importante ser intrépido. **Los grandes ganadores pagan un precio por tantos experimentos.**

En una entrevista relacionada, Jeff Bezos amplió esa idea:

> Para innovar hay que experimentar. Tienes que hacer más experimentos cada semana, cada mes, cada año, cada década. Es así de simple. No puedes inventar sin experimentar. Queremos fracasos en los que intentemos hacer algo nuevo, que nadie haya probado nunca, que nadie haya comprobado. Eso es un experimento real. Y los hay de todos los tamaños.

Amazon tiene uno de los mayores cementerios de fracasos empresariales que existen, algo de lo que estoy seguro que Bezos está orgulloso: A9.com (el motor de búsqueda de Amazon), Fire Phone o Endless.com (una web de venta de zapatos) son solo algunos de los proyectos destacados que salieron tan mal que posiblemente ni siquiera hayas oído hablar de ellos.

Sin embargo, cuando uno de sus experimentos funciona, cambia por completo la trayectoria del negocio, y compensa las pérdidas de todos sus fracasos juntos: Amazon Prime, Amazon Echo, Kindle y, sobre todo, Amazon Web Services (AWS).

AWS se lanzó como un experimento no relacionado con el área de comercio electrónico de la empresa, pero en veinte años se ha convertido en la empresa B2B de mayor crecimiento de todos los tiempos. Es la plataforma más importante de datos en la nube. Opera en 24 regiones geográficas y puede jactarse de tener más de un millón de usuarios activos en 190 países, 62.000 millones de dólares de ingresos y 18.500 millones de dólares de beneficios anuales. En 2022, ese pequeño experimento puesto en marcha veinte años atrás fue el que más contribuyó a los beneficios totales de Amazon. En 2011, la empresa creó su propia plataforma de experimentación, Weblab, que hoy realiza más de 20.000 experimentos al año para innovar y hacer mejoras continuas en la experiencia del cliente.

En la carta que escribió a los accionistas en 2015, Jeff Bezos explicaba el modo en que Amazon decide cuáles son los experimentos que la empresa llevará adelante:

> Algunas decisiones tienen consecuencias y son irreversibles, o casi irreversibles, como caminos sin retorno, y esas decisiones deben tomarse de un modo metódico, cuidadoso, pausado, tras muchas deliberaciones y consultas. Si vas por uno de esos caminos y no te gusta lo que te encuentras, no es posible volver al punto de partida inicial. Podemos llamarlas «decisiones de tipo 1».
>
> Pero la mayoría de las decisiones no son así; son modificables, reversibles, como caminos de doble sentido. Si has tomado una decisión de tipo 2 que no era la más óptima, no tendrás que vivir con las consecuencias durante demasiado tiempo. Puedes dar media vuelta y volver por el mismo camino. Las decisiones de tipo 2 pueden y deben ser tomadas rápidamente por individuos con criterio o grupos pequeños.
>
> A medida que las organizaciones van creciendo en tamaño, parece haber una tendencia a recurrir al pesado proceso de toma de decisiones de tipo 1, incluso para muchas que son de tipo 2. El resultado es mucha lentitud, una aversión irreflexiva al riesgo, poca experimentación y, en consecuencia, menos inventiva.

★ UNA BATALLA ENTRE PADRE E HIJO

Durante seis años asesoré a una empresa de comercio electrónico multimillonaria, líder en el sector alimentario, que tenía dos marcas. Una de ellas la dirigía el padre, que había fundado el grupo empresarial, y la otra, mucho más nueva, la había lanzado el hijo. Cuando contrataron a mi empresa para prestarles asesoría en *marketing*, captación de clientes, redes sociales e innovación, estuve un tiempo yendo cuatro días a la semana a reunirme con el padre y el hijo, para entender bien sus marcas, sus objetivos y sus metas.

Iba a las dos marcas cada semana sin falta; viajaba por el mundo con ellos; estaba siempre presente y hacía de todo, desde asesorarlos cuando tenían que lanzar un comunicado de prensa para gestionar una crisis, hasta elaborar una estrategia de redes sociales y aconsejarlos en relación con qué actividades de *marketing* llevar a cabo. Si iban a París a lanzar un producto nuevo, iba en el avión con ellos; si tenían un evento en Estados Unidos, también; si tenían una reunión importante en Singapur, lo mismo, y cuando lanzaron sus productos en Oriente Próximo, allí estuve también.

Durante los seis años en que los asesoré y en los que fui un miembro más de su familia extensa, vi cómo la parte del hijo de la empresa pasaba de ser una marca desconocida, pequeña y poco rentable a convertirse en la más querida, más relevante y con más beneficios de todo el sector. Al mismo tiempo, vi cómo la marca del padre se tambaleaba, se estancaba y se ralentizaba. Al final, la marca del hijo superó a la del padre, y generó más de mil millones de dólares de beneficios.

Yo conocía de cerca ambas marcas, sabía cuáles habían sido sus decisiones y cuál era su filosofía, y puedo decir con total seguridad que la razón principal por la cual el hijo superó al padre es que el hijo tenía una tasa de fracaso diez veces superior a la del padre.

Cuando mis equipos hacían un descubrimiento tecnológico relacionado con el *marketing*, o con cómo crecer en redes sociales, se lo hacíamos llegar a las dos marcas al mismo tiempo, el mismo día, pero recibíamos respuestas muy diferentes. En una ocasión, por ejemplo, encontramos una manera de hacer crecer el número de sus seguidores en redes sociales veinte veces más rápido de lo habitual mediante una técnica que habíamos descubierto con una plataforma en particular. Fui yo mismo en persona a presentársela tanto al padre como al hijo en 2016, en dos reuniones por separado.

El padre escuchó la idea, pidió una presentación más detallada, se burló de nuestros honorarios y me informó que harían falta varios niveles de aprobación para avanzar. Nueve meses más tarde, todavía seguían «estudiándolo internamente».

El hijo no quiso que de entrada le presentara la idea a todo el equipo, sino que quiso que se la explicara a él. Antes de que pudiera terminar de hablar, llamó a su asistente y le pidió que hiciera venir a todo el equipo de *marketing* a la sala «cuanto antes». Cuando el equipo llegó, me pidió que repitiera lo que le había explicado y, cuando acabé, miró a sus empleados y les dijo: «Esto lo vamos a hacer hoy». Luego se volvió hacia mí y me dijo: «Steven, lo que sea que necesites, pídelo. Vamos adelante con esto a toda máquina, hoy mismo».

Ni contratos ni abogados ni niveles de aprobación ni demoras: confianza, velocidad y empoderamiento.

Solo esa idea hizo que la marca del hijo sumara diez millones de seguidores a uno de sus canales de redes sociales en los meses que siguieron. Al final del proceso, les costó un 95 por ciento menos hacer crecer su página en redes gracias a nuestro descubrimiento que todas las estrategias que la marca había adoptado antes.

El hijo supo instintivamente que aquella era una decisión de tipo 2, es decir, que no habría daños irremediables si fracasaba, que podría revertirse; pero también que podría cambiar el curso de la marca de tener éxito. Y supo que, ante una decisión de tipo 2, había que seguir el consejo de Jeff Bezos: «Las decisiones de tipo 2 pueden y deben ser tomadas rápidamente por individuos con criterio o grupos pequeños».

El hijo también sabía que el mayor coste no era fracasar, sino dejar escapar una oportunidad de crecimiento y perder la ocasión de aprender algo nuevo, fuera cual fuera el resultado. Si el experimento hubiera fracasado, les habría costado un día de trabajo y algo de dinero, y veinticuatro horas después ya tendríamos en marcha otro experimento y estaríamos un fracaso más cerca de la respuesta correcta.

Para cuando la marca del padre decidió aplicar la idea, unos diez meses más tarde, el descubrimiento había dejado de funcionar; la brecha en la plataforma que habíamos estado usando se había cerrado, y hacer crecer un canal en redes sociales había vuelto a ser caro, complicado y difícil.

Es importante mencionar que la mayoría de las ideas que le llevamos al hijo no tuvieron resultados tan extraordinarios. La mayoría de los experimentos fracasan, por bien diseñados que estén. Calculo que tres de cada diez fueron fracasos rotundos, tres de cada diez fueron un medio fracaso y uno de cada diez salió muy bien, tanto como para cambiar el destino del negocio y compensar por las pérdidas que pudieran haber generado los otros nueve.

Alcanza un nivel de certeza del 51 por ciento y decide.

Muchos años más tarde, tuve el honor de compartir escenario con Barack Obama en Brasil. Obama explicó que, cuando se veía frente a decisiones difíciles —como la de si volar o no a Pakistán, sin previo aviso, de noche, con la esperanza de asesinar a Osama Bin Laden—, recurría a la probabilidad en lugar de a la certeza.

Aseguró que cada decisión era enormemente difícil: «Si era un problema que podía resolverse fácilmente, o incluso un problema de considerable dificultad pero solucionable, ni siquiera llegaba a mí, porque, por definición, otra persona lo había resuelto».

En lugar de decir «¿sucederá X o Y si tomo esta decisión?», él se preguntaba «¿qué probabilidades hay de que ocurra X o

Y?». E insistió en la importancia de rodearse de personas inteligentes: «Es fundamental poder contar con tener a tu alrededor a personas más inteligentes que tú o en desacuerdo contigo». Sopesaba cada decisión no solo en función de la probabilidad de tener razón, sino también del impacto que tendría si se equivocaba: «No hace falta un nivel de certeza del cien por cien para tomar grandes decisiones. Llega al 51 por ciento y luego decide con rapidez, y quédate tranquilo sabiendo que has tomado la decisión basándote en la información que tenías».

Como aprendí de mi trabajo en las empresas del padre y del hijo, de mis más de diez años como consultor de las marcas más importantes del mundo y de las palabras de Barack Obama, **las decisiones perfectas solo existen en retrospectiva**; detenerse demasiado tiempo en los posibles resultados y procrastinar durante el proceso es inútil. El coste real de la indecisión en los negocios es el tiempo perdido, un tiempo que podría haberse empleado en fracasar en tu camino hacia el conocimiento que al final te ayudará a llegar al éxito. A algunas marcas el miedo las paraliza y, en su intento por evitar cualquier tipo de pérdida, terminan perdiendo lo más caro e importante: oportunidades, conocimiento y tiempo.

El autor e investigador Nassim Taleb lo resume mediante este gráfico:

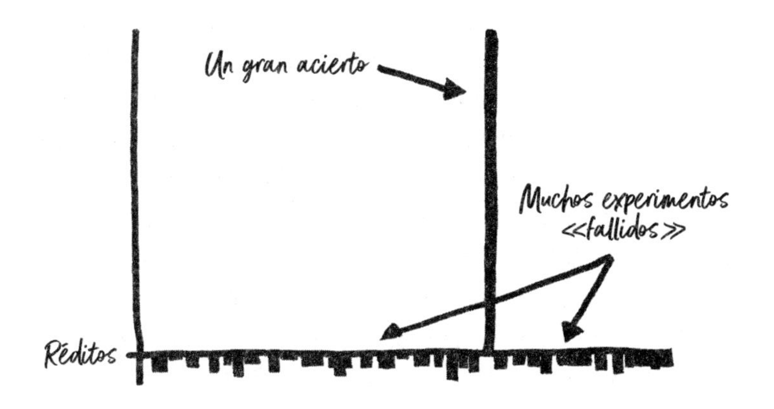

★ CREAR UNA FILOSOFÍA A FAVOR DEL FRACASO

Algunas de las empresas con las que trabajé lo entendieron enseguida: tenían ciclos de experimentación rapidísimos, veían el cambio como una oportunidad, fracasaban más que su competencia y casi siempre avanzaban a un ritmo más rápido que su sector. Algunas de las empresas con las que trabajé creyeron en esta filosofía, la probaron y fallaron; les pidieron a sus equipos que innovaran más y lo escribieron en las paredes de la oficina, pero simplemente no pasó nada. Y algunas empresas no creyeron en esta filosofía en absoluto; se trataba de empresas que casi nunca estaban dirigidas por sus fundadores, estancadas o en franco declive, y que veían el mundo cambiante solo como una amenaza.

Descubrí cinco principios sistemáticos que adoptan de forma natural las empresas más innovadoras del mercado y que creo que son los que permiten a los equipos fracasar más que su competencia:

1. ELIMINA LA BUROCRACIA

«Es el mal», afirma Doug McMillon, CEO de Walmart. «Tiene unos tentáculos de los que hay que cuidarse tanto como de los cánceres a los que tanto que se parece», sostiene Charlie Munger, vicepresidente de la multinacional Berkshire Hathaway. «Es una enfermedad», sentencia Jamie Dimon, CEO de JPMorgan Chase.

De lo que hablan todos estos respetados hombres de negocios es de la burocracia, una palabra que no parece tener ningún fan al que le haya ido bien. En pocas palabras, las peores burocracias corporativas son las empresas con muchas reglas, largos y penosos procesos de aprobación y varios niveles jerárquicos entre la base y la cima.

Estos sistemas desempoderan a los empleados, ralentizan los ritmos, desincentivan la experimentación, retrasan la innovación y sofocan esa mina de oro que son las mentes del personal.

Esos sistemas son un impuesto sobre la ingenuidad, la energía y el espíritu emprendedor humanos.

En palabras de Laurence Peter, autor de *El principio de Peter*: «La burocracia defiende el *statu quo* incluso cuando el *quo* ya ha perdido su estatus».

Los directivos de las empresas suelen ver la burocracia como un mal necesario para los negocios que operan en contextos regulatorios e internacionales complejos. Buen ejemplo de ello es la población activa de Estados Unidos: desde 1983, la cantidad de gerentes, supervisores y administradores ha aumentado en más de un 100 por cien, en comparación con el aumento de aproximadamente un 40 por ciento de todos los demás cargos.

Casi dos tercios de los trabajadores afirman que en los últimos años las organizaciones en que trabajan se han vuelto más burocráticas, según una encuesta realizada por la *Harvard Business Review*. Entretanto, se ha detenido el crecimiento de la productividad. En las empresas más grandes que han llegado a dominar las economías occidentales, la burocracia es particularmente nociva. En Estados Unidos, más de un tercio de los trabajadores están contratados por empresas de 5.000 o más empleados, y los que están en la primera línea suelen tener por encima ocho niveles jerárquicos.

Teniendo en cuenta el ritmo al que se producen los cambios en el mundo actual, como se describe en la ley número 5, hacer cualquier cosa que ralentice la tasa de experimentación de tu empresa en este punto de la historia resulta suicida.

Es algo que Haier Group, una empresa china de electrodomésticos que genera más de 35.000 millones de dólares en ventas anuales ha entendido mejor que nadie. Para evitar las consecuencias tóxicas de la burocracia, han distribuido a sus 75.000 empleados en 4.000 microorganizaciones, la mayoría de las cuales no tiene más que diez o quince empleados. Las decisiones las toman a la velocidad de la luz equipos pequeños y autónomos, y gracias a eso han logrado fracasar más que su competencia, innovar a la velocidad del mercado y dominar su sector.

Steve Jobs, cofundador y CEO de Apple, se refirió así a la burocracia en su empresa:

> Estamos organizados como una *start-up*. Somos la mayor *start-up* del planeta y nos reunimos una vez por semana durante tres horas para hablar de todo lo que hacemos. El trabajo en equipo depende de poder confiar en que los demás harán lo que les corresponde sin necesidad de vigilarlos todo el tiempo, pero confiando en que van a cumplir con su parte. Y eso es lo que hacemos muy bien.

La clave está, como he comprobado en todas mis empresas, clientes y casos prácticos, en formar equipos de proyecto lo más pequeños posible, darles más autoridad, confianza y accesos a los recursos a la hora de tomar decisiones, y recortar todos los procesos de aprobación, especialmente cuando un equipo está tratando de tomar una decisión de tipo 2, es decir, reversible y con pocas consecuencias.

2. AJUSTA LOS INCENTIVOS

En 2020, mi empresa recibió el encargo de resucitar una empresa de comercio electrónico del ramo de la moda que pasaba por dificultabes, o más bien que estaba al borde del colapso económico. La pandemia de la COVID- 19 había provocado el cierre de sus tiendas físicas, lo cual había llevado a una reducción de la plantilla y los salarios. La moral de los empleados estaba por los suelos y habían contratado a un CEO nuevo para reencauzar a la empresa en una nueva dirección.

En mi primera sesión con el CEO, le insistí en la necesidad de que la empresa aumentara su tasa de fracaso a gran escala en todas las áreas, también en *marketing*. Se estaban quedado atrás con respecto a sus competidores, estaban desaprovechando oportunidades y derrochando recursos en tácticas tradicionales muy poco efectivas.

Después de escuchar mi propuesta, el CEO declaró que la empresa ya animaba a su equipo a experimentar más y aseguró que la frase «fracasa más rápido» era uno de los cuatro valores centrales del manual del empleado y figuraba también prominentemente en la pared de la cocina de la oficina.

A continuación, mantuve una serie de reuniones con miembros del personal, desde directivos a becarios, durante varias horas. En una reunión con el equipo de *marketing* de la marca, les hice la siguiente pregunta: «¿Por qué motivo deberíais fracasar más a menudo?». Se produjo un silencio prolongado y revelador, así que le di una vuelta a la pregunta: «¿Por qué motivo no fracasáis más a menudo?». La boca de la directora de *marketing*, antes paralizada, cobró vida de pronto y me inundó con una serie de respuestas, como «no quiero avergonzarme de lo que hago», «no me subirán el sueldo», «pensarán mal de mí», «puede que me despidan», «estoy demasiado ocupada para probar cosas nuevas».

Mientras ella seguía bombardeándome con más y más razones, vi muy claro que la organización sufría de esa enfermedad llamada «incentivos mal alineados»: lo que la empresa esperaba de sus empleados no estaba en consonancia con lo que les incentivaba a hacer. La empresa quería personas innovadoras, que asumieran riesgos, que emprendieran, pero un análisis más de cerca demostraba que, como ocurre en la mayoría de las empresas lentas y en declive, a las personas solo se las incentivaba para hacer su trabajo, ni más ni menos.

Me sigue sorprendiendo que un CEO crea que las palabras bonitas, los eslóganes estereotipados y los valores aspiracionales de los manuales del empleado puedan importarle a alguien.

Las palabras necesitan pruebas, incentivos y ejemplos para volverse realidad. El comportamiento humano no se rige por lugares comunes, eslóganes o fantasías.

Si quieres predecir lo que hará un grupo de personas a largo plazo, fíjate en sus incentivos, no en sus instrucciones.

Para rediseñar los incentivos del departamento de *marketing*, uno de los muchos sistemas que implementé fue un proceso de reconocimiento diseñado para celebrar a un empleado o equipo que había ejecutado con éxito un experimento, sin importar cuál fuera el resultado. Después de todo, ejecutar el experimento es el factor controlable; que funcione o no en el mercado es algo imposible de controlar, así que no es en eso en lo que deben centrarse nuestros incentivos.

3. REPARTE ASCENSOS Y DESPIDOS

Le pedí al CEO de la empresa que identificara a los empleados que fracasaban con mayor rapidez y los ascendiera lo más alto que pudiera en la organización. Las empresas no tienen una única cultura corporativa; cada directivo de una organización crea una subcultura por debajo de ellos.

En mi primera agencia de *marketing* teníamos al menos treinta directivos, y pude comprobar una y otra vez cómo el nivel de satisfacción, la actitud y la filosofía de cada equipo podían ser marcadamente diferentes de las del equipo de al lado, solo por tener otro directivo. Con treinta gerentes, en realidad teníamos treinta culturas empresariales distintas.

La influencia se propaga hacia abajo: necesitas que las personas en los puestos más altos de la empresa sean los discípulos más fieles de tus valores empresariales.

Cuando asciendas a esos empleados o les subas el sueldo, hazles saber las razones a todos los integrantes del equipo y destaca su excepcionalmente elevada tasa de fracasos.

En el sentido contrario, también es importante apartar rápidamente del equipo a los individuos que interrumpen el flujo de ideas nuevas, rápidos fracasos y experimentación. Especialmente si se trata de directivos: un mal jefe puede destruir la moral, la motivación y el optimismo de un gran equipo de empleados perfectamente capaces, ilusionados y emprendedores.

4. TOMA MEDIDAS PRECISAS

Como parte de mi trabajo de asesor de la empresa de comercio electrónico, le pedí al CEO que estableciera, formara y tuviera siempre al corriente a todos los miembros del equipo de un «proceso de experimentación» que todos debían seguir, utilizar para medir y emplear para comunicar cualquier idea nueva o experimento que quisieran poner en marcha.

> Con mucha frecuencia los empleados no proponen ideas nuevas porque no tienen demasiado en claro el proceso que deberían seguir. La formación es la manera más fácil de eliminar la fricción psicológica operativa.

Y, por último, le pedí al CEO que midiera —equipo por equipo— la tasa de fracasos de la organización, con el objetivo claro de multiplicarla por diez para finales del año.

En los negocios, no se mejora lo que no se mide, y aquello en lo que se pone el foco, crece. Al establecer unos indicadores de rendimiento (KPI, por sus siglas en inglés) visibles y unos objetivos claros, y hacer que fueran responsabilidad de todos, nadie dentro de la empresa podía estar «demasiado ocupado» para experimentar, porque, como sucede con la filosofía kaizen, se convirtió en una parte central del trabajo de todos.

Lentamente la organización fue cambiando de rumbo: el primer año alcanzó el punto de equilibrio por primera vez en siete años, y comenzó a obtener unos beneficios considerables a partir del segundo.

Sus recién descubiertos niveles de creatividad, innovación y empoderamiento de su plantilla la hacían parecer una empresa nueva. Las tasas de retención de personal mejoraron, se disparó la satisfacción de los trabajadores y la empresa comenzó a innovar más que nunca.

5. COMPARTE EL FRACASO

Si deseas maximizar el rendimiento de cada fracaso, es crucial difundir los detalles de cada hipótesis, experimento y resultado fallido por toda la organización. Esta información representa una forma de capital intelectual que puede servir de base para futuros experimentos. Compartir los fracasos abiertamente evita que se repitan, estimula el desarrollo de ideas nuevas y fomenta una cultura de experimentación continua. Como afirmó Thomas Edison: «No he fracasado, solo he encontrado 10.000 maneras de no hacerlo».

★ LEY: FRACASA MÁS QUE LA COMPETENCIA

El fracaso no es algo malo, y para incrementar tus posibilidades de éxito es necesario que aumentes la tasa de fracasos. Cada vez que se prueba algo y se descubre que no funciona, se obtiene información valiosa que puedes compartir con tu equipo. Los negocios que experimentan más rápido, fracasan más rápido y luego siguen experimentando casi siempre acaban superando a la competencia.

Fracaso =
Información.

Información =
Conocimiento.

Conocimiento =
Poder.

El fracaso te
da poder.

Del pódcast *The Diary of a CEO*

LEY NÚMERO 22

CONVIÉRTETETE EN ALGUIEN QUE SOLO PIENSA EN EL PLAN A

Esta ley demostrará por qué tu plan B en la vida puede terminar siendo el mayor obstáculo para el éxito de tu plan A.

La historia que voy a contarte me cambió la vida.

El viernes 13 de octubre de 1972 Nando Parrado se despertó tras haber estado 48 horas inconsciente. No volvía en sí tras una operación ni tras una borrachera épica: estaba rodeado de cadáveres y de amigos heridos, a miles de metros por encima del nivel del mar, en un valle glacial de los Andes, entre los restos de un avión que se había estrellado, sin manera de pedir ayuda ni de saber con exactitud dónde estaban.

De los 45 pasajeros del avión, miembros de un equipo uruguayo de rugby que volaba a Chile para jugar un partido, 29 sobrevivieron al accidente. En un principio, hicieron lo que pudieron: beber nieve derretida y comer lo que encontraban en los equipajes. «El primer día», recuerda Parrado, «chupé poco a poco el chocolate que recubría el cacahuete... El segundo día, chupé con suavidad el cacahuete durante horas, permitiéndome mordisquearlo solo un poquito de vez en cuando. Hice lo mismo el tercer día y cuando al fin lo mordisqueé hasta acabarlo, ya no me quedaba absolutamente nada que comer».

Una semana más tarde, viéndose ante la posibilidad de morir de hambre y sabiendo, por una transistor que habían encontrado, que las autoridades chilenas habían ordenado suspender la búsqueda, Nando y los demás supervivientes hicieron lo impensable: decidieron que no tenían otra elección que comerse los cadáveres.

Entre las pocas mujeres que había en el avión estaban la madre y la hermana de Parrado, a las que había invitado al viaje para que lo vieran jugar. Su madre, Xenia, de 49 años, murió en el impacto; su hermana, Susi, sobrevivió en un primer momento al accidente, pero murió en brazos de su hermano una semana más tarde.

El primer cuerpo que se comieron fue el del piloto, a quien responsabilizaban por el accidente. Los otros cuerpos, según acordaron, estaban prohibidos, incluidos los de Xenia y Susi. Pero a Parrado lo atormentaba la idea de que alguien pudiera violar el pacto, y sabía que no podría vivir consigo mismo si eso sucedía.

Dos meses después del accidente, Parrado anunció que partía en busca de ayuda. Estaba famélico, no sabía nada de montañismo ni tenía ninguna noción de adónde iba, pero de algún modo era mejor opción que comerse los cuerpos de su madre y su hermana: «No quería tener que comerme sus cuerpos, no quería enfrentarme a ese momento».

Nando y su amigo Roberto se cosieron un saco de dormir, improvisaron un trineo y partieron. Decidieron ascender en lugar de descender, ya que un punto de observación más alto les daría la oportunidad de diseñar una ruta de escape. Tardaron tres extenuantes días en llegar a la cima de un pico de 4.500 metros de altura, pero no encontraron lo que esperaban.

> Lo que vi cuando llegamos a la cima de la primera montaña me heló la sangre. No podía respirar, hablar ni pensar; lo que veía era algo horrible: en lugar de valles verdes, había montañas y picos cubiertos de nieve en todas direcciones,

> extendiéndose hasta el horizonte, tan lejos como alcanzaba la vista. Ahí fue cuando supe que estaba muerto... Pero de ninguna manera podía volver atrás y comerme los cuerpos de mi madre y mi hermana. El único camino era hacia adelante. Moriremos, pero moriremos intentándolo... Seguiré adelante hasta que deje de respirar.

Bajaron tambaleándose por la otra ladera de la montaña y empezaron a bordear el glaciar, cada día más débiles. Avanzaron trastabillando durante diez jornadas, atravesando montañas heladas, gruesas capas de nieve y grietas mortales.

«Era un esfuerzo difuso, continuo y doloroso. Las montañas eran tan inmensas que nos parecía no estar avanzando. Te fijabas un objetivo en la distancia y pensabas que te llevaría dos o tres horas llegar hasta allí, pero aquello era tan inmenso que parecía que nunca llegabas», decía Parrado.

Pronto cayeron enfermos, y sus cuerpos comenzaron a apagarse. El 18 de diciembre llegaron a un río. Mientras lo vadeaban, vieron signos de que alguien había estado allí hacía poco: una lata de sopa, una herradura, incluso un rebaño de vacas. Finalmente, el 20 de diciembre avistaron a un hombre a caballo al otro lado de un ancho cauce.

Los hombres no podían hacerse oír por encima del estruendo del río, así que Parrado trató de reproducir con gestos el accidente de avión para que el hombre entendiera quiénes eran, aunque temió que el hombre pensara que estaba loco y se marchara con su caballo. El hombre, no obstante, ató una nota a una piedra y la lanzó al otro lado del río: «Dime qué queréis».

Parrado le mandó otra nota de vuelta: «Vengo de un avión que cayó en las montañas. Hace diez días que caminamos. No tenemos comida. Estamos débiles». Explicó que 14 de sus amigos seguían con vida en las montañas, y que necesitaban ayuda desesperadamente.

El hombre leyó la nota y quedó pasmado, pero les creyó. Viajó durante diez horas a caballo hacia la localidad más cercana y volvió al día siguiente con un equipo de rescate. Milagrosamente, 72 días después del accidente, Parrado y su amigo estaban salvados. Al día siguiente Parrado llevó al equipo de rescate hasta el lugar del accidente, donde hallarían y rescatarían en helicóptero a los otros catorce supervivientes.

«La única manera de avanzar es no poder volver atrás», explicaría.

La de Parrado es una historia de perseverancia, fortaleza y coraje humanos frente a la más honda de las desesperaciones. Me topé con ella a los diecinueve años, cuando atravesaba una situación económica muy complicada. Intentaba hacer funcionar mi primera idea de negocio, mis padres me habían repudiado por haber abandonado la universidad y vivía en una zona muy deprimida del país, solo y arruinado. En los días malos, robaba y revolvía en la basura para comer.

La historia de Parrado me cambió la vida. Me dio esperanzas en mi peor momento, viento en las velas cuando más lo necesitaba y razones para seguir adelante, a pesar de las circunstancias en las que me encontraba. Tras varios años perseverando, yo también escapé de mi situación: había creado una empresa que funcionaba, era económicamente libre y mi vida se parecía a la de mis más salvajes fantasías.

«La única manera de avanzar es no poder volver atrás». Yo no podía volver atrás. No tenía ningún «atrás» al que volver. No tener un plan B se convirtió en una gran fuerza motivadora en mi vida. Cuando la mente humana excluye todas las demás posibilidades y se fija un único camino, ese camino atrae cada átomo disponible de pasión, perseverancia y fuerza, y no deja ningún espacio para la vacilación ni el desvío.

«El primer paso, antes de que nadie más en el mundo se lo crea, es que tú te lo creas: no hay motivo para tener un plan B, porque te distrae del plan A.»

Will Smith

Si yo hubiera tenido un camino alternativo, es muy probable que esas horas más oscuras me hubieran llevado hacia él. Puede que esto suene a discurso motivacional muy bonito pero carente de sentido, o que parezca un lugar común poco realista, pero lo curioso es que hay investigaciones recientes que han demostrado que tener un plan B (para cualquier ambición) influye de forma negativa en nuestras posibilidades de triunfar en nuestro plan A.

★ QUIZÁS SÍ QUE HAYA QUE PONER TODOS LOS HUEVOS EN LA MISMA CESTA

Es probable que alguna vez te hayan dicho que no hay que poner todos los huevos en la misma cesta. A la hora de elegir un camino profesional, solicitar plaza en la universidad o presentarse a un nuevo empleo, en general se considera que tener un plan alternativo es una buena idea. Los estudios han demostrado que este abordaje ayuda a aliviar parte del malestar psicológico asociado con la incertidumbre, pero investigaciones más recientes han demostrado que, sorprendentemente, también acarrea un gran coste.

Se ha demostrado que tener un plan alternativo, o incluso plantearse tenerlo, puede entorpecer tu rendimiento, porque hace que estés menos motivado para alcanzar tu objetivo principal.

En tres estudios distintos, se les pidió a casi quinientos estudiantes que resolvieran un complicado juego de ingenio consistente en descifrar frases confusas. Si lo conseguían, se les ofrecería un delicioso tentempié. Antes de comenzar, se les dijo a algunos de los grupos de estudiantes que pensaran en un plan alternativo (es decir, en otras maneras de conseguir el tentempié gratis), en caso de no poder descifrar las oraciones.

Los investigadores descubrieron que el rendimiento de los grupos que no tenían un plan B era mejor que el de los que se planteaban una alternativa: presentaban niveles de motivación más altos, valoraban el éxito en mayor medida y resolvían más partes del juego. Estudios posteriores han replicado los resultados en otros contextos, con distintas recompensas (por ejemplo, dinero, otros premios o tiempo) y los resultados han sido siempre los mismos.

Una de las investigadoras, la experta en comportamiento Katy Milkman, concluyó: «Esto sugiere que tener un plan alternativo en realidad hace que se desee menos alcanzar el objetivo, lo que afecta al esfuerzo, al rendimiento y, en última instancia, a las posibilidades de alcanzar ese objetivo. Estas conclusiones se aplican a objetivos cuyo éxito depende en gran medida del esfuerzo».

Además, si bien hay personas a las que el miedo al fracaso las paraliza, los estudios demuestran que ese miedo puede, de hecho, proporcionar el estímulo necesario para lograr tu objetivo. Del mismo modo, se ha demostrado que cuantas más emociones negativas percibas ante un fracaso, más impulsado te sentirás a triunfar. En cambio, si tienes un plan alternativo, disminuye el incentivo para triunfar, porque has eliminado el miedo al fracaso.

★ SER ARRIESGADO NO SIGNIFICA SER IMPRUDENTE

Si leer esto te ha hecho plantearte emprender una excursión mortal de diez días a través de los Andes, deja que te haga una advertencia: hay una diferencia entre arriesgarse —darle todo por un objetivo— y ser temerario.

En mi caso, claro, no hubo riesgo de muerte; tengo la suerte de vivir en una sociedad que me hubiera recogido, alimentado y alojado, en caso de necesitarlo. Y muchos de vosotros tendréis personas a vuestro cargo, hipotecas y otras responsabilidades que lógicamente tenéis que proteger. Los asuntos prácticos deben ser una prioridad.

★ LEY: CONVIÉRTETE EN ALGUIEN QUE SOLO PIENSA EN EL PLAN A

Esta ley sigue siendo una de tantas realidades incómodas e inevitables de la condición humana. La cantidad de nosotros mismos (de nuestra mente, energía y atención) que podemos dedicar a un resultado concreto está positivamente correlacionado con la probabilidad de que ese resultado se produzca. Algunos llaman a esto «manifestación», pero yo lo llamo «pensar en el plan A». Cuando vayas tras sus objetivos más importantes, tener un plan alternativo es un peso adicional, una carga motivacional extra y una compañía molesta.

No hay mayor fuerza de creatividad, determinación y compromiso que una persona a la que no distrae un plan B.

Del pódcast *The Diary of a CEO*

LEY NÚMERO 23

NO SEAS UN AVESTRUZ

En esta ley aprenderás por qué mi mayor error profesional fue comportarme como un avestruz cuando debería haber actuado como un león. Ser un avestruz en tu carrera profesional te llevará a la muerte. Esta ley te enseñará cómo evitarlo.

«Ni Dios podría hundir este barco», dijo Edward Smith, capitán del *Titanic*, cuando le advirtieron sobre los peligros del hielo en aquella zona.

Horas más tarde, cuando el barco chocó contra un iceberg y comenzó a inundarse y hundirse, William Murdoch, el primer oficial, de guardia en el momento de la colisión, se dirigió a John Hardy, el sobrecargo, y le dijo: «Creo que se va a pique, Hardy».

Pese a lo que se les avecinaba, los pasajeros recordarían *a posteriori* una extraña sensación de calma, incredulidad y normalidad en las cubiertas. «Había personas jugando a las cartas y un hombre tocando el violín. Estaban tan tranquilos como si estuvieran en el salón», diría Edith Russell, una pasajera.

Otra pasajera, Ellen Bird, explicaría que algunas personas parecían ignorar por completo su inminente destino: «Vi a uno o dos hombres y mujeres levantarse, mirar por la ventana y luego volver a sentarse, sin duda con la idea de que volverían a la cama».

William Carter, que sobrevivió tras subirse a uno de los últimos botes salvavidas, aseguró que intentó convencer a George Widener de acompañarlo en el bote. Carter contó que Widener hizo caso omiso de su advertencia y le dijo: «Creo que prefiero arriesgarme».

Como consecuencia, los ya escasos botes salvavidas parcialmente vacíos abandonaban el barco. A medida que la situación se complicaba, los miembros de la tripulación comenzaron a hacer sonar sus silbatos, a ponerse nerviosos y a gritar órdenes de manera frenética para intentar que los pasajeros se subieran a los botes. De acuerdo con los relatos de los supervivientes, algunos tripulantes tuvieron que obligar físicamente a los pasajeros a subir a los botes en contra de su voluntad.

Ya muy avanzado el hundimiento, pocos minutos antes de que el barco quedara sumergido por completo y cuando la mayoría de las cubiertas ya estaban totalmente inundadas, empezó el pánico general. Lightoller, el segundo oficial, tuvo que blandir su pistola y Lowe, el quinto oficial, llegó a efectuar varios disparos hacia el flanco del barco para evitar que los pasajeros abarrotaran los últimos botes mientras se cargaban y bajaban. Un desesperado miembro de la tripulación llegó a entrar en la sala de radio e intentó robarle el chaleco salvavidas a Jack Phillips, el radiotelegrafista principal.

De las 2.240 personas a bordo, casi el 70 por ciento murieron.

Cuesta endender tal grado de negación. Quizá al leer esta historia te ha parecido, visto desde la distancia, que esa actitud evitativa e indiferente de los pasajeros era absurda, irracional e imprudente. Sin embargo, esa respuesta ilustra a la perfección un fenómeno conductual muy humano y frecuente conocido como «**el efecto avestruz**».

★ EL EFECTO AVESTRUZ

Cuando un avestruz detecta un peligro, entierra la cabeza en la arena. La idea es que, si se esconde de la amenaza, el peligro acabará pasando. Nosotros, los seres humanos, no somos muy distintos. Cuando lidiamos con noticias, situaciones o conversaciones difíciles, tendemos a comportarnos como el avestruz y enterrar la cabeza en la arena.

Como seres humanos, estamos programados para evitar el malestar. No revisamos nuestras cuentas bancarias cuando sabemos que nos hemos excedido en los gastos, esquivamos las conversaciones difíciles que no queremos mantener y, lo que es aún más problemático, posponemos pedir esa cita con el médico para no recibir malas noticias sobre nuestra salud.

Un informe reciente publicado por el banco británico TSB revelaba que los británicos endeudados pierden en conjunto 55 millones de libras al mes solo por no enfrentarse a sus finanzas y hacer pequeños cambios. Otro estudio corroboró esas conclusiones al descubrir que los inversores comprobaban el valor de su cartera personal de inversiones cuando los mercados iban al alza, pero lo evitaban cuando los mercados estaban poco activos o iban a la baja.

En un estudio aún más llamativo sobre 7.000 mujeres de entre 50 y 64 años, los investigadores descubrieron que las mujeres que habían escuchado que a una conocida le habían diagnosticado un cáncer de mama tenían casi un 10 por ciento menos de probabilidades de ir a hacerse un chequeo gratuito.

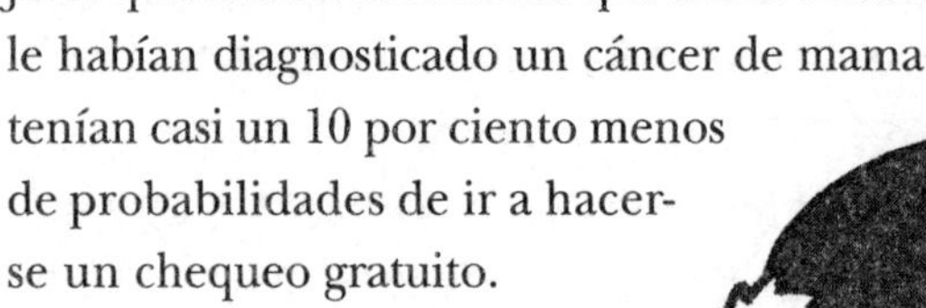

En el momento en que empieza a actuar el efecto avestruz, no solo tenemos ansiedad, sino que la ansiedad nos tiene, y esa ansiedad nos lleva a desviar la mirada de lo que nos la produce más. Como señala el psiquiatra George Vaillant: «La negación puede ser sana, cuando permite a las personas sobrellevar la ansiedad y no quedar paralizadas por ella, o puede resultar inútil, cuando genera un autoengaño que altera la realidad de forma peligrosa».

En el mundo empresarial, el efecto avestruz suele marcar la diferencia entre el éxito o el fracaso de una empresa. Un estudio realizado por Leadership IQ, una agencia especializada en encuestas corporativas recogió datos de más de mil integrantes de consejos de administración de casi trescientas organizaciones que habían despedido a su CEO. Descubrió que el 23 por ciento de esos consejos de administración habían echado al CEO por «negar la realidad», el 31 por ciento por «gestionar mal el cambio», el 27 por ciento por «tolerar a empleados de bajo rendimiento» y el 22 por ciento por «inacción». Todos estos casos son síntomas frecuentes del efecto avestruz en el ámbito corporativo.

En los negocios, la persona con menos puntos ciegos es la que tiene más posibilidades de ganar.

Pensamos mejor, tomamos mejores decisiones y logramos mejores resultados cuando estamos más cerca de la realidad. La trayectoria de Kodak, Nokia, Blockbuster, Yahoo, BlackBerry y MySpace ilustra con claridad que quienes se sienten más invisibles a menudo son más susceptibles de convertirse en avestruces frente a la innovación, el cambio y las verdades incómodas.

★ CÓMO EVITAR CONVERTIRSE EN UN AVESTRUZ

Durante el proceso de preparación de este libro entrevisté en mi oficina de Nueva York a Nir Eyal, autor de fama mundial. Eyal ha dedicado varios años a estudiar las motivaciones del comportamiento humano durante sus mejores y peores momentos. Esto fue lo que me contó:

> Las personas piensan que buscar el placer es lo que las motiva, pero se equivocan; lo que las motiva es evitar el malestar. Incluso el sexo (y la excitación que nos provoca) es una forma de malestar de la que buscamos aliviarnos.
>
> La mayoría de las personas no quiere reconocer la incómoda verdad de que la distracción siempre es una huida poco saludable de la realidad.
>
> El modo en que lidiamos con los desencadenantes internos que nos generan malestar determina si elegiremos una tracción saludable o una distracción contraproducente.

En mi propia carrera profesional, ninguno de mis mayores errores o arrepentimientos fueron las decisiones comerciales fallidas que tomé, sino las decisiones instintivamente obvias pero terriblemente incómodas que no tomé; las cosas que evité afrontar por temor, incertidumbre y ansiedad. La persona a la que tenía que haber despedido pero no lo hice, la conversación que necesitaba tener con un cliente pero que evité, la advertencia que debí formularle al consejo de administración pero que pospuse.

De forma similar, todos podemos identificarnos con las consecuencias tóxicas que el efecto avestruz puede tener en nuestras relaciones sentimentales. Evitar esa conversación difícil, eludir los asuntos incómodos, fingir que las cosas van bien... Estos síntomas de co-negación y evasión mutuas prolongan en el tiempo una relación maltrecha cuando ninguna de las partes tiene las palabras, el coraje o la convicción de afrontar sus necesidades insatisfechas. Se producen discusiones, pero rara vez son las discusiones adecuadas. En una relación, si estás teniendo la misma conversación una y otra vez, estás teniendo la conversación equivocada. Estás evitando la conversación incómoda que deberías tener.

El dolor en todas las esferas de la vida es inevitable, pero el dolor que creamos al tratar de evitar el dolor sí es evitable.

En los negocios, el dolor del efecto avestruz y el conflicto no resuelto que genera lo notan tus empleados; en la crianza, lo notan tus hijos, y en tu propia vida, lo notan tu mente, tu cuerpo y tu alma.

Un empleado de la Casa Blanca durante la presidencia de Kennedy comentó en una ocasión que siempre sabían cuándo había conflictos entre el presidente y la primera dama, y cuándo se llevaban bien. Cuando quien entrevistaba se sorprendió de que la relación fuera tan transparente, el empleado replicó:

> En realidad, eran bastante reservados con sus problemas, pero sabíamos cuándo se habían peleado solo observando las interacciones de las personas que los atendían. Cuando los peluqueros y chóferes discutían, sabíamos que era porque JFK y Jackie tenían algún conflicto. Cuando esos grupos trabajaban en equipo, sabíamos que la pareja presidencial se llevaba bien.

En el centro de esta historia sobre los Kennedy está la idea de que el conflicto se mueve en el interior y entre los distintos niveles de un sistema social. Cuando algo queda sin resolver porque preferimos enterrar la cabeza en la arena, no permanece latente a la espera de ser abordado, sino que se vuelve tóxico, contagioso y venenoso para quienes nos rodean, e inflige mayores daños colaterales con cada día que pasa sin que se hable de ello.

Hace cinco años, me di cuenta de que necesitaba encontrar la manera de superar mi propio comportamiento de avestruz para poder confrontar de forma rápida y honesta las realidades más desagradables de la vida, los negocios y el amor. Creo que no es posible alcanzar tu máximo potencial sin una mejor relación con el malestar, las malas noticias y las verdades incómodas. A partir de los consejos de la economía conductual, la psicología y la sociología, he elaborado mi propio esquema en cuatro pasos para lidiar con el malestar y evitar la procrastinación.

PASO 1: PARA Y RECONOCE LA SITUACIÓN

El primer paso es hacer una pausa y admitirse a uno mismo que algo no anda bien. Esos momentos de pausa suelen producirse cuando las personas advierten el poder y la horrible longevidad de sus emociones indeseadas. Si no se pone pausa, el proceso no puede comenzar y no puedes crear el espacio suficiente para el siguiente paso.

PASO 2: ANALÍZATE

Lo siguiente es inspeccionarte a ti mismo en términos de sentimientos, comportamientos y emociones. Estos exámenes son vitales. Permiten a las personas comenzar a formular lo que solo han intuido: que algo no anda bien en ellas, que algo está desalineado, que hay una necesidad insatisfecha o un miedo que ha tomado el control.

Las personas que ponen pausa y se analizan son como detectives que saben que se ha cometido un crimen: pueden ver las pruebas a su paso, pero todavía no han identificado al culpable. Resolver ese tipo de crímenes suele requerir la ayuda de los demás. Las personas necesitan ayuda para salir de sus propias narrativas y autodiagnosticarse con precisión, en lugar de dejarse llevar por sus modos preferidos de incriminar e inculpar.

PASO 3: DI TU VERDAD

El siguiente paso es decir tu propia verdad. Comparte los resultados de tu inspección, sin culpar a nadie y haciendo hincapié en la responsabilidad personal. Esto señala el momento en el que los conflictos interpersonales no abordados pasan de las conversaciones equivocadas a las conversaciones adecuadas.

En el efecto avestruz, las personas se alejan de las emociones que las tienen paralizadas y no hablan de ellas directamente. Desvían la mirada, hacen un diagnóstico erróneo de los problemas y se distraen con alguna otra cosa. El problema que subyace sigue sin expresarse. Es ese silencio el que provoca el efecto avestruz. El proceso de liberarse de él solo comienza en el momento en que las personas hablan lo que aún no se ha hablado. Paradójicamente, la ciencia demuestra que es al hablar de nuestras desconexiones cuando nos conectamos más entre nosotros.

PASO 4: BUSCA LA VERDAD

En el último paso, debes buscar humildemente la verdad, algo que es más fácil de decir que de hacer cuando estamos en presencia de nuestros sesgos cognitivos, nuestra rectitud y nuestra ignorancia. Eso significa escuchar. Pero no solo escuchar para oír, sino para comprender. No desde la perspectiva de un adversario que busca la victoria, sino desde la perspectiva de un compañero pacientemente empeñado en superar una dificultad.

Para y reconoce la situación

Analízate

Di tu verdad

Busca la verdad

Cuando de verdad buscas, escuchas y entiendes la verdad, el malestar que genera puede tentarte a enterrar la cabeza otra vez, pero la clave está en volver al primer paso, hacer una pausa y repetir el proceso hasta llegar al final.

★ LEY: NO SEAS UN AVESTRUZ

Esquivar las realidades incómodas y las conversaciones difíciles no sirve de nada, ni en los negocios ni en las relaciones personales. Debemos reconocer aquello que no está bien, evaluar lo que podemos hacer al respecto, compartir nuestras conclusiones y llegar a la verdad, por difícil que sea.

Si quieres tener éxito
a largo plazo en los
negocios, las relaciones
y la vida, tienes que
acostumbrarte a aceptar
las verdades incómodas
lo antes posible.

Cuando te niegas a
aceptar una verdad
incómoda, estás eligiendo
aceptar un futuro incómodo.

Del pódcast *The Diary of a CEO*

LEY NÚMERO 24

HAZ DE LA PRESIÓN TU PRIVILEGIO

Esta ley te enseña cómo el confort nos está matando poco a poco mental, física y emocionalmente. Te ayudará a entender cómo y por qué debemos hacer de las presiones de la vida nuestro privilegio.

Como Billie Jean King tenía 39 títulos de Grand Slam, todo el mundo esperaba que ganase. La gente contaba con ello. La presión podría haber sido excesiva para cualquier otra persona, pero no para ella. Había ganado un récord de 20 títulos en Wimbledon, el mundo del tenis tenía sus ojos puestos en ella y todos los periodistas deportivos estaban dispuestos a criticar cada uno de sus movimientos. Cuando le preguntaban cómo sobrellevaba la carga inimaginable de las expectativas ajenas, Billie Jean King contestaba con sencillez: **«La presión es un privilegio: solo la tiene quien se la gana»**.

Esta declaración —«la presión es un privilegio»— genera, desde luego, reacciones encontradas, tal como sucede con todos los mantras demasiado simplificados. Cuando alguien lo oye, lo que escucha es «el estrés es un privilegio», así que es importante aclarar que el estrés y la presión son dos cosas completamente distintas. El estrés es una respuesta psicológica interna y la presión es una fuerza ambiental externa. Por supuesto, la presión puede causar tanto estrés bueno como estrés malo, según cómo sea la persona, pero, en sí misma, no tiene la culpa. Es una situación subjetiva, no una emoción objetiva, y, ante una presión importante, lo que para alguien es estrés para otra persona es placer.

Yo no disfruto de toda mi presión —sobre todo no en el momento— y mi presión no tiene nada de fácil; a menudo me ha puesto a prueba de formas a las que no me habría sometido voluntariamente. Pero mis momentos de mayor presión han precedido a mis mayores privilegios. Ambos conceptos tienen una relación clara e indestructible que me parece liberadora, motivadora y reconfortante cuando se entiende. La presión arroja luz sobre quién soy y quién no soy al mismo tiempo, e ilumina simultáneamente lo lejos que he llegado y lo mucho que me falta. Para mí, una vida sin presión es una vida sin propósito. El problema no es la presión —que, como ya he dicho, no es ni buena ni mala—, sino nuestra relación, perspectiva y análisis de la presión y el estrés que nos genera, que pueden tener consecuencias significativas o mortales.

★ UNA NOCHE FRÍA Y OSCURA EN LA LADERA DEL EVEREST

La presión no es un asunto de vida o muerte, pero tu punto de vista sobre ella podría serlo.

Un grupo de investigadores de la Universidad de Wisconsin realizó un estudio sobre el estrés en 30.000 adultos de Estados Unidos. Les preguntaron a los participantes cosas como cuánto estrés habían experimentado en el último año o si pensaban que el estrés era perjudicial para su salud. Ocho años después, utilizaron los registros públicos de defunciones para averiguar cuántos seguían con vida. Como era de esperar, las personas que habían experimentado un gran estrés durante el período del estudio presentaban un riesgo de muerte un 43 por ciento más alto. PERO (y es un gran «pero») aquello solo era cierto para quienes habían dicho que creían que el estrés era perjudicial para su salud. Quienes sufrían mucho estrés pero no lo veían como algo dañino no tenían más probabilidades de morir que el resto. De hecho, el estudio demostró que esas personas tenían el menor riesgo de muerte de todo el estudio, menos incluso que las personas que habían dicho experimentar relativamente poco estrés. Los investigadores calcularon que, durante los ocho años durante los que se hizo un seguimiento de las defunciones, 182.000 estadounidenses murieron de forma prematura, pero no por el estrés, sino por creer que el estrés es malo para ti. Kelly McGonigal, psicóloga especializada en temas de salud y docente de la Universidad de Stanford, reflexionó sobre este estudio en una charla TED y señaló que, si los cálculos de los investigadores eran correctos, creer que el estrés es malo para la salud sería la decimoquinta causa de muerte más común de Estados Unidos, por encima del cáncer de piel, el VIH/sida y los homicidios.

¿Recuerdas la última vez que sentiste verdadera presión? El corazón tal vez te latiera con fuerza, quizá respirases más rápido o te sudaran las manos. Por lo general, interpretamos estos síntomas físicos como ansiedad o como señales de que no sabemos sobrellevar demasiado bien la presión.

Pero ¿qué pasaría si los viéramos de un modo distinto, es decir, si los viéramos como señales de que tu cuerpo te está proporcionando la energía necesaria para hacer frente a un desafío? Esto es exactamente lo que unos investigadores de la Universidad de Harvard les dijeron a los participantes de un estudio antes de someterlos a una prueba de alta presión. Aquellos que aprendieron a ver la respuesta al estrés como algo útil para su rendimiento estaban menos ansiosos y más seguros, y tuvieron un mejor rendimiento. Lo más interesante fueron los cambios que hubo en su respuesta fisiológica al estrés. Normalmente, en momentos de estrés, aumenta el ritmo cardíaco y los vasos sanguíneos se contraen, un estado que, prolongado, resulta poco saludable.

Sin embargo, en el estudio, cuando los participantes veían estos síntomas fisiológicos como beneficiosos, el ritmo cardíaco seguía acelerándose, pero sus vasos sanguíneos permanecían relajados y abiertos, lo cual significa que la respuesta cardiovascular era considerablemente más saludable. McGonigal destacó que los participantes que veían el estrés como beneficioso tenían un perfil cardiovascular similar a quienes vivían momentos de alegría y coraje.

En ese mismo sentido, Alison Wood Brooks, profesora en la Escuela de Negocios de Harvard, ha demostrado que las personas que reinterpretan mentalmente la ansiedad como entusiasmo pueden mejorar su rendimiento en tareas como vender, negociar y hablar en público.

Este cambio de mentalidad y la transformación física que genera podrían marcar la diferencia entre morir de un ataque cardíaco por estrés a los sesenta años y vivir hasta los noventa.

El objetivo no es intentar librarse de la presión, sino cambiar por completo tu relación con ella.

Una manera importante de mejorar tu relación con la presión es recordarte a ti mismo el privilegio positivo, el significado y el contexto en el que existe. La diferencia entre las presiones aspiracionales (poner en marcha un negocio, competir en un torneo o criar a un hijo) y la presión a la que se enfrenta un empleado mal pagado en la cadena de producción de una fábrica al que amenazan con ser despedido si no mejora su rendimiento está en la forma en que nos relacionamos con esa presión. La que vemos como voluntaria, significativa y con un alto grado de autonomía se vive como un privilegio. Por el contrario, la presión obligatoria, sin sentido y de baja autonomía se vive más como un dolor psicológico.

«Otra noche fría y oscura en la ladera del Everest» es una frase que he repetido a menudo durante los últimos cinco años en mis peores momentos, para recordarme el contexto de mi estrés.

Cuando un alpinista se propone escalar el Everest, sería ingenuo por su parte esperar un viaje tranquilo. Lo mismo puede decirse de fundar una empresa, cursar una carrera universitaria o criar un hijo: todas estas cosas provocan presión, estrés y dolor, pero, como esa presión merece la pena en términos subjetivos, se vive de un modo distinto y —me atrevería a decir— placentero.

Uno es más susceptible de sentirse víctima de las presiones en la vida cuando se olvida del contexto de esa presión. Los desafíos más significativos de tu vida vendrán acompañados de unas cuantas noches oscuras en la ladera del Everest.

★ HAZ DE TU PRESIÓN UN PRIVILEGIO

Afortunadamente, es posible cambiar tu relación con la presión. Después de años de combinar investigaciones cualitativas y empíricas en el ámbito de la psicología, la *Harvard Business Review* publicó un estudio, a partir del trabajo realizado con ejecutivos, estudiantes, miembros de un cuerpo de operaciones especiales del ejército (los Navy SEAL) y deportistas profesionales, según el cual las personas con una mentalidad de «el estrés es bueno» tienen un mejor rendimiento en el trabajo y menos síntomas negativos de salud que quienes lo ven en términos negativos y como algo debilitante.

Creo que cambiar el modo en que respondemos al estrés y la presión puede ayudarnos a aprovechar su poder creativo y minimizar sus efectos nocivos. Yo lo he hecho adoptando el enfoque de tres pasos de la *Harvard Business Review* que comparto a continuación, y al que añado un último paso propio.

PASO 1: VERLO

El primer paso para detener cualquier tipo de círculo cognitivo es ser consciente de él. No lo niegues, ni lo evites, ni dejes que te paralice: habla de ello, nómbralo. Es algo que literalmente modifica el modo en que tu cerebro responde, porque activa sus áreas más conscientes y reflexivas, en lugar de los centros primarios, automáticos y reactivos. Tal como explica la *Harvard Business Review:*

> En un estudio, se mostró a los participantes imágenes emocionales negativas. Cuando se les pedía que categorizaran la emoción que invocaban las imágenes, la actividad neuronal pasaba de la región de la amígdala (donde se asientan las emociones) a la corteza prefrontal, el área del cerebro donde tiene lugar el pensamiento consciente y reflexivo. En otras palabras, reconocer intencionadamente el estrés permite detener tu reacción visceral y elegir una respuesta más enriquecedora.

Además, parece que intentar negar o ignorar la sensación de estrés es contraproducente. Una investigación de Peter Salovey y Shawn Achor para la *Harvard Business Review* demostró que quienes pensamos que la presión es debilitante y nos esforzamos por evitarla tenemos una reacción o bien excesiva o bien insuficiente al estrés, mientras que quienes tienen una mentalidad que les permite asimilar los elementos positivos del estrés tienen una respuesta más moderada del cortisol a él. En la práctica, esto significa que están «más dispuestos a buscar y abrirse a las reacciones recibidas durante los momentos de estrés, lo cual puede ayudarlos a aprender y crecer en el largo plazo».

PASO 2: COMPÁRTELO

Un estudio realizado en la Universidad de Búfalo descubrió que cada gran experiencia vital estresante incrementaba el riesgo de muerte de un adulto en un 30 por ciento a menos que luego esa persona pasara una cantidad de tiempo significativa en conctacto con sus seres queridos y su comunidad más cercana. En ese caso, el riesgo de muerte no se incrementaba.

Compartir nuestro estrés con una comunidad de apoyo cambia por completo el impacto psicológico que tiene este estado en nosotros. Cuando elegimos relacionarnos con los demás en situaciones de estrés, generamos enormes niveles de resiliencia.

PASO 3: REENFÓCALO

La clave para «hacer tuya» la presión es reconocer el papel positivo que desempeña y la poderosa señal que representa. Sentimos presión cuando estamos ante algo crucial, cuando hay algo en juego, cuando nos importa lo que pueda ocurrir. Darle el enfoque apropiado a la presión en este contexto desencadena una motivación positiva y calma la reacción fisiológica.

Te recuerda que no es más que otra noche fría en la ladera del Everest, una montaña que no solo has elegido subir, sino que merece la pena subir.

En el entrenamiento de los Navy SEAL, el excomandante Curt Cronin señala:

> El equipo de liderazgo diseña situaciones exponencialmente más estresantes, caóticas y dinámicas que cualquier operación de combate, para que los equipos aprendan a concentrarse en las circunstancias más arduas. Cuando el estrés del entrenamiento parece insoportable, podemos hacerlo nuestro, sabiendo que, en última instancia, esto es lo que hemos elegido hacer: ser miembros de un equipo que puede triunfar en cualquier misión.

Y esa es una presión que merece la pena soportar.

PASO 4: ÚSALO

Bajo presión, el estrés puede ayudarte a triunfar. El objetivo evolutivo del estrés es empujarte a rendir al máximo, tanto mental como físicamente, elevar tu nivel y estar a la altura del escenario o el problema al que nos enfrentamos. Nuestra respuesta física al estrés es producir hormonas, como la adrenalina y la dopamina, que proporcionan al cerebro y al cuerpo la sangre y el oxígeno necesarios. El resultado es un estado de mayor energía y alerta, y un aumento de la concentración.

Es una maravillosa manera que tiene nuestro cuerpo de prepararnos. No te resistas a ella: úsala a tu favor.

Como dijo el excomandante Cronin recientemente: «Aprender a preguntarnos de qué pueden servirnos estas experiencias y sentirnos impulsados a utilizarlas a modo de incentivo ha demostrado ser una gran herramienta para ayudar a que nuestro personal, nuestros equipos y nuestra organización progresen; no a pesar del estrés, sino gracias a él».

En palabras de Teddy Roosevelt: si vamos a fracasar, por lo menos hagámoslo «arriesgándolo todo», que es un destino más admirable que el de «esas almas frías y tímidas que no conocen ni la victoria ni la derrota».

★ LA PRESIÓN PUEDE SALVARTE LA VIDA

Durante el proceso de preparación de este libro, les pregunté a más de diez expertos por el estrés, la presión y su impacto sobre nuestra salud. Me sorprendió que una de las preocupaciones recurrentes fuera algo que puede resumirse en lo que me dijo Gary Brecka, fundador del centro especializado en bienestar 10X Health:

> Vivimos en una crisis de la comodidad. Nos estamos dejando asfixiar por la comodidad a fuerza de evitar cosas difíciles que son buenas para nuestra salud. El envejecimiento es nuestra búsqueda agresiva de la comodidad.

Brecka cree que los seres humanos prosperan, desde un punto de vista fisiológico, bajo los tipos de presión adecuados, y están diseñados de forma innata para convivir con ellos. Se supone que debemos atravesar temperaturas extremas de frío y calor, no vivir en entornos de temperatura perfectamente regulada. Y debemos someter a nuestro cuerpo al esfuerzo físico; no forma parte de nuestro ADN ser tan sedentarios.

Otros expertos en salud con los que hablé me dijeron que el precio de evitar este tipo de presión psicológica se ve en la crisis de obesidad, el aumento de las enfermedades cardíacas y muchos tipos de enfermedades evitables.

La presión profesional, psicológica y fisiológica es muy a menudo un privilegio que elegimos ignorar porque es «muy dura» y, como ya hemos dicho, somos seres que evitamos el malestar.

Sin embargo, en todos los aspectos de la vida, lo «duro» es el precio que pagamos hoy por un mañana «fácil».

★ LEY: HAZ DE LA PRESIÓN TU PRIVILEGIO

La presión no tiene que ser necesariamente algo negativo y, si se enfoca del modo correcto, puede ser vigorizante. Reconocer la presión, hacerla tuya y utilizarla puede ser una herramienta poderosa a la hora de alcanzar nuestras metas en los negocios y en la vida.

La comodidad y lo fácil son amigos a corto plazo pero, a la larga, enemigos. Si lo que buscas es crecer, opta por lo que te plantea un desafío.

Del pódcast *The Diary of a CEO*

LEY NÚMERO 25

EL PODER DE LA MANIFESTACIÓN NEGATIVA

Esta ley nos enseña el maravilloso poder de lo que yo llamo «manifestación negativa» y cómo puede ayudarte a detectar señales de alerta, riesgos futuros y cualquier otra cosa que se interponga en tu camino hacia el éxito.

Hay una sola pregunta que, en mi experiencia, me ha evitado más pérdidas económicas, más pérdidas de tiempo y más derroche de recursos que ninguna otra. Esta pregunta, cuyo significado he entendido a través de una letanía de fracasos, contratiempos y meteduras de pata, a menudo no se formula por la incomodidad que suscita en nosotros.

Evitar esta pregunta te pone en una posición delicada, parecida a la del proverbial avestruz que entierra la cabeza en la arena y del que hemos hablando en la ley número 23. Tanto si te haces esta pregunta como si no, acabarás descubriendo la respuesta, ya sea ahora, por medio de una conversación incómoda, o en el futuro, de una manera mucho más penosa.

Yo tenía dieciocho años cuando comprendí el valor de esta pregunta de la forma más dolorosa.

Estábamos en 2013 y me había propuesto crear una plataforma en línea para estudiantes llamada Wallpark en la que invertí tres años de mi tiempo, el capital de varios inversores y toda la sangre, sudor y lágrimas de la expresión, pero que acabó en fracaso.

Como reza el dicho, a toro pasado todo parece más fácil. Visto en retrospectiva, la razón de mi fracaso parece obvia:

estaba, sin saberlo, compitiendo contra Facebook en un combate que no tenía ninguna posibilidad de ganar.

Pero la cuestión es que para llegar a esa revelación no debería haber necesitado la perspectiva del tiempo; no necesitaba vivir el fracaso para reconocerlo. De haber tenido la humildad, la experiencia y la fortaleza necesarias para hacerme una simple pregunta, creo que podría haberme ahorrado toda aquella pérdida de tiempo, dinero y esfuerzo.

Esa pregunta fundamental es: «¿Por qué fracasará esta idea?»

La pregunta puede parecer simple y evidente, pero cuando se la hice a más de mil fundadores de *start-ups*, me sorprendió que solo un 6 por ciento afirmara tener claro el motivo por el que podía fracasar su idea, frente a un apabullante 87 por ciento que tenía claro el porqué podría funcionar.

Lo cierto es que la mayoría de las *start-ups* acaban fracasando y, cuando lo hacen, como me ocurrió a mí, sus fundadores parecen darse cuenta de repente de lo obvio, y la mayoría atribuye su desgracia a haber sobreestimado sus perspectivas y subestimado los riesgos.

Por ejemplo, según la Agencia Federal de Pequeños Negocios de Estados Unidos, un 52 por ciento de los emprendedores que fracasaron reconocieron haber subestimado los recursos necesarios para tener éxito, mientras que un 42 por ciento admitió no haberse percatado de que el mercado no deseaba su producto y un 19 por ciento confesó haber subestimado a la competencia.

Estoy convencido de que la pregunta más crucial y reveladora que estos emprendedores frustrados deberían haberse hecho a sí mismos y a sus socios antes de aventurarse a fundar una empresa es «¿por qué fracasará esta idea?». Tanto los médicos como los pacientes pueden dar cuenta del concepto de que más vale prevenir que curar, y en los negocios no hay forma de prevenir sin afrontar con humildad la perspectiva del fracaso, incluso antes de comenzar.

Existen cinco motivos principales que explican la reticencia a tener esa conversación, o incluso a contemplar la posibilidad del fracaso. Es probable que estos cinco sesgos psicológicos, identificados de forma sistemática en numerosos estudios, eviten que tú y tu equipo os hagáis esta pregunta en apariencia tan simple, pero esencial:

1. **SESGO DE OPTIMISMO:** Un 80 por ciento de nosotros tenemos este sesgo, según Tali Sharot. En pocas palabras, nos hace centrarnos en las cosas buenas e ignorar las malas. Fue lo que impidió que me preguntara por qué podría fracasar Wallpark, dado que, en mi interior, yo creía y quería que las cosas terminaran bien. Se cree que este sesgo nos proporcionó una ventaja evolutiva frente a otras especies: el optimismo nos ayudó como especie a tomar más riesgos de supervivencia, a explorar nuevos entornos y encontrar nuevos recursos. Pero en nuestra vida profesional nos impide considerar los riesgos de una forma adecuada.
2. **SESGO DE CONFIRMACIÓN:** Todos tenemos este sesgo en alguna medida. Hace que prestemos atención a los datos que apoyan las ideas e hipótesis que ya tenemos. En mi caso, hizo que le prestara atención, y que aceptara como buena, la información que demostraba que Wallpark era gran idea y que ignorara todos los datos, correos electrónicos y reacciones que sugerían lo contrario. Las investigaciones demuestran que este sesgo humano refuerza nuestra autoestima y nos reconforta, porque hace que nuestra concepción del mundo parezca estable, coherente y correcta.
3. **SESGO DE AUTOSERVICIO:** Este sesgo nos afecta a la mayoría de nosotros en distinta medida y nos lleva a creer que nuestro éxito o fracaso es el resultado de nuestras propias habilidades y esfuerzos. Sin duda, fue lo que impidió que pensara en el porqué del posible fracaso de Wallpark, dado que me hizo sobreestimar mis propias capacidades y subestimar el

impacto de los factores externos, como las condiciones del mercado, la competencia y otras circunstancias imprevistas.

4. SESGO DE LOS COSTES IRRECUPERABLES: Este sesgo nos lleva a mantener una decisión —incluso cuando la evidencia sugiere que fue una mala decisión— porque ya hemos invertido tiempo o dinero en ella. Es el motivo por el cual Wallpark duró tres años en lugar de uno: inconscientemente, yo no quería «malgastar» ni «perder» el tiempo y el dinero que ya había invertido renunciando al proyecto, pero, al hacerlo, acabé malgastando aún más tiempo y dinero.
5. SESGO DE PENSAMIENTO DE GRUPO: Se trata de un sesgo que evita que los miembros de un grupo de personas se pregunten «¿por qué fracasará esta idea?», porque no quieren desmarcarse del resto del grupo. En Wallpark, ninguno de los integrantes del equipo fundador se preguntó en ningún momento si la idea podía fracasar; probablemente todos nos habíamos plegado a la misma hipótesis debido a nuestro deseo de cohesión social, que creaba una fuerte presión de conformidad de cara a cualquier miembro nuevo del equipo.

★ LA PREGUNTA QUE SALVÓ MI NEGOCIO

En 2021 tuve una idea alocada. Subido a la ola del éxito de mi pódcast *The Diary of a CEO*, se me ocurrió la idea de lanzar una plataforma de pódcast. Este plan ambicioso implicaba crear una gran cantidad de nuevos pódcast, cada uno de ellos con un presentador de renombre y talento. Mi objetivo era aprovechar la experiencia en comercialización, producción y *marketing* de nuestro equipo y hacer volar a estos pódcast tan alto como *The Diary of a CEO*.

Contábamos con una enorme experiencia en cómo hacer llegar un pódcast al número uno, mi agenda telefónica rebosaba de personalidades ansiosas por colaborar conmigo en sus propios pódcast, tenía un equipo de treinta personas trabajando en

The Diary of a CEO y disponía de los recursos financieros para invertir en esta nueva empresa.

Para hacer realidad mi visión, reuní a un entregado grupo de cinco personas del equipo de *The Diary of a CEO* y, a lo largo de un año, planeamos hasta el último detalle del proyecto, nos reunimos con potenciales presentadores y buscamos socios. Invertí cientos de miles de dólares en el proceso de planificación y preparación, además de un sinnúmero de horas de mi propio tiempo y energía, así como de los miembros de mi equipo. A los seis meses de iniciar el proyecto, le propuse al responsable de una de las agencias de medios de comunicación más grandes del mundo que se convirtiera en el CEO de la plataforma. Para mi alegría, aceptó la oferta de forma provisional y me dijo que dimitiría de su actual puesto cuando le diera luz verde para unirse a nosotros.

Finalmente, tras doce meses de planificación, llegó la hora de la verdad. Me enfrentaba a la decisión crítica de pedirle, o no, al CEO entrante de esta nueva plataforma de pódcast que dejara su bien remunerado trabajo y se uniera a nuestras filas. Sabía que esta decisión marcaba el punto de no retorno. Si la tomaba, no habría vuelta atrás: el lanzamiento de la plataforma de pódcast a gran escala solo podría ir hacia adelante y a toda máquina.

En aquel momento decisivo, la sabiduría que había acumulado a lo largo de una década en el mundo de los negocios intervino. Reuní a mi equipo y lancé una pregunta sencilla pero contundente: «¿Por qué es mala idea?». Mientras observaba sus expresiones incómodas, se me hizo evidente que sus mentes se enfrentaban a un desafío nuevo del todo, a algo que nunca habían contemplado.

A los pocos instantes se abrieron las compuertas. Un miembro del equipo señaló que nuestra escasa plantilla se vería obligada a hacer demasiadas cosas a la vez, lo que pondría en peligro el éxito del pódcast que ya teníamos. Otro subrayó la posible falta de fiabilidad de los presentadores famosos y el riesgo de perderlo todo si alguno decidía irse. Un tercero expresó serios reparos sobre la economía y sobre cómo una posible crisis podría hacer disminuir los patrocinios. Un último miembro del equipo explicó que replicar nuestro éxito inicial sería más difícil de lo que pensábamos, porque en parte se debía a la suerte, las circunstancias y la buena fortuna.

Una vez que la catarata de razones lógicas se hubo aquietado, un miembro del equipo me devolvió la pregunta: «¿Por qué crees tú que es mala idea?». En ese momento, me di cuenta de que mi inconsciente había estado albergando ciertos reparos nacidos de mi experiencia anterior, reparos que había estado evitando debido a sesgos psicológicos. Mi respuesta fue simple y honesta: «Por una cuestión de foco».

Expliqué que nuestro foco de atención colectivo era nuestro recurso más valioso. El fracaso, y la pérdida de motivación y de fe que conlleva, hace que las personas sientan la tentación de desconcentrarse, pero el éxito incita a ello todavía más, porque aumenta las oportunidades, las ofertas y las capacidades. Mantener el foco en el proyecto que ya teníamos, y que todavía estaba en una fase crítica de crecimiento, se convertiría para nosotros en lo más difícil y lo más importante a la vez. Nuestra limitada capacidad de concentración, atención y reflexión no podría pasar a ocuparse de múltiples proyectos sin que eso tuviera serias consecuencias. Esas ideas que se te ocurren en la ducha, esa epifanía de la una de la madrugada, esa conversación de pasillo... necesitábamos todos esos preciosos momentos para mantener el foco en el pódcast que ya teníamos, para encontrar pequeñas formas de mejorar y alcanzar nuestro pleno potencial.

Hice hincapié en que, concentrando esfuerzos, podíamos obtener rendimientos compuestos muy superiores a los que nos proporcionaría cualquier plataforma de pódcast.

Minutos después, votamos por unanimidad dar por terminado el proyecto.

Sorprende pensar que, tan solo una hora antes, todos en la sala apoyábamos la idea y estábamos ansiosos por lanzar la nueva empresa. Pero una simple e incómoda pregunta le había dado vuelta a nuestra mentalidad colectiva, había abierto las puertas a la posibilidad de realizar una valiosa reflexión crítica y nos había hecho ver en alta definición las imperfecciones del proyecto.

Un año después, con la sabiduría que proporciona la experiencia, puedo decir sin lugar a dudas que seguir adelante con la plataforma hubiera sido un error que nos habría costado muy caro. Nuestro equipo se habría visto forzado al límite, nuestro actual pódcast lo habría pasado mal y el revés económico de 2022 hubiera tenido un considerable impacto en nuestros resultados financieros.

Mantener el foco acabó compensando, y en 2022 el pódcast que ya teníamos creció un 900 por ciento en términos de audiencia y los ingresos ascendieron más de un 300 por ciento.

En el mundo de los negocios, equipos como el nuestro a menudo dedican meses a definir con todo detalle cómo y por qué triunfarán sus ideas. Pero rara vez destinan ese mismo tiempo a examinar las razones de por qué sus ideas podrían no funcionar. Aquí es donde el poder de una simple pregunta —«¿Por qué es una mala idea?»— entra en juego.

Al plantear esta pregunta, incentivamos una forma esencial de pensamiento crítico que revela riesgos y desafíos a menudo escondidos tras los cinco sesgos inherentes a los seres humanos que hemos mencionado. En lugar de limitarnos a buscar validación para nuestras ideas, nos desafiamos de entrada a afrontar sus debilidades. No solo buscamos encontrar razones para abandonar una idea, sino hacer nuestro el dicho de que más vale prevenir que curar. Identificar los potenciales problemas antes de embarcarse en un proyecto permite abordarlos y sortearlos, allanando el camino hacia el éxito.

★ EL MÉTODO PRE MORTEM: TU ARMA SECRETA PARA EVITAR EL FRACASO

Por desgracia, a menudo la naturaleza humana impide que pensemos o actuemos preventivamente para evitar los peores escenarios. Muchos nos negamos a adoptar hábitos saludables —como hacer ejercicio y cuidar nuestra alimentación— hasta que nuestro bienestar está en peligro, pasamos por alto la importancia de hacerle una puesta a punto a nuestro coche hasta que nos encontramos con una avería y no reemplazamos un tejado en mal estado hasta que no notamos que nos cae una gotera en la cabeza.

El examen *post mortem*, también llamado autopsia, es un procedimiento que llevan a cabo profesionales médicos para determinar la causa de muerte a partir del examen de un cadáver. Un *pre mortem* es el hipotético opuesto de *post mortem* y se realiza antes de que haya ocurrido la defunción. El «método *pre mortem*» es una estrategia para tomar decisiones desarrollada por el científico Gary Klein que anima a un grupo a pensar desde el fracaso, antes de que el proyecto haya comenzado. En lugar de preguntarse «¿qué podría salir mal?», el *pre mortem* se basa en imaginar que el «paciente» ha muerto y que te pide que le expliques lo que, en efecto, salió mal.

Imaginemos ahora que pudiéramos sacarle partido a este concepto y aplicarlo a nuestra vida diaria y a nuestros esfuerzos profesionales. Las investigaciones científicas demuestran que este simple experimento mental (llevar a cabo una «autopsia» metafórica antes de que ocurra una calamidad) puede reducir de forma drástica la posibilidad de cualquier fracaso.

En un estudio pionero realizado en 1989, los investigadores ahondaron en el fascinante mundo del método *pre mortem* y su impacto en la predicción de resultados. Se dividió a los participantes en dos grupos: uno de ellos sacó partido del potencial del método *pre mortem* para hablar de diversos negocios, eventos sociales y situaciones personales como si ya se hubieran desarrollado, y diseccionar las posibles razones por las que no habían triunfado. El otro grupo, en cambio, se limitó a hacer predicciones, sin más instrucciones.

El grupo que empleaba el método *pre mortem* mostró una mayor precisión a la hora de predecir cómo se desarrollarían los escenarios presentados y determinar las causas de esos resultados. Las conclusiones del estudio demostraron que, al contemplar el fracaso de antemano, podemos comprender mejor sus posibles orígenes y tomar medidas proactivas para evitarlo.

Otro estudio realizado en 1989 por investigadores de dos universidades arrojó los mismos contundentes resultados: ¡el simple método de imaginar que ya se ha producido el fracaso incrementó en un 30 por ciento la capacidad de identificar correctamente las razones de ese futuro desenlace!

Desde 2021 he implementado con gran éxito el análisis *pre mortem* en todas mis empresas. Este es el proceso en cinco pasos:

1. PREPARACIÓN DEL TERRENO: Reúne a los miembros relevantes del equipo y explícales con claridad el propósito del análisis *pre mortem*, que es identificar riesgos y debilidades potenciales, no criticar al proyecto ni a nadie en particular.
2. REPRESENTACIÓN DEL FRACASO: Pídele a tu equipo que imagine que el proyecto ha fracasado e invítalo a visualizar el escenario con todo lujo de detalles.
3. LLUVIA DE IDEAS DE LAS RAZONES DEL FRACASO: Pide a todos los miembros del equipo que, cada uno por su cuenta, piense una lista de razones que podrían haber hecho fracasar el proyecto, teniendo en cuenta tanto factores internos como externos. Es importante que lo hagan de manera independiente y en papel, para evitar el pensamiento en grupo.
4. PUESTA EN COMÚN Y DISCUSIÓN: Haz que cada miembro del equipo comparta sus razones para el fracaso, y fomenta una discusión abierta y sin prejuicios que destape los posibles riesgos y desafíos.
5. DESARROLLO DE PLANES DE CONTINGENCIA: Sobre la base de los riesgos y desafíos identificados, trabajad juntos para elaborar planes de contingencia y estrategias para mitigar o para evitar por completo esos posibles escollos.

★ NO ES SOLO UN CONSEJO DE NEGOCIOS: ES UN CONSEJO PARA LA VIDA

La verdad es que los seres humanos tomamos muy malas decisiones, decisiones enturbiadas por la emoción, inducidas por el miedo e influidas por la inseguridad. No somos muy lógicos, estamos plagados de sesgos y a la hora de tomar decisiones siempre buscamos atajos.

El poder del método *pre mortem* se extiende mucho más allá del ámbito de los negocios y ha sido una herramienta que me ha sido muy útil para tomar mejores decisiones en varios aspectos de mi vida personal. Contar con estructuras sólidas de decisión me ha permitido tomar decisiones más eficaces y menos desafortunadas en las áreas y en los momentos más importantes de mi vida.

Así es como puedes aplicarlo en distintas situaciones:

1. **AL ELEGIR UNA TRAYECTORIA PROFESIONAL:** A la hora de elegir una carrera, realiza un análisis *pre mortem* en el que te visualices a ti mismo dentro de unos años, tras haber vivido una insatisfacción o un fracaso significativos en esa profesión. Retrocede e identifica las razones potenciales de esa insatisfacción, tales como la falta de interés en el trabajo, las pocas oportunidades de crecimiento o los problemas de conciliación entre trabajo y vida personal. Al tener en cuenta estos factores, podrás afinar tu elección de carrera o diseñar estrategias para mitigar los posibles problemas.

2. **AL ELEGIR UNA PAREJA:** A la hora de contemplar una relación a largo plazo o el matrimonio, imagina un escenario en donde esa relación haya fracasado o se haya vuelto insatisfactoria. Identifica los factores que podrían haber contribuido a ese deterioro, tales como distintos valores, mala comunicación, problemas sexuales o expectativas diferentes. Abordar estos reparos y buscar proactivamente señales de alerta te permitirá tomar una decisión más informada

acerca de la relación, o trabajar para fortalecerla desde el inicio.

3. AL HACER UNA INVERSIÓN IMPORTANTE: A la hora de llevar a cabo una inversión de envergadura, como comprar una casa o invertir en bolsa, visualiza un escenario en donde la inversión provoque pérdidas financieras. Identifica las posibles causas de este desenlace, como, por ejemplo, las fluctuaciones del mercado, una investigación inadecuada o haber sobreestimado tu propia capacidad financiera. Al entender estos riesgos, podrás tomar decisiones mejor informadas, actuar con la diligencia debida y tomar medidas para minimizar las posibles pérdidas.

Hoy en día tengo la sensación de que todas las frases motivacionales que encuentro en redes sociales me exigen que «visualice el éxito» y ensalzan las virtudes de «manifestar» y del «pensamiento positivo». Aunque no hay ninguna duda del inmenso valor del optimismo y del mérito del pensamiento positivo, también la contemplación negativa —es decir, visualizar el fracaso y hacer planes en consecuencia— tiene un potencial enorme.

★ LEY: EL PODER DE LA MANIFESTACIÓN NEGATIVA

Nuestro cableado cognitivo nos aleja por instinto de los pensamientos que nos provocan malestar psicológico. Sin embargo, como el proverbial avestruz con la cabeza enterrada en la arena, evitarlos suele conducirnos a una angustia mucho mayor aún.

Paradójicamente, en todas las facetas de la vida, entablar una conversación incómoda hoy allana el camino para una vida más cómoda en el futuro: más vale prevenir que curar.

Hacer nuestra esta dualidad de pensamiento —equilibrar la positividad con la negatividad— nos dota de la sabiduría, la fortaleza y la claridad necesarias para forjar el camino hacia el éxito.

Se puede predecir el éxito de una persona en cualquier ámbito de su vida solo observando su disposición a mantener conversaciones incómodas, y su capacidad de hacerlo. Tu progreso personal se esconde tras una conversación incómoda.

Del pódcast *The Diary of a CEO*

LEY NÚMERO 26

TUS HABILIDADES NO TIENEN NINGÚN VALOR, PERO TU CONTEXTO, EN CAMBIO, SÍ

Esta ley explica cómo puedes consguir que te paguen mucho más por las habilidades que ya tienes, y cómo el valor proviene del contexto, no de la habilidad en sí misma.

★ «¡TE DAREMOS OCHO MILLONES DE DÓLARES SI NOS AYUDAS!»

En 2020, después de diez años de una montaña rusa en los que puse en marcha una agencia de *marketing* en redes sociales y trabajé con algunas de las marcas más famosas del mundo, le dije adiós a mi puesto de CEO y me embarqué en un viaje de autodescubrimiento.

Poco después de mi dimisión, anuncié que jamás volvería a trabajar en *marketing*. El atractivo de indagar territorios inexplorados en distintos sectores era imposible de resistir. La idea de volver a meterme en el papel de CEO de una empresa de *marketing* en redes sociales no despertaba en mí la misma pasión que una década atrás. Y lo que es más importante: ansiaba liberarme de las limitantes etiquetas profesionales que nos asigna la sociedad, cargos genéricos como abogado, contable, dentista, gestor de redes sociales o diseñador gráfico. Creía que esas etiquetas restringían nuestro potencial y nos llevaban, en definitiva, a sentirnos insatisfechos.

A ver, puedo entenderlo: las etiquetas funcionan como atajos, nos hacen sentir comprendidos, nos dicen que pertenecemos a algún sitio y nos confirman sutilmente que tenemos un propósito en el mundo. Sin embargo, estas etiquetas también nos encadenan desde el punto de vista profesional, ahogan nuestra creatividad y estrechan nuestro rango de experiencias.

A los 27 años, yo era demasiado joven para quedar reducido a una etiqueta. La única que estaba dispuesto a aceptar era la de «hombre curioso con una serie de habilidades diversas». Aspiraba a trabajar en desafíos sociales más amplios, y no solo en ayudar a las empresas a mejorar sus ventas de zapatillas, bebidas gaseosas y dispositivos electrónicos.

Y fue así como comenzó un emocionante capítulo nuevo en mi vida.

Bueno, en realidad no…

Siempre me ha fascinado, preocupado y producido curiosidad la profunda la crisis global de la salud mental, sus causas y sus posibles soluciones.

En 2020, el año de mi dimisión, la pandemia de la COVID-19 obligó al mundo a confinarse, lo que nos privó de muchos estabilizadores psicológicos y puso la salud mental en el punto de mira de la opinión pública. Con mucho tiempo en mis manos, emprendí una expedición digital a través de varios temas interesantes relacionados con la salud mental, el más cautivador de los cuales era el mundo de los psicodélicos.

Devoré un sinnúmero de artículos de investigación, estudios clínicos y documentos en línea sobre la eficacia de ciertos compuestos psicodélicos para tratar los trastornos mentales en los seres humanos. Los datos que había y el potencial inexplorado de estos compuestos me dejaron completamente boquiabierto.

En ocasiones, la vida nos presenta momentos inexplicables de serendipia, encuentros azarosos en que las estrellas parecen alinearse, y lo que estoy a punto de explicar es sin duda uno de ellos.

Pocos días después de completar mi inmersión profunda en el mundo de los psicodélicos, recibí un mensaje de un conocido del mundo de los negocios. Decía: «Hola, Steven. ¿Podrías hacerle retuit a esto?» Para mi sorpresa, ¡el enlace llevaba a una noticia sobre la salida a bolsa de una empresa de psicodélicos que yo había estado investigando! Respondí: «Llevo semanas leyendo sobre esta empresa. Me fascina el tema. ¿Tienes algo que ver con ellos?». Contestó: «Soy el accionista principal y ahora mismo estoy trabajando en un proyecto similar. ¡Me encantaría que nos ayudaras con el *marketing*!».

«Hablemos del tema», contesté, y quedamos para comer esa misma semana. Tras pasar unas cuantas horas conociendo la misión de la compañía, reuniéndome con el equipo ejecutivo y analizando su trabajo, supe que quería embarcarme en aquella aventura.

La empresa operaba dentro del sector biotecnológico, una industria repleta de mentes brillantes —individuos inteligentes que visten batas blancas en laboratorios—, pero en la que no abundaban tanto los genios del *marketing* capaces de elaborar narrativas convincentes para las plataformas digitales modernas que dirigen la opinión pública.

Para triunfar en la inminente salida a bolsa, la empresa sabía que necesitaba comunicar de forma efectiva su increíblemente oportuna misión cultural, y no solo a los grandes inversores institucionales, sino también al público general, y utilizar todas las redes sociales disponibles.

La compañía tenía los ojos puestos en una salida a bolsa multimillonaria, y la diferencia entre una narración y una estrategia de *marketing* eficaz e ineficaz podía ser clave en su valoración.

Yo tenía las competencias que necesitaban.

Con mi experiencia en todas las plataformas digitales y habiendo trabajado con las marcas líderes de casi todos los sectores, era el candidato perfecto para ayudarlos a afrontar este desafío. Una semana después de nuestro encuentro, me ofrecí a unirme a la empresa durante los nueve meses previos a la salida a bolsa.

Mis responsabilidades incluirían elaborar la estrategia de *marketing*, definir la marca, crear un departamento de *marketing* a largo plazo, definir la filosofía del equipo y sentar las bases de todas las iniciativas de *marketing* antes de mi marcha. Aceptaron mi propuesta y prometieron enviarme una propuesta económica al día siguiente.

A decir verdad, lo que me motivaba a unirme a la empresa no era el dinero. En todo caso, estaba deseoso de invertir en la empresa porque creía cada vez más en el poder de los psicodélicos. Quería sumergirme en los datos, rodearme de pioneros a la vanguardia del sector, aprender cuanto más mejor y saciar mi curiosidad hasta que decidiera hacia dónde dirigir mi carrera.

Al día siguiente, me desperté con un correo electrónico de la empresa cuyo asunto era «paquete retributivo». Al leer el cuerpo del correo, se me entrecerraron los ojos de incredulidad. Me ofrecían entre seis y ocho millones de dólares en opciones sobre acciones, además de un salario mensual, por guiar sus acciones de *marketing* durante nueve meses, hasta la salida a bolsa. Era diez veces más de lo que esperaba.

En ese momento, aprendí cuatro lecciones imperecederas sobre el valor de cualquier capacidad.

1. Nuestras habilidades no tienen valor intrínseco.

Las capacidades que tenemos no valen nada. Como suele decirse, las cosas valen lo que alguien está dispuesto a pagar por ellas.

2. El valor de cualquier habilidad está determinada por el contexto en el que se requiere.

Cada habilidad posee un valor distinto en cada sector.

3. La percepción de lo escaso de una habilidad influye en su valoración.

En el sector de la biotecnología, mis capacidades de alto nivel en redes sociales y *marketing* eran como un diamante en bruto; escaseaban tanto que las compañías estaban más que dispuestas a pagar por ellas. Sin embargo, cuando, en mi puesto anterior, había ofrecido algunas de estas mismas habilidades a otros sectores —como el del comercio electrónico, los bienes de consumo y la tecnología—, su valor percibido había sido bastante menor. En esos contextos, mis habilidades eran más comunes, lo que significaba que los honorarios que podía cobrarles eran la décima parte de lo que un cliente estaba dispuesto a pagarme en la industria de la biotecnología.

4. Se evaluará el valor de tus habilidades en función del valor que se considere que pueden generar.

La empresa de biotecnología estaba a punto de embarcarse en una salida a bolsa potencialmente multimillonaria y, en ese entorno de alto riesgo, mis capacidades podían influir sustancialmente en la valoración de la compañía. Así que, por supuesto, estaban dispuestos a pagar por ellas.

Al reflexionar sobre mi experiencia anterior, me di cuenta de que, cuando había utilizado esas mismas habilidades para promocionar productos de consumo como vestidos, camisetas y accesorios, los beneficios económicos que generaba para los clientes palidecían en comparación con la rentabilidad potencial de una empresa de biotecnología. Por lo tanto, los honorarios que recibía eran proporcionalmente diminutos.

La verdad es que el mercado en el que decides vender tus habilidades determinará cuánto te pagarán mucho más que las habilidades en sí. Los redactores técnicos o médicos del sector de la ingeniería o la biotecnología cobran salarios más altos que los redactores de los medios de comunicación o de la industria editorial, aunque todos se dediquen a escribir.

Los analistas de datos que trabajan en finanzas o en consultoría ganan más que quienes lo hacen en puestos académicos o de la administración pública, aunque desempeñen las mismas tareas de análisis de datos.

Los desarrolladores y programadores de *software* en sectores de gran demanda, como la inteligencia artificial, la ciberseguridad o la tecnología financiera, cobran salarios superiores que quienes trabajan en puestos más tradicionales de asistencia técnica o como desarrolladores web, aunque utilicen los mismos lenguajes de programación.

Los responsables de proyectos del sector tecnológico tienen mejores sueldos que quienes hacen el mismo trabajo en los sectores de arte, la educación o los servicios sociales, aunque el tipo de capacidades que se necesitan sean las mismas.

Los comerciales de sectores de alto valor, como el farmacéutico, el inmobiliario o el de los productos sanitarios, pueden ganar mucho más a través de comisiones y bonos que los del comercio minorista o los bienes de consumo, si bien en ambos roles se requiere saber vender.

Los profesionales de las relaciones públicas que trabajan en el mundo del espectáculo, el deporte o las marcas de lujo cuentan con un mayor potencial de ingresos que aquellos que trabajan en organizaciones sin ánimo de lucro, en el sector de la salud o en la educación, aunque utilicen las mismas habilidades para gestionar sus campañas.

Los fotógrafos que se dedican a la moda, la publicidad o la fotografía comercial pueden cobrar tarifas más altas que quienes se dedican a hacer reportajes para bodas o al fotoperiodismo, aunque las capacidades necesarias en todos los casos sean muy parecidas.

Los profesionales de recursos humanos de los sectores con mayores ingresos y en crecimiento, como el tecnológico o el financiero, ganan más que sus homólogos en organizaciones sin ánimo de lucro o en el sector público, a pesar de desempeñar las mismas funciones de búsqueda y formación de personal y de gestión de prestaciones.

Los analistas financieros que trabajan en banca de inversión, capital privado o fondos de cobertura es muy posible que ganen más que aquellos que lo hacen en finanzas corporativas o en la administración pública, aunque apliquen las mismas habilidades y conocimientos de análisis financiero.

Una idea errónea muy extendida es que el único modo de lograr un aumento de sueldo es o bien luchar por un ascenso en nuestro puesto de trabajo actual o bien buscar un puesto similar dentro del mismo sector. Sin embargo, un abordaje mucho más efectivo y potencialmente provechoso puede ser **trasladar todas tus habilidades a un contexto por completo nuevo** —un sector distinto— donde puedan aportar un mayor valor al empleador. Al hacerlo, nuestras capacidades tal vez se vean como un bien mucho más escaso, lo que aumentaría su valor y, con él, el tuyo propio.

Quizás el ejemplo más elocuente sobre el modo en que el contexto crea la percepción de valor sea un experimento social realizado por el *Washington Post* en 2007. Se diseñó para explorar cómo se percibían y se valoraban el talento y el arte en un entorno cotidiano e inesperado.

Una ajetreada mañana de enero, Joshua Bell, un violinista de fama mundial, se hizo pasar por artista callejero y se instaló en una estación del metro de Washington D.C. vestido con ropa corriente. Tocó seis piezas clásicas durante unos 45 minutos con su violín Stradivarius, valorado en aquel entonces en 3,5 millones de dólares.

A pesar del inmenso talento y virtuosismo de Bell, y de la belleza de la música que tocaba, muy pocas de las miles de personas que pasaron por allí ese día se detuvieron a escuchar o reconocer el valor de su actuación, y solo siete se pararon frente a él durante al menos un minuto. Bell recaudó apenas 52,17 dólares, en descarnado contraste con los miles de dólares que gana por minuto cuando actúa en las salas más prestigiosas del mundo.

La historia puso de manifiesto hasta qué punto solemos pasar por alto el valor en ciertos contextos, lo cual plantea dudas sobre si de verdad se nos da bien apreciar y recompensar el talento en nuestra vida cotidiana.

También es una metáfora apropiada de mi propia vida profesional: había estado vendiendo mis habilidades en una estación de metro y, al trasladarlas a una sala de conciertos, empecé a ganar diez veces más.

En 2021 compartí esta historia y su moraleja con uno de mis mejores amigos, que en aquel momento estaba estancado en su carrera. Pese a que trabajaba todas las horas del día, apenas podía pagar la hipoteca. Por aquel entonces era diseñador gráfico de folletos de discoteca y logos de empresas locales de Manchester, a razón de cien o doscientas libras cada uno. Ganaba de media unas 35.000 libras al año. Pocas semanas después de nuestra conversación, tomó la decisión arriesgada de vender sus habilidades en un nuevo contexto: se mudó a Dubái y reposicionó sus servicios de diseño para centrarse en marcas de lujo y empresas de tecnología de cadena de bloques o *blockchain*.

Durante su primer año en Dubái ganó 450.000 libras, y en 2023 su previsión, junto con su nuevo socio, es de 1,2 millones.

La misma habilidad, el diseño gráfico, vendida en un contexto distinto genera treinta veces más beneficios.

★ LEY: TUS HABILIDADES NO TIENEN NINGÚN VALOR, PERO TU CONTEXTO, EN CAMBIO, SÍ

Los distintos mercados otorgarán distintos valores a tus habilidades. Si un empleador o un cliente consideran que tus capacidades son únicas o que escasean, estarán dispuestos a pagar más por ellas que quienes trabajan en un sector en el que sean más comunes. El contexto es la clave: puedes aumentar significativamente tu potencial de ingresos ofreciendo las mismas habilidades a un sector diferente.

Para que te consideren
el mejor de tu sector,
no necesitas ser el mejor
en una sola cosa.
Necesitas ser bueno en
una serie de habilidades
complementarias y poco
comunes que tu sector
valore y de las que
carezcan tus
competidores.

Del pódcast *The Diary of a CEO*

LEY NÚMERO 27

LA ECUACIÓN DE LA DISCIPLINA: ¡MUERTE, TIEMPO Y DISCIPLINA!

Esta ley te enseña cómo ser disciplinado en cualquier cosa que te propongas a través de una simple «ecuación de la disciplina», y por qué es el secreto mejor guardado para triunfar en cualquiera de nuestras ambiciones.

Tal vez estas sean las páginas más incómodas que vayas a leer en este libro.

Tengo treinta años. Esto significa que, si tengo la suerte de vivir hasta los 77, que es la actual esperanza de vida en Estados Unidos, me quedan solo 17.228 días por delante. También significa que ya he gastado 10.950 días que no tengo forma de recuperar.

He aquí un desglose de cuántos días te quedan si alcanzas la esperanza de vida media de Estados Unidos y cuántos días de tu vida ya has gastado.

Edad (en años)	Días gastados	Días restantes
5	1.825	26.315
10	3.650	24.455
15	5.475	22.630
20	7.300	20.805
25	9.125	18.980
30	10.950	17.228

35	12.775	15.503
40	14.600	13.650
45	16.425	11.825
50	18.250	10.073
55	20.075	8.248
60	21.900	6.570
65	23.725	4.745
70	25.550	3.131
75	27.375	1.306

Puede que afrontar esta realidad sea perturbador para la mayoría de vosotros. Como expliqué en mi primer libro, *Happy Sexy Millonaire* (Feliz, sexy y millonario), los seres humanos parecemos estar programados para evitar todo lo relacionado con la muerte, y la tratamos como un tema tabú, como sucedía con el sexo en la época victoriana. Parece que veamos a la muerte como algo que solo les pasa a los demás y aparentemente carecemos de la fortaleza emocional para aceptar nuestra propia mortalidad hasta que un diagnóstico fatídico nos obliga a hacerlo.

Estoy convencido de que existen muchas cosas que la mente humana es incapaz de comprender del todo. Una de ellas es lo insignificantes que somos, pese a que, a cada paso, la vida nos empuja a concederles a las cuestiones cotidianas más importancia de la que tienen. Y otra es que vamos a morir algún día. Sí, en teoría sabemos que la muerte existe —la hemos visto en los animales, en nuestra familia y en otras personas—, pero si observamos con atención lo que nos angustia, el modo en que tratamos a los demás y la forma en que acumulamos posesiones y nos preocupamos por todo, veremos que, por un lado, hemos sobreestimado nuestra propia importancia y, por otro, a un nivel más profundo, parecemos creer que vamos a vivir para siempre.

Los científicos llevan tiempo diciendo que, como seres humanos, nos cuesta entender el infinito, pero quizás también estemos ciegos ante el concepto de finitud y la ineludible verdad de que algún día nuestro viaje llegará a su fin.

Nuestra suposición innata de que la vida continuará para siempre es posible que sea un mecanismo psicológico fruto de la evolución para aliviar la ansiedad, animarnos a proveer para el futuro y, en última instancia, aumentar nuestras posibilidades de supervivencia. En definitiva, si los seres humanos fuéramos más conscientes de nuestra propia mortalidad, tal vez seríamos más susceptibles a la ansiedad paralizante, lo que haría más difícil concentrarse en otras tareas vitales, como buscar comida y refugio.

Sin embargo, en el acelerado mundo digital de hoy en día, nos vemos constantemente bombardeados por una infinidad de estímulos —noticias, redes sociales, correos electrónicos e incontables notificaciones— que a menudo nos llevan a preocuparnos de más, a proyectarnos hacia el futuro, a caer en distracciones sin sentido, a desconectar y a flotar en un perpetuo estado de intranquilidad.

Tal vez el antídoto para este mal moderno consista en aceptar nuestra mortalidad. Al reconocer nuestra naturaleza limitada, podemos **darle prioridad a lo que de verdad importa**, desprendernos de lo que no y fomentar la sensación de urgencia serena que nos ayuda a concentrarnos en vivir de una forma más plena, auténtica y alineada con nuestros valores fundamentales.

Necesito que me prestes tu imaginación un segundo. Imagina que te despiertas en mitad de la noche en casa de un amigo, en la planta número 20 de un viejo rascacielos, porque se oyen gritos y huele a humo. Imagina caminar a tientas hasta la puerta para intentar escapar, y que te la encuentras cerrada, al igual que las ventanas, y que no haya salida. Imagina que acabas lanzándote al fuego, que pierdes la conciencia y te mueres.

En 2004, unos investigadores les pidieron a varios grupos de personas que imaginaran este mismo escenario y luego les hicieron una serie de preguntas relacionadas. Descubrieron que los niveles de gratitud de los participantes se disparaban. Las personas que se someten a estos ejercicios de «reflexión sobre la muerte» manifiestan sentir una mayor satisfacción con respecto a su vida, un mayor deseo de pasar tiempo con sus seres queridos, un aumento de la motivación por alcanzar objetivos significativos, una mayor amabilidad y generosidad, y una mayor predisposición a cooperar con los demás. También señalaron niveles más bajos de ansiedad y estrés, en comparación con el grupo de control.

Un día morirás y, en este mundo moderno tan loco, ruidoso, complejo, esta verdad es terapéutica, liberadora y una excelente manera de no perder de vista otra importante verdad, que es que tu tiempo (y el modo en que eliges pasarlo) es la única influencia que tienes sobre el mundo.

Lo que hagas con tu tiempo determinará si triunfas o fracasas en la vida, si estarás sano y si serás feliz, si triunfarás como socio, cónyuge o progenitor. Nuestro tiempo —y cómo lo empleamos— es el centro mismo de nuestra influencia.

Antes he dicho que a los seres humanos nos cuesta entender conceptos abstractos como la finitud, la infinitud y nuestra propia insignificancia, pero tampoco podemos comprender el tiempo en sí mismo. Se arrastra con lentitud, es intangible e invisible, está fuera de la vista. Para hacerlo lo bastante tangible como para apreciarlo, he creado un modelo mental que me recuerda, todos los días, un pequeño reloj en forma de ruleta que tengo encima de la mesa de mi oficina. A este modelo lo llamo «apostar al tiempo».

★ APOSTAR AL TIEMPO

Todos somos jugadores apostados alrededor de la ruleta de la vida.

En este juego, la cantidad de fichas que tenemos es igual al número de horas que nos quedan por vivir. A mis treinta años, es posible que tenga unas 400.000 fichas, pero no puedo saberlo con certeza; nadie lo sabe. Podría quedarme solo una o podría tener 500.000.

La única regla del juego es que hay que apostar una ficha cada hora y, una vez que lo hacemos, ya no la recuperamos jamás. La ruleta siempre está girando, y el modo en que hacemos nuestras apuestas determina el tipo de recompensas que obtendremos de la vida.

Podemos colocar esas fichas en lo que queramos: ver Netflix, ir al gimnasio, cocinar, bailar, pasar tiempo de calidad con nuestra pareja, poner en marcha un negocio, aprender una habilidad, criar un hijo o pasear un perro.

La forma en que apostamos las fichas es lo único que podemos controlar en la vida y es el factor que tendrá un mayor impacto en nuestro éxito, felicidad, relaciones, desarrollo intelectual, bienestar mental y legado.

Aunque nunca podrás recuperar tus fichas una vez apostadas, si destinas algunas de ellas a actividades que mejoren tu salud, el crupier te dará unas cuantas fichas adicionales.

El juego termina cuando te quedas sin fichas y, una vez que se acaba, no puedes quedarte con nada de lo que has ganado.

Con esto presente, deberías ser consciente de a qué premios apuestas en tu intento de ganar: tendrías que dar prioridad a las cosas que te hacen feliz, y dejar de intentar conseguir aquellos premios que cuestan mucho trabajo y solo te dan a cambio negatividad, ansiedad y quimeras.

Si de verdad me quedaran 400.000 fichas, es probable que apostase 133.333 en dormir. Si llego a la media de esperanza de vida, significa que colocaré unas 50.554 fichas en navegar de forma mecánica por las redes sociales, 30.000 en comer y beber, y 8.333 en ir al baño. Esto me deja unas 200.000 fichas, o 200.000 horas, es decir, alrededor de 8.000 días para alcanzar mis objetivos, cuidar mis relaciones, tener hijos, dedicarme a mis aficiones, viajar, bailar, aprender, hacer deporte, pasear a mi perro y vivir el resto de mi vida.

No estoy diciendo esto para asustarte.

Lo digo para que te des cuenta de lo increíblemente importante, preciosa y valiosa que es cada ficha, cada hora de tu vida. Es esa conciencia clara de la importancia de tu tiempo, provocada por la conciencia clara de nuestra muerte inminente, lo que nos mueve a apostar cada ficha con una intención definida, a no permitir que nos las arrebaten de las manos las distracciones digitales, sociales y psicológicas, a apostarlas con cuidado, ficha a ficha, en lo que de verdad importa.

A los cincuenta años, Steve Jobs pronunció una de las conferencias inaugurales de un curso universitario más vistas de todos los tiempos. Al final de la charla, dijo: «Ser consciente de mi mortalidad es la herramienta más importante que he encontrado para ayudarme a tomar las grandes decisiones de mi vida».

Acababa de superar un cáncer que puso en peligro su vida (aunque finalmente sucumbió a la enfermedad en 2011), lo que le llevó a decir que «la muerte es probablemente el mejor invento de la vida». Jobs creía que el carácter inevitable de la muerte podía inspirar a las personas a perseguir sus pasiones, asumir riesgos y definir su propio rumbo en la vida. Imploró a su audiencia de estudiantes que evitara desperdiciar su existencia tratando de estar a la altura de las expectativas de los demás y les recordó que su tiempo era limitado.

De todas las cosas que Steve Jobs podría haberles dicho a aquellos jóvenes e impresionables universitarios, enfrentarse a su propia mortalidad hizo que sintiera que la más importante era recordarles su propia fugacidad.

★ LA ECUACIÓN DE LA DISCIPLINA

Al escribir esta ley, me planteé la posibilidad de explicar unas cuantas tácticas, consejos prácticos y trucos de gestión del tiempo. Hay más de los que puedo nombrar: el método pomodoro, la división en bloques de tiempo, la regla de los dos minutos, la matriz de Eisenhower, el método ABCDE, el de Ivy Lee, la agrupación de tareas, el método Kanban, la lista de pendientes de un minuto, la regla 1-3-5, el método de cajas de tiempo, la estrategia Seinfeld, las cuatro D de la gestión del tiempo, la solución de dos horas, el método de la acción... Podría seguir y seguir.

Lo cierto es que el motivo por el cual hay tantos «métodos», «técnicas» y «estrategias» es el mismo por el cual existen tantas dietas de moda: porque, siendo honestos, en el fondo ninguna resuelve el problema de verdad. No hay ningún sistema de gestión del tiempo, método para terminar con la procrastinación o truco para aumentar la productividad que vaya a darte lo único que necesitas para mantener el rumbo, tomar las decisiones correctas y concentrarte en lo que importa a largo plazo: disciplina.

Si tienes disciplina, cualquiera de los cientos de métodos, trucos y consejos disponibles funcionará. Si no tienes disciplina, ninguno lo hará.

Así que, en lugar de hablarte de «métodos» de productividad que si no tienes disciplina no serás capaz de seguir a rajatabla, mejor hablemos de ella.

Para mí, la disciplina es el compromiso firme de perseguir un objetivo, independientemente de los niveles fluctuantes de motivación, mediante el ejercicio constante del autocontrol, el retraso de la gratificación y la perseverancia.

Las razones psicológicas de la disciplina a largo plazo pueden ser múltiples y estar influidas por una combinación de rasgos personales, mentalidad, regulación emocional y factores ambientales.

Sin embargo, cuando pienso en las áreas clave de mi vida en las que la disciplina se ha mantenido constante a lo largo de años y décadas —en mi régimen de alimentación y entrenamiento, en mis empresas, en mis relaciones sentimentales e incluso familiares—, resulta evidente que existen tres factores centrales que conforman lo que denomino «ecuación de la disciplina»:

1. El valor que le atribuyes a alcanzar el objetivo.
2. Lo psicológicamente gratificante y motivador que es el proceso de perseguir el objetivo.
3. Lo psicológicamente duro y desmotivador que es el proceso de perseguir el objetivo.

★ DISCIPLINA = EL VALOR DEL OBJETIVO + LO GRATIFICANTE DEL PROCESO DE PERSEGUIRLO - EL COSTE DE ESE PROCESO

Deja que use como ejemplo pinchar discos. Llevo un año aprendiendo a hacer de *disc-jockey*. He practicado de forma regular durante una hora, cinco días por semana, durante los últimos doce meses.

El valor del objetivo: me apetece mucho convertirme en *disc-jockey* y producir mis propias canciones, porque estoy obsesionado con la música, me encanta pinchar y después de una primera actuación frente a seis colegas en mi cocina, y luego frente a 3.000 personas en una fiesta, me he enganchado al modo en que la música en directo puede hacer que nos sintamos yo y una sala llena de gente.

Lo gratificante del proceso de perseguirlo: descargar música nueva cada semana, enfrentarme al desafío de mezclarla de nuevas maneras y adentrarme en el flujo terapéutico de pinchar ha sido increíblemente gratificante en términos psicológicos y, gracias al poder del progreso (del que hablaremos en la ley 29), que pone de relieve el modo en que la sensación de progreso genera motivación, me involucro a fondo en el proceso.

El coste de ese proceso: el tiempo que dedico a practicar, la energía que necesito para concentrarme y la leve ansiedad que tengo que sobrellevar para actuar en público.

Dado que el valor del objetivo y lo gratificante del proceso superan su coste, mi disciplina (a pesar de las fluctuaciones de mi motivación) se ha mantenido firme.

★ CÓMO INFLUIR EN TU ECUACIÓN DE LA DISCIPLINA

Por culpa de mi ignorancia, inseguridad e inmadurez, pasé los últimos años de mi adolescencia y los primeros de mi juventud empeñado en perseguir objetivos económicos, románticos y de prestigio social. Como adultos, tendemos a buscar validación en las cosas que nos hicieron sentir poco valiosos de jóvenes, y en mi caso era todo lo que acabo de mencionar.

¿Era consciente de que a mis acciones las guiaba mi inseguridad? Para nada. A decir verdad, no las «guiaban», sino que las «llevaban a rastras». ¿Llegaba a comprender la verdadera meta a la que aspiraba? En realidad, no. Pensaba que la riqueza, el éxito y la validación externa eran mis objetivos, cuando, en verdad, el objetivo subyacente era aplacar mis inseguridades más arraigadas y las humillaciones de mi infancia. No sabía qué era lo que me arrastraba, ni tampoco hacia dónde lo hacía.

Sospecho que es el caso de la mayoría de los que leéis este libro. Sospecho que la mayoría de vosotros no tenéis una idea auténtica y fundamentalmente clara de cuáles son vuestros objetivos, ni de por qué os importan de verdad.

Para determinar el primer factor de la ecuación de la disciplina, el valor que se le atribuye a alcanzar el objetivo, tienes que tener tu meta muy clara y establecer con precisión por qué lograr ese objetivo es intrínseca y auténticamente importante para ti. Hacerlo ayuda a definir sistemas y señales que te recuerden de forma regular el valor de tu objetivo.

Es aquí donde se ha comprobado científicamente que la visualización tiene un gran peso. Una vez que podemos vernos allí y lo visualizamos como un gran lugar en donde estar, aumenta el valor percibido (el primer factor) de llegar allí.

De media, una persona pasa 3,15 horas al día en su teléfono móvil; en mi caso son más de cinco, de modo que he convertido mi fondo de pantalla en un *collage* de visualización. Cuando se mira el móvil durante tres horas al día, tener un fondo de pantalla que refuerce el valor que le atribuyes a los objetivos de tu vida puede tener una enorme influencia sobre el inconsciente.

En cuanto al segundo factor de la ecuación de la disciplina, es decir, lo gratificante que puede resultar la persecución del objetivo, debes hacer todo lo posible por disfrutar del proceso y emplear tácticas psicológicas para conservar un nivel alto de compromiso.

He conseguido mantener la disciplina de ir al gimnasio seis días a la semana durante tres años consecutivos. No solo mi fisiología me recompensa con un subidón natural de dopamina cada vez que lo hago, sino que he creado a propósito un sistema de responsabilidad y ludificación para maximizar mi compromiso con el proceso.

He creado algo que se llama «el *blockchain* del deporte», que en esencia es un grupo de WhatsApp del que forman parte diez de mis amigos y al que cada día enviamos una captura de pantalla del entrenamiento que hemos hecho, tomada del dispositivo portátil de medición de la actividad física que empleamos. A final de mes, se expulsa del grupo a la persona menos constante y se añade a una nueva persona por sorteo; los tres miembros más constantes reciben medallas de oro, plata y bronce, y cada medalla da puntos que se suman en una tabla clasificatoria.

Las conversaciones diarias, la ceremonia de entrega de medallas de final de mes, las bromas, la relación que se establece entre los miembros del grupo, el riesgo de ser expulsado y la competencia crean lo que se conoce como un pacto social: un acuerdo mutuo entre individuos que se apoyan y se hacen responsables de alcanzar sus objetivos. La ciencia ha probado que ese tipo de ludificación —incorporar elementos del juego, como las recompensas, los puntos y los desafíos— ayuda a la rendición de cuentas e incrementa el disfrute y, por lo tanto, el compromiso con el proceso.

El grupo de WhatsApp no solo ha hecho que el proceso sea mucho más agradable y motivador (segundo factor), sino que también ha conseguido que el propio objetivo (estar más en forma y más sano) sea más valioso (primer factor), porque ahora puedo ganar un título imaginario y divertirme restregándoselo a la cara a mis mejores amigos durante varios meses.

Para que tu disciplina a largo plazo sea sostenible, debes hacer todo lo posible por limitar la fricción psicológica y los obstáculos materiales asociados al proceso de persecución del objetivo, y aquí es donde entra en juego el tercer factor de la ecuación de la disciplina: el coste psicológico.

Cualquier cosa que haga que el proceso resulte intrínsecamente menos agradable (haciéndolo parecer demasiado difícil, demasiado complicado, que provoque demasiadas reacciones negativas, demasiado injusto, demasiado largo, demasiado caro, demasiado intimidante, no lo bastante autónomo, demasiado solitario o que no permita observar claramente el progreso) incrementará el coste percibido del proceso de perseguir el objetivo y, por lo tanto, reducirá las posibilidades de mantener la disciplina.

Cuando me embarqué en el proceso de aprender a hacer de *disc-jockey*, tuve claro que me sería más fácil mantener una disciplina a la hora de practicar si los costes eran lo más bajos posible y los obstáculos, mínimos. Con eso en mente (también el bucle del hábito de la ley 8 que pone de manifiesto el poder de las señales), instalé mi equipo de pinchadiscos en la mesa de la cocina, muy a la vista, durante todo el año, y me aseguré de solo tener que apretar un botón para encender el sistema y comenzar a practicar.

Si lo hubiera tenido guardado y hubiese necesitado veinte minutos para prepararlo para cada sesión, o incluso si lo hubiera instalado en un cuarto vacío donde no lo viera tan a menudo, estoy completamente convencido de que mi disciplina hubiera flaqueado. La fricción percibida del proceso es un lastre para las posibilidades de alcanzar tu objetivo: debes trabajar para eliminar cualquier factor que añada un coste psicológico y/o te desvincule del proceso.

Recuerda: **disciplina = el valor del objetivo + la recompensa del proceso de perseguirlo - el coste de ese proceso.**

«No tenemos que ser más listos que los demás. Tenemos que ser más disciplinados.»

Warren Buffett

★ LEY: LA ECUACIÓN DE LA DISCIPLINA = MUERTE, TIEMPO Y DISCIPLINA

El éxito no es difícil, no es magia y no tiene ningún misterio. La suerte, el azar y la fortuna pueden darte un empujón, pero el resto será un subproducto del modo en que decidas usar tu tiempo. En gran parte depende de encontrar algo que nos cautive lo suficiente como para perseverar a diario y un objetivo que nos entusiasme lo suficiente para mantenernos firmes en nuestra búsqueda. El éxito es la encarnación de la disciplina; aunque puede que no sea fácil, sus principios fundamentales son maravillosamente simples.

Ser selectivo
a la hora de
decidir cómo
pasas tu tiempo
y con quién lo
pasas es el mejor
signo de amor
propio.

Del pódcast *The Diary of a CEO*

PILAR IV
EL EQUIPO

LEY NÚMERO 28

PREGUNTA QUIÉN, NO CÓMO

Esta ley explica cómo crear empresas, proyectos u organizaciones increíbles de la manera más fácil, sin que tú tengas que aprender más o hacer más.

Al otro lado de la mesa estaba Richard Branson, uno de los empresarios más famosos del mundo, aventurero, viajero espacial y fundador de Virgin Group. Me habían invitado a una proyección privada en Manhattan de un nuevo documental sobre su vida y le había pedido dos horas de su tiempo al día siguiente porque quería entrevistarlo para mi pódcast *The Diary of a CEO*. Me explicó lo siguiente:

> Yo de niño era disléxico y no me iba bien en la escuela. Llegué a asumir que debía de ser un poco tonto. Sabía sumar y restar, pero nada más complicado que eso.
>
> Cuando tenía unos cincuenta años, en una reunión del consejo de administración le pregunté a un miembro del consejo si lo que me estaba contando era bueno o malo. Otro de los miembros me dijo: «Sal conmigo fuera, Richard». Salí fuera y me preguntó:
>
> —No sabes cuál es la diferencia entre beneficio neto y bruto, ¿verdad?
>
> —No —contesté.
>
> —Ya me lo parecía —dijo.
>
> Sacó una hoja de papel y unos rotuladores y pintó la hoja de azul. Luego dibujó una red de pesca y, dentro de ella, un pececito.

—El pez que está en la red es tu beneficio al finalizar el año y el resto del océano es tu facturación bruta —anunció.

—Ah, ya entiendo —respondí.

En realidad no importa. Para quien dirige una empresa, lo importante es ser capaz de poner en marcha la mejor empresa del sector. Las cuentas las puede hacer otra persona. Claro que ayuda saber sumar y restar, pero si no eres bueno en eso, yo no me preocuparía demasiado. Puedes encontrar a otra persona que lo sea.

A mí se me da bien la gente. Puedo confiar en la gente. Me rodeo de gente muy buena. Es lo que tiene ser disléxico: no tuve otra opción que delegar.

Me quedé allí en silencio, pasmado. Fue extremadamente liberador, inspirador y motivador escuchar a un empresario multimillonario, casi una estrella de rock, con un grupo empresarial formado por cuarenta empresas que dan trabajo a 71.000 empleados y generan 24.000 millones de dólares en ventas anuales, decir que no sabe leer bien ni llevar demasiado las cuentas y que eso «no importa».

Fue como música para mis oídos, no solo porque era una confesión sincera y que lo humanizaba, sino también porque consiguió que me sintiera un poco menos un impostor. A mis veintidós años, la empresa que había fundado generaba cientos de millones de dólares en ventas y empleaba a cientos de personas en todo el mundo y yo pasaba la mayor parte del tiempo viajando entre nuestras sedes de la Europa continental, Reino Unido y Estados Unidos. Pero, en algún lugar dentro de mí, algo me decía que yo no era un CEO de verdad, porque no soy ningún genio de las matemáticas, la ortografía o la mayoría de los aspectos operativos de la gestión de una empresa. En los últimos diez años, he concentrado mi energía en crear los mejores productos que he sido capaz de imaginar y he delegado todo lo que no me gusta hacer y que no sé hacer (suele ser lo mismo) a alguien mucho más capaz, experimentado y seguro.

Es algo que siempre me ha funcionado —hace tiempo que perdí la esperanza de convertirme en experto en las cosas que no se me dan bien y con las que no disfruto—, pero que es incompatible con los consejos que dan las escuelas de negocios, los libros de iniciativa empresarial y los blogs sobre cómo triunfar en los negocios, que afirman que para tener éxito tienes que ser bueno en muchos aspectos.

Entrevisté al cómico Jimmy Carr en mi casa de Londres y corroboró mi punto de vista con buen humor y sabiduría:

> Creo que tal vez en la escuela se nos enseña la lección equivocada. Se nos enseña a ser mediocres y polifacéticos. Pero vivimos en un mundo que no premia a los polifacéticos. ¿A quién coño le importan los polifacéticos? Si suspendes Física y sacas un sobresaliente en Lengua, ve a clases de Lengua... «Haremos que saques un aprobado en Física.» ¡Venga ya, si algo no necesita el mundo es a alguien a quien se le dé de pena la Física! Así que descubre para qué tienes un talento natural, qué es lo que haces mejor, y ve a por ello.

Esta declaración de Jimmy parece resumir perfectamente la estrategia que he seguido en los últimos diez años. La verdad es que, tal como lo demuestra mi porcentaje del 31 por ciento de asistencia a clase y mi posterior expulsión, se me da muy mal hacer cosas que no disfruto. Esto ha resultado ser un superpoder, porque me ha permitido dedicarme al cien por cien a aquellas cosas que se me dan bien y de las que disfruto.

En los negocios —sobre todo si sueñas con crear una empresa realmente grande— no se trata de aprender cómo se hace algo, sino de saber quién puede hacerlo por ti. En los negocios, todo es cuestión de personas. Todas las compañías, sean conscientes de ello o no, no son más que agencias de contratación. Todos los CEO y los fundadores serán juzgados por su capacidad para 1) contratar a los mejores y 2) vincularlos con una cultura empresarial que saque lo mejor de ellos, donde se conviertan en algo más que la suma de sus partes, donde uno más uno sea igual a tres. Si yo hubiera contratado al Richard Branson de dieciséis años y hubiese creado a su alrededor una cultura empresarial que sacara lo mejor de él, habría tenido en mis manos una empresa de 20.000 millones de dólares.

Los emprendedores, en especial los inexpertos, tienden a exagerar su propia importancia; caen en la trampa de creer que sus resultados los decidirán su genialidad, sus ideas y aptitudes.

Lo cierto es que tu destino lo definirán la suma total de la inventiva, las ideas y la capacidad ejecutiva del grupo de personas que reúnas. Todas tus ideas, todo lo que pongas en marcha, tu marketing, tus productos, tu estrategia; todo saldrá de las mentes de las personas que contrates.

Eres una agencia de contratación: esa es tu prioridad, y los emprendedores que lo comprenden son los que ponen en marcha empresas que cambian el mundo.

«Creo que el trabajo más importante de alguien de mi posición es la contratación. Le damos mil vueltas a cada una.

Gran parte de mi éxito se debe a haber encontrado a las personas que de verdad tienen talento, a no conformarme con jugadores de segunda o tercera, sino ir a por los de primera. No tiene sentido contratar a personas inteligentes y decirles lo que tienen que hacer; contratamos a personas inteligentes para que nos digan a nosotros lo que tenemos que hacer.»

Steve Jobs

★ LEY: PREGUNTA QUIÉN, NO CÓMO

Cuando algo debe hacerse, nos han enseñado a preguntarnos «¿cómo puedo hacerlo?». Pero lo que deberíamos preguntarnos en realidad, la pregunta que se hacen por defecto los mejores emprendedores del mundo es: «¿Quién es la persona más indicada para hacer esto por mí?».

Tu ego insistirá en que lo hagas tú.

Tu potencial insistirá en que delegues.

Del pódcast *The Diary of a CEO*

LEY NÚMERO 29

CREA UNA MENTALIDAD DE SECTA

Esta ley explica cuál es el secreto para forjar una gran cultura empresarial en cualquier equipo, empresa u organización.

> <<Deberías dirigir tu start-up como si fuese una secta.>>
>
> **Peter Thiel, cofundador de PayPal.**

En inglés existe una expresión, *drinking the Kool-Aid* («beberse el Kool-Aid»), que se empla cuando alguien se ha creído una gran mentira, que tiene un origen muy curioso.

La frase nace de un suicidio colectivo, la máxima expresión del pensamiento de grupo.

Jim Jones era el líder de la secta Peoples Temple. En 1978 les lavó el cerebro a sus seguidores y les hizo creer que se acercaba el fin del mundo. Un día, siguiendo sus instrucciones, más de novecientos de sus discípulos —entre ellos mujeres y niños— acabaron con sus vidas bebiendo Kool-Aid (un tipo de refresco) mezclado con cianuro.

★ ES CASI IMPOSIBLE QUE UN NEGOCIO SE CONVIERTA EN UNA SECTA CON TODAS LAS LETRAS

Las sectas son venales, siniestras y manipuladoras, y recurren al lavado de cerebro como método psicológico para controlar a sus miembros. Necesitan de un líder que impida que sus seguidores piensen por sí mismos. En cambio, las empresas modernas que operan en este mundo tan cambiante, impredecible y turbulento exigen que los empleados de todos los niveles sean capaces de pensar de forma independiente. Lo último que deberías querer, si eres un directivo, son empleados incapaces de tener ideas propias.

Sin embargo, tal como señala Jim Collins en su famoso libro *Empresas que perduran*, no hay nada de malo en que los empleados asuman un compromiso similar al de una secta hacia determinados valores. Collins advierte que los arquitectos de las empresas visionarias fomentan esta práctica de manera deliberada, en vez de confiar únicamente en la ética laboral, los ideales o la capacidad de ejecución de sus empleados.

Las sectas son instituciones horribles y diabólicas. Se aprovechan de la vulnerabilidad, la inseguridad y el sentido de la lealtad de las personas. De ninguna manera te estoy animando a replicar su inmoralidad, su perversidad o sus fantasías. Sin embargo, me fascina y me desconcierta que un grupo de personas pueda llegar a comprometerse y entregarse a una causa, una marca o una misión hasta el punto de tomar la fatídica decisión de dar su vida por ella.

He conocido a los CEO de varias de las empresas más importantes del mundo, algunas de las cuales son —en sus propias palabras— «de culto» para sus seguidores. Algunas tienen también una cultura empresarial similar a la de una secta y otras se han referido a una «mentalidad sectaria» en el momento de fundación de la empresa.

En palabras de Peter Thiel, el multimillonario germano-estadounidense cofundador de PayPal:

> Toda cultura empresarial puede trazarse dentro de un espectro lineal: las mejores *start-ups* podrían considerarse tipos de sectas no demasiado radicales. La mayor diferencia es que las sectas suelen estar completamente equivocadas en algo importante, mientras que los fundadores de una *start-up* de éxito están completamente en lo cierto sobre algo que a los demás se les ha pasado por alto.
>
> ¿Por qué trabajar con un grupo de personas que ni siquiera se llevan bien entre ellas? Adoptar una visión meramente profesional del lugar de trabajo, donde los empleados vayan por libre sobre una base transaccional, no es que no sea deseable, es que ni siquiera es racional. Tu tiempo es tu activo más valioso, y es extraño pasarlo trabajando con personas que no se imaginan un futuro juntas a largo plazo.
>
> Si te fijas en las camisetas que lleva la gente al trabajo en San Francisco, verás los logos de sus empresas, y eso es algo a lo que los trabajadores tecnológicos le dan mucha importancia. El uniforme de las *start-ups* encierra un principio simple pero fundamental: todo el mundo en tu empresa debe ser diferente de la misma manera, como una tribu de personas con ideas afines completamente leales a la misión de la compañía.
>
> Y, sobre todo, no entres en la guerra de las prestaciones. Cualquiera que se deje influir de verdad por un servicio de recogida de ropa de la lavandería gratis o por una guardería para mascotas no sería una buena incorporación para tu equipo. Cubre lo básico y luego promete lo que otros no pueden: la oportunidad de llevar a cabo una labor insustituible para resolver un problema específico junto con gente maravillosa.

Todos hemos visto alguna vez la imagen de un pequeño grupo de personas amontonadas frente a varios ordenadores en un cobertizo, sótano o apartamento, poniendo las bases de lo que acabará siendo la próxima gran empresa multimillonaria. Siempre parecen estar todos muy cansados y un poco desnutridos, pero también muy concentrados. Facebook, Amazon, Microsoft, Google y Apple, por enumerar algunas, comenzaron así. Todas estas empresas tenían atributos similares a los de una secta en sus primeros años y sus fundadores a menudo achacan su éxito a esa convicción y obsesión, a esa dedicación religiosa.

«La energía en una start-up es como la de un movimiento o una secta.»

Kevin Systrom, cofundador de Instagram

«Cuando estaba poniendo en marcha la empresa pensé: "¿Quién quiere estar en una secta? Suena terrible". Pero cuando eres una start-up, eso es exactamente lo que quieres crear. Quieres crear una empresa que de verdad levante pasiones.»

Tony Hsieh, ex CEO de Zappos

«Es una especie de secta, ¿sabes? La energía, el compañerismo y la sensación de tener una misión y un propósito.»

Evan Williams, cofundadora de Twitter

★ LAS CUATRO ETAPAS DE LA CREACIÓN DE UNA EMPRESA

Creo, por mi propia experiencia de haber creado más de diez *start-ups* que han funcionado muy bien y por lo que me han contado cientos de empresarios de éxito, que las mejores empresas atraviesan un proceso evolutivo que, por poco atractivo que pueda sonar para algunos, inicialmente se asemeja a una secta.

Las cuatro etapas de la vida de una empresa son las fases de secta, crecimiento, madurez y declive. En la fase de secta o fase «de cero a uno» los miembros del equipo fundador suelen estar tan consumidos por sus creencias ilusorias, su entusiasmo y sus prisas que lo dan todo y sacrifican su vida social, sus relaciones y, lamentablemente, su bienestar para que la empresa despegue.

En la fase de crecimiento, la empresa es un desastre entre bambalinas. Los empleados están sobrecargados de trabajo, apenas tienen recursos y muchas veces les falta experiencia. No cuentan con los sistemas, los procesos o el personal que necesitan para afrontar ese crecimiento, pero sienten que van en cohete hacia un lugar fabuloso, así que, a pesar de todo, se aferran a la nave con mucho entusiasmo, miedo y esperanza.

En la fase de madurez, los trabajadores entran en una situación de estabilidad. Pueden conciliar mejor, hay menos rotación de empleados y se definen las expectativas, los procesos y los sistemas.

La fase final, que es la de declive, acaba llegándoles a todas las empresas con el tiempo, por lo general debido a la aversión de riesgo, la complacencia y el afecto avestruz del que he hablado en la ley número 23.

La decisión más importante que tomarás a la hora de poner en marcha una empresa es elegir a los primeros diez trabajadores. Cada uno de ellos representa el diez por ciento de la cultura empresarial de tu compañía, de tus valores y de tu filosofía, así que elegirlos bien y amarrarlos a la cultura adecuada definirá tu empresa de manera irreversible. Cuando una cultura empresarial es fuerte, las nuevas incorporaciones se adaptan a ella. Cuando una cultura empresarial es débil, es ella la que acaba adaptándose a las nuevas incorporaciones. El empleado número once curiosamente tendrá unos valores y una filosofía parecidos a los de los otros diez.

«He descubierto que cuando reúnes a suficientes jugadores de primera, cuando haces el enorme esfuerzo de encontrar a cinco de esos jugadores de primera, disfrutan mucho de trabajar *juntos, porque nunca han tenido la oportunidad de hacerlo antes, y no quieren trabajar con jugadores de segunda y de tercera. Así que acaba produciéndose una autorregulación y solo quieren contratar a más jugadores de primera. Creas esos focos de jugadores de primera y se propagan. Así era el equipo de Mac, todos eran jugadores de primera.»*

Steve Jobs

El grupo inicial de diez personas es una ventana a la cultura empresarial que tendrá la compañía cuando seáis cien. Por eso las empresas que llegan a ser grandes empiezan pareciéndose a sectas: tienen claros sus valores, están entregadas a la causa y les obsesiona resolver un problema.

Aunque esa mentalidad insostenible se diluye a medida que la empresa recorre su inevitable ciclo vital, su esencia permanece en forma de un conjunto de valores claro que impregna todo lo que hace la empresa.

Así que la pregunta es: ¿cuáles son las características de una secta?

1. UNA SENSACIÓN DE COMUNIDAD Y DE FORMAR PARTE DE ALGO

«Las sectas le dan sentido y un propósito a la vida y hacen que sientas que formas parte de algo», explica Joshua Hart, profesor de psicología de la Union College especializado en el tema. «Ofrecen una visión clara y segura y hacen valer la superioridad del grupo. Y los fieles que anhelan paz, seguridad y sentirse parte de algo podrían conseguir no solo eso, sino también seguridad en sí mismos mediante la participación en el grupo.»

2. UNA MISIÓN COMPARTIDA

«Una secta es un grupo o un movimiento que comparte un compromiso con una ideología generalmente extrema», explica Janja Lalich, especialista en sectas. También tiene una clara identidad compartida, a veces hasta un uniforme; en el mundo de los negocios puede ser el logo de la empresa.

3. UN LÍDER INSPIRADOR

«En cuanto a los propios líderes, suelen presentarse como infalibles, seguros de sí mismos e imponentes. Su carisma atrae a la gente», dice Joshua Hart.

4. UNA MENTALIDAD DE «NOSOTROS CONTRA ELLOS»

Las sectas suelen tener un claro adversario. En el caso de la secta Heaven's Gate, la civilización entera y los no creyentes eran sus enemigos. En el mundo empresarial, suelen ser los competidores del sector, es decir, otros equipos con misiones contrapuestas.

«Cuando formas parte de una start-up, lo primero que tienes que creer es que vas a cambiar el mundo.»

Marc Andreessen, cofundador de Netscape y Andreessen Horowitz

★ LOS DIEZ PASOS PARA FORJAR UNA CULTURA EMPRESARIAL

1. Definir los valores principales de la empresa y alinearlos con aspectos como la misión, la visión, los principios o los objetivos para crear una base sólida para la compañía.
2. Integrar la cultura deseada a cada uno de los aspectos de la empresa, incluyendo las políticas de contratación, los procesos y los procedimientos, en todos los departamentos y funciones.
3. Acordar las pautas y normas de conducta que se espera que cumplan los miembros del equipo para promover un ambiente de trabajo positivo.
4. Establecer un propósito que trascienda los objetivos comerciales de la empresa, fomentando una mayor conexión para los empleados.
5. Utilizar mitos, historias, leyendas y vocabulario específico de la empresa, además de símbolos y hábitos, para fortalecer la cultura empresarial y hacer que arraigue en la conciencia colectiva.
6. Desarrollar una identidad única como grupo y cultivar un sentido de exclusividad y orgullo dentro del equipo.

7. Crear un ambiente en el que se celebren los logros, los progresos y la vivencia de la cultura empresarial, para dar alas a la motivación y el orgullo.
8. Fomentar el compañerismo, la comunidad y la sensación de pertenecer a algo entre los miembros del equipo, y alentar la dependencia mutua y el sentido de obligación colectivo para fortalecer la naturaleza interconectada del equipo.
9. Eliminar las barreras y permitir que los empleados se expresen con autenticidad, y aceptar su individualidad dentro de la organización.
10. Destacar las cualidades y contribuciones únicas, tanto de los empleados como del colectivo, posicionándolos como diferentes y excepcionales.

★ POR QUÉ NO DEBERÍAS FOMENTAR LA MENTALIDAD DE SECTA A LARGO PLAZO

Si quieres poner en marcha algo que dure muchos años la obsesión sectaria no será suficiente. En cualquier contexto las sectas —sobre todo en el ámbito empresarial— son fundamentalmente insostenibles, agotadoras a nivel emocional y, por lo tanto, ineficaces para alcanzar objetivos a largo plazo, tanto en los negocios como en la vida. El principio general más importante para cualquiera que desee lograr un objetivo empresarial a largo plazo es crear una cultura sostenible, donde las personas estén verdaderamente comprometidas con una misión que les interese, posean un alto grado de autonomía, sientan que su trabajo les plantea retos suficientes, tengan la sensación de que avanzan y progresan, y estén rodeadas por un grupo de personas solidarias y comprensivas con las que les guste trabajar y les brinden «seguridad psicológica».

Si lo consigues, estarás poniendo las bases para un éxito duradero.

★ LEY: CREA UNA MENTALIDAD DE SECTA

Una mentalidad y un compromiso similares a los de una secta por parte de tus trabajadores pueden ser sumamente útiles en la etapa inicial de una *start-up*; pueden definir la cultura empresarial y generar el entusiasmo necesario para lanzar una empresa nueva. Pero a medida que la empresa crezca necesitará desarrollarse para alcanzar objetivos más a largo plazo. Las sectas no son sostenibles.

Si la cultura
empresarial es fuerte,
las nuevas
incorporaciones
se adaptan a ella.

Si la cultura
empresarial es débil,
es ella la que acaba
adaptándose a las
nuevas incorporaciones.

Del pódcast *The Diary of a CEO*

LEY NÚMERO 30

LOS TRES LISTONES PARA FORMAR GRANDES EQUIPOS

Esta ley te muestra el modo en que los principales líderes del mundo deciden a quién contratar, despedir y ascender en sus empresas, y por qué necesitamos anteponer la cultura empresarial a todo lo demás a la hora de formar un equipo.

A sir Alex Ferguson mucha gente lo considera el mejor entrenador de fútbol de todos los tiempos. Ganó 38 trofeos a lo largo de sus 26 años al frente del Manchester United. En el verano de 2013, tras ganar la Premier League por última vez, anunció que se retiraba a la edad de 71 años.

Cuando en 1986 se unió por primera vez al equipo, que pasaba por una mala racha, Ferguson dijo: «Lo más importante del Manchester United es la cultura del club. Y la cultura del club la marca el entrenador». Hizo hincapié en que la cultura y los valores —no solo los jugadores y las tácticas— son lo que determina el éxito de un equipo. Según él, estos valores deben inculcarse en los jugadores desde el momento en que se suman al equipo y que todos en el club, desde los jugadores y entrenadores hasta el personal y los directivos, deben ocuparse de defenderlos.

Hace unos años, Patrick Evra, un jugador que se unió al Manchester en el año 2006, cuando el equipo ganaba un partido tras otro, me contó que Ferguson se había reunido con él en una sala apartada de un aeropuerto de Francia antes de firmar su posible incorporación al equipo.

«Sir Alex quería mirarme a los ojos y hacerme una pregunta. Me clavó los ojos y me dijo: "¿Estás dispuesto a morir por este club?". Yo respondí que sí y él enseguida extendió la mano desde el otro lado de la mesa y me dijo: "¡Hijo, bienvenido al Manchester United!".»

Ferguson creía que forjar una cultura fuerte y cohesionada dentro del club daría como resultado un equipo ganador sobre el terreno de juego y generaría un éxito sostenible a largo plazo. Tenía razón. Ningún otro entrenador, ni antes ni después, ha logrado imponerse con tanta estabilidad, regularidad y éxito como hizo Ferguson.

Un sello distintivo de su filosofía era no dejar nunca que un jugador se interpusiera en el camino de la filosofía del equipo, de su cultura o de sus valores. Se hizo famoso por utilizar la frase «nadie es más grande que el club» en las ruedas de prensa, y por traspasar inesperadamente a cualquier jugador que ya no encarnara «el estilo United», sin importar lo bien que jugara, lo famoso que fuera o cuánto lo necesitara en el equipo.

He entrevistado a cinco exjugadores del Manchester United en los últimos años, y todos ellos me dijeron que una de las fortalezas de Ferguson era su capacidad para desprenderse de jugadores estrella, incluso cuando sus habilidades estaban en su apogeo.

Rio Ferdinand me contó:

> Jaap Stam era el mejor defensa del mundo en aquel momento y sir Alex lo despidió con un «¡hasta luego!». David Beckham estaba en lo más alto de su carrera y lo dejó ir. Ruud van Nistelrooy era el máximo goleador del United, y lo sacó del equipo. Ese hombre veía venir las cosas antes que nadie.

Bajo el liderazgo de Ferguson, Beckham llegó a ser considerado por muchos el mejor centrocampista derecho de toda Europa. Pero el entrenador se fue cansando de los paparazzi que perseguían constantemente a Beckham tras su boda con una estrella del pop, Victoria. Al dispararse su popularidad, Beckham se convirtió en una distracción cada vez mayor, y generaba todo lo contrario a lo que sir Alex quería para la cultura del equipo. Así que, al verano siguiente Beckham fue vendido al Real Madrid.

Otro ejemplo es el de Keane, capitán del United en la época dorada. Ganó siete títulos con el club y, en 1999, llevó al equipo a conseguir el triplete (la Premier League, la FA Cup y la Champions League). Pero tras varias discusiones durante los entrenamientos y unos cuantos arrebatos en entrevistas en las que criticó a sus compañeros, el locuaz centrocampista terminó distanciándose de Ferguson y fue vendido al Celtic en 2005.

Ruud van Nistelrooy fue uno de los goleadores más prolíficos de la historia del United. Pero después de que un día saliera enfurecido del campo por haber sido enviado al banquillo en el último partido de la temporada, nunca más se lo volvió a ver en el club.

Un directivo del montón, ya sea en el deporte o en la empresa, no tendría ni el valor, ni la visión, ni la convicción necesarias para tomar semejantes decisiones, tan cruciales como audaces. Despedir a tu empleado más valioso porque desafía a tu cultura de equipo resulta problemático. Pero todo gran dirigente deportivo o empresarial al que he entrevistado sabe instintivamente que más problemático aún es dejar que una manzana podrida, por más talento que tenga, eche a perder al resto.

«Lo más duro que tuve que aprender fue a despedir a gente. Hay que hacerlo para proteger la integridad de la empresa y la cultura del equipo».

Richard Branson

Barbara Corcoran es una empresaria estadounidense de 73 años de edad, inversora del grupo Shark Tank y fundadora de un imperio inmobiliario en Nueva York de mil millones de dólares. En la entrevista que le hice, destacó la enorme importancia de eliminar las «influencias tóxicas» de tu equipo antes de que infecten a tus otros «hijos» (empleados).

> Me moría de ganas de despedir a los empleados negativos y que no encajaban en el equipo. Echaban a perder a los buenos. Las personas negativas siempre necesitan a alguien con quien compartir su negatividad. Hay que deshacerse de ellas. Nunca he aguantado a una persona negativa que no encaje en la cultura de la empresa más de un par de meses. Esas personas son como ladrones que se meten en tu casa de noche; te quitan la energía, y tu energía es tu activo más valioso.

De lo que más me arrepiento, en términos empresariales, es de haber dudado si despedir a alguien que sabía tenía un impacto negativo en la cultura de mi empresa. Tal como remarca Corcoran, esas personas son contagiosas: tienen el poder tóxico de convertir a los miembros más jóvenes, capaces y con mayor potencial del equipo en personas aprensivas, negativas y mediocres.

«Una manzana podrida podría costarte perder muchas otras buenas.»

CEO de General Electric

La *Harvard Business Review* realizó un estudio sobre los efectos de los malos empleados en una compañía. El objetivo era entender cómo se propagan las ideas y los comportamientos nuevos entre compañeros de trabajo. A partir de expedientes reglamentarios y del análisis de las quejas realizadas por los empleados, el estudio descubrió que los trabajadores tenían un 37 por ciento más de probabilidades de cometer faltas de conducta en el trabajo cuando entraban en contacto con un empleado recién llegado con antecedentes de ese tipo de conductas. Por increíble que parezca, este estudio demuestra que los empleados tóxicos son de verdad contagiosos. Los resultados señalan que la mala conducta en el lugar de trabajo tiene un multiplicador social de 1,59, lo que significa que cada caso de mala conducta en una empresa se propaga —al igual que un virus— y deriva en 0,59 casos adicionales de mala conducta cuando a ese empleado se le permite quedarse.

Un exinvestigador de la Escuela de Negocios de la Universidad de Washington, Will Felps, le preguntó un día a su mujer si la situación en su trabajo seguía siendo preocupante. Ella le contestó: «No ha venido a la oficina en toda la semana, y hay mucho mejor ambiente».

La mujer de Felps se refería a un único compañero de trabajo particularmente tóxico que acosaba y humillaba con frecuencia a los demás miembros de su equipo, lo cual empeoraba el ambiente laboral, ya de por sí hostil. Pero cuando esta persona estuvo unos días de baja por enfermedad, pasó algo curioso, recuerda Felps:

> Todos comenzaron a ayudarse, a escuchar música clásica en la radio y a salir a tomar algo después del trabajo. Pero cuando ese empleado regresó a la oficina, las cosas volvieron a ser igual de desagradables que antes. Antes de aquella baja por enfermedad, mi mujer no había creído que este compañero tuviera un papel tan importante en la oficina, pero, tras observar cómo había cambiado el ambiente en su ausencia, se dio cuenta de que su impacto era negativo y profundo. Era, en verdad, la «manzana podrida» que echaba a perder el resto.

Intrigados por el impacto de este único individuo sobre todo un equipo, Felps y su compañero Terence Mitchell, profesor de empresa y psicología, examinaron veinticuatro estudios publicados sobre la forma en que interactúan los equipos y los grupos de empleados, y luego llevaron a cabo una investigación propia para demostrar hasta qué punto un único miembro «negativo» del equipo —alguien que no hace lo que le corresponde, que acosa a sus compañeros o que es emocionalmente inestable— puede hacer descarrilar a un equipo que, de otra forma, funcionaría bien. Y este tipo de persona es más común de lo que pensamos: resulta que la mayoría de la gente se ha encontrado con al menos una «manzana podrida» a lo largo de su carrera profesional.

Este estudio también indicó que la mayoría de las organizaciones no cuenta con formas efectivas de lidiar con los empleados negativos, especialmente en los casos en que el trabajador lleva mucho tiempo en la empresa, o cuenta con experiencia o poder dentro de ella.

Descubrieron que el impacto del comportamiento negativo superaba ampliamente al del positivo, lo cual significa que una única «manzana podrida» puede echar a perder la cultura del equipo, mientras que uno, dos o tres buenos empleados no pueden reparar el daño llevado a cabo.

Llegaron a la conclusión de que no despedir a una de estas «manzanas podridas» puede hacer que otros empleados caigan en la desmotivación laboral, repliquen su comportamiento o sufran aislamiento, ansiedad y miedo. El resultado es un deterioro de la confianza dentro del equipo y aún más desmotivación.

Los investigadores descubrieron algo que he comprobado una y otra vez a lo largo de mi carrera: ninguna persona que se va de una compañía la destruye, pero a veces una persona que se queda sí puede hacerlo.

«Una manzana podrida puede estropear todo el cesto, pero es importante recordar que el cesto puede limpiarse. Hay que pasar a la acción y eliminar a los individuos tóxicos para mantener una cultura positiva.»

Oprah Winfrey

★ LOS TRES LISTONES: DESPEDIR, CONTRATAR, FORMAR

No es fácil despedir a alguien. Todos los líderes mencionados entienden la importancia de proteger la cultura de una empresa a toda costa, pero también hablan de la complejidad, la angustia y el torbellino emocional que supone echar a una persona. Esta fricción psicológica, y el efecto avestruz que produce (véase la ley número 23), son la razón por la que procrastinamos, dudamos de nosotros mismos y evitamos hacer lo que sabemos que deberíamos hacer.

Con esa idea en mente, he inventado un sencillo esquema conceptual que he usado regularmente y con éxito con mis equipos directivos a lo largo de la última década para ayudarnos a superar esta fricción y ver con claridad a qué miembros del equipo contratar, ascender o despedir. Lo llamo «el esquema de los tres listones».

Lo primero es preguntarte (o preguntar a tu equipo directivo) algo muy simple en relación con un integrante del equipo en particular: «Si todos en la organización tuviesen los mismos valores culturales, la misma actitud y el mismo nivel de talento que este empleado, ¿el listón (la media) subiría, se quedaría igual o bajaría?».

Esta pregunta no busca similitudes en cuanto a las perspectivas, las experiencias o los intereses, la diversidad de pensamiento, la experiencia acumulada o la visión del mundo. Lo que sí busca es la similitud en cuanto a estándares, actitudes y valores culturales de la empresa.

Piensa primero en cualquier equipo del que formes parte —puede ser deportivo, de trabajo o creativo— y luego en una persona al azar de ese equipo. Pregúntate a continuación: «Si todos en el equipo encarnaran los valores culturales de esta persona, ¿el listón estaría más alto, igual o más bajo?

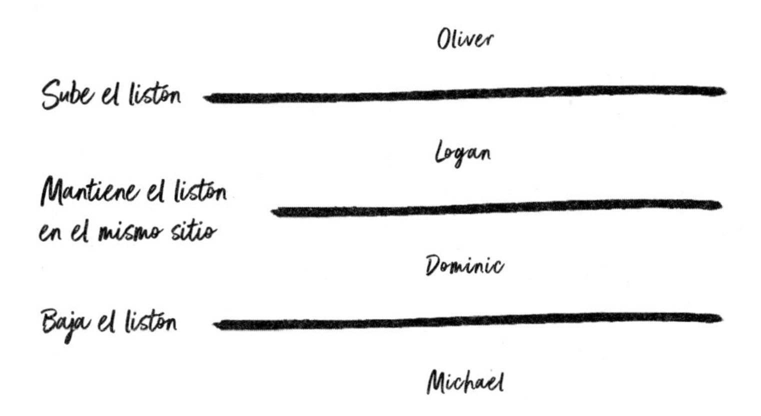

En esta imagen he puesto a cuatro personas hipotéticas en el lugar correspondiente según la respuesta a esta pregunta. Es fácil: a Michael —que baja el listón— hay que despedirlo, y a Oliver —que sube el listón— hay que ascenderlo a un puesto directivo. Según las investigaciones citadas, Michael ejercerá una influencia tóxica desproporcionada sobre la cultura del equipo y Oliver puede convertirse en una influencia positiva igual de desproporcionada sobre esa misma cultura si se le da la oportunidad de ascender dentro de la organización.

Este esquema ha resultado ser también increíblemente útil a la hora de valorar si los candidatos a una vacante van a estar a la altura de los estándares actuales de un equipo.

★ LEY: LOS TRES LISTONES PARA FORMAR GRANDES EQUIPOS

Cada vez que contrates a alguien, debes aspirar a subir el listón e, igual que hizo Alex Ferguson, si alguno de tus empleados actuales —independientemente de cuántos trofeos haya conseguido para ti en el pasado— comienza a bajarla, tienes que actuar con rapidez y decisión para evitar que su influencia destruya la sagrada cultura colectiva.

La definición de la palabra «compañía» no es otra que «grupo de personas».

Del pódcast ***The Diary of a CEO***

LEY NÚMERO 31

UTILIZA EL PODER DEL PROGRESO

Esta ley te explica cuál es la energía más importante que necesitas para que un equipo esté comprometido, motivado y satisfecho. Si consigues que tus empleados la sientan, disfrutarán de formar parte de tu equipo.

«Ganar medallas nos parecía algo muy lejano, una especie de montaña altísima, inalcanzable. La gente pensaba: Pero ¿cómo narices vamos a llegar desde donde estamos hasta allá arriba? ¿En qué podemos creer? ¿De dónde sacamos el impulso? ¿Cómo contagiamos el entusiasmo?»

Sir David Brailsford, exdirector de rendimiento de British Cycling, la federación de ciclismo inglesa, en el pódcast *The Diary of a CEO.*

Entrevisté hace unos años a sir David Brailsford, conocido por ser el cerebro de una teoría llamada «**ganancias marginales**». Su teoría se popularizó por la historia del equipo de ciclismo británico de 2008 y su éxito continuado en varios Juegos Olímpicos.

Antes de ese año, el ciclismo británico era el hazmerreír de la disciplina. En un intento de cambiar esta situación, la federación inglesa contrató a David Brailsford como director de rendimiento de equipo para que transformara su filosofía, estrategia y valores.

Brailsford estaba convencido de que una mejora de un 1 por ciento en todas las áreas se traduciría en un aumento significativo del rendimiento. Bajo su liderazgo, British Cycling dejó de pensar en hacer grandes cambios y comenzó a fijarse obsesivamente en los detalles más pequeños y simples: usar gel antibacteriano en las manos para reducir las infecciones, aplicar alcohol en los neumáticos de las bicicletas para un mejor agarre, rediseñar los sillines para más comodidad, cambiar las almohadas de las habitaciones de los deportistas para que durmieran mejor por las noches, someter a las bicicletas y a las prendas de competición a intensas pruebas de túnel de viento, etc.

Cinco años después de la llegada de Brailsford, el ciclismo británico ganó el 57 por ciento de todas las medallas de oro de ciclismo en ruta y en pista en los Juegos Olímpicos de Beijing de 2008, mientras que en los de Londres de 2012 estableció siete récords mundiales y nueve récords olímpicos. Entre 2007 y 2017, los ciclistas británicos ganaron 178 campeonatos mundiales, 66 medallas de oro olímpicas y paralímpicas, y cinco Tours de Francia. ¡El lapso de diez años más triunfal de un equipo en toda la historia del ciclismo!

Cuando entrevisté a Brailsford, le pregunté por qué centrarse en pequeños progresos marginales generaba un nivel de motivación, éxito y consistencia tan enormes, y él me dijo:

La gente quiere tener la sensación de que avanza y, si aspiramos a la perfección, fracasaremos, porque la perfección está muy lejos.

Así que, en lugar de buscar la perfección, centrémonos en conseguir algún tipo progreso, solo un poco, y eso nos hará sentir bien. Identifiquemos los aspectos básicos, hagámoslos bien, y después, a la semana siguiente, preguntémonos qué otras cosillas podríamos hacer.

Hay un millón de cuestiones que pueden influir en el rendimiento en el ciclismo. ¿Podríamos, no lo sé, cambiar nuestra dieta para que sea un poco mejor que la de esta semana y hacerlo de cara a la semana siguiente? Y todo el mundo dice: «Sí, claro que podríamos». De acuerdo, ¿qué más podríamos hacer? ¿Podríamos trabajar más en el gimnasio esta semana? ¿Podríamos cambiar un poco nuestra actitud? «¿Podríais hacer eso?» «Sí, podríamos.» Muy bien. Pues manos a la obra. Y llegas a la semana siguiente y preguntas: «¿Hemos hecho todo lo que dijimos que haríamos?» «Sí, lo hemos hecho. No hemos avanzado mucho, pero ¿sabes qué?, la sensación es muy buena.»

Y de pronto empiezas a notar que estás en movimiento. Y cuando uno nota que está en movimiento, se siente bien consigo mismo. Los pequeños avances son muy importantes para la gente y, cuando son conscientes de ello, se dan cuenta de que pueden volver a hacerlo al día siguiente.

En cambio, tratar de hacer algo grande es menos sostenible. Todos empezamos a toda máquina en el gimnasio en enero, y después, claro, para mediados de febrero ya hemos vuelto a abandonarlo. ¿Y eso por qué? Es bastante raro tener la capacidad de realizar un cambio importante y que sea sostenible en el tiempo, pero es bastante fácil hacer pequeños cambios graduales y que perduren en el tiempo. Y es esa perdurabilidad, creo yo, lo que marca la diferencia. No pensábamos nunca en los podios, ni en la línea de llegada, ni en los trofeos —ni hablábamos de eso—; pensábamos en las cositas que podíamos hacer ese mismo día para progresar.

Cuando creas esa atmósfera, todo el mundo siente el progreso y le sirve de revulsivo. Empiezan a aflorar todavía más ideas del equipo, y se llevan también a la práctica. Y se establece la idea de que estamos en movimiento, estamos cambiando, estamos haciendo pequeñas cosas porque nos tomamos la molestia de hacer las pequeñas cosas que otras personas no se molestan en hacer. Y eso marca la diferencia.

Y esto se lo digo a menudo al equipo, por ejemplo, cuando trabajamos hasta tarde, los llamo y les digo: «Venga, chicos, vamos a reunirnos un minuto. La razón por la que nos va tan bien es porque nos tomamos la molestia de hacer esas pequeñas cosas que todos esos otros equipos que ahora están en su cama en el hotel no se molestan en hacer». Y funciona, de verdad que funciona, funciona al cien por cien. Llevamos en esto veinte años. Y tiene mucho que ver con ese tipo de entusiasmo, y con la positividad que se deriva de interiorizar esos pequeños cambios, en lugar de verlos como una tarea. El progreso es una fuerza poderosa.

★ EL SUPERPODER DE LOS PEQUEÑOS LOGROS

El concepto de progreso se asocia con frecuencia a un resultado tangible, pero las investigaciones demuestran que el verdadero poder motivacional del progreso tiene más que ver con los sentimientos y las emociones que con los hechos y las estadísticas.

En palabras de la investigadora Teresa Amabile en la *Harvard Business Review*: «Los días en que los trabajadores sienten que avanzan en su trabajo, o cuando reciben el apoyo necesario para superar obstáculos, es cuando sus emociones son más positivas y el impulso por alcanzar el éxito está en su punto más alto».

La clave aquí está «en que los trabajadores sienten que avanzan en su trabajo».

Lo mucho o lo poco que avances es en cierto modo irrelevante para tu motivación. La cuestión es que si sientes que estás yendo hacia algún lado estarás motivado para seguir adelante.

Cuando te unes a un equipo desmotivado, que está pasando por un mal momento, la sensación psicológica colectiva se asemeja a la de un autobús de dos pisos detenido en el arcén de la carretera con los cuatro neumáticos pinchados. La inspiración y la convicción colectivas son la energía que hace funcionar a cualquier equipo; son lo que motiva su empuje, el aire de sus neumáticos y el combustible de su motor.

Sir David Brailsford lo tenía presente cuando se unió al alicaído equipo de British Cycling. Sabía que, en ese momento, alcanzar grandes logros tangibles no era tan importante como darle al equipo la sensación de que estaban logrando algo. Por eso primero se centró en los pequeños logros, porque es la manera más fácil de liberar el poder motivacional del progreso, de arrancar el autobús, llenar el depósito y poner en marcha las ruedas.

<<Estos pequeños logros son más importantes porque tienen muchas más probabilidades de producirse que los grandes avances que suceden en el mundo. Si nos limitáramos a esperar los grandes logros, tendríamos que esperar

mucho. Y probablemente abandonaríamos mucho antes de ver resultados tangibles. Lo que necesitamos, más que grandes logros, es el impulso hacia adelante que nos dan los pequeños».

Teresa Amabile

Gracias a su sensacional estudio, en el que analizó casi 12.000 entradas de diarios personales y de listas diarias de motivaciones y emociones, Amabile descubrió que «progresar en el trabajo —aun si se trata de un progreso gradual— está más frecuentemente asociado con emociones positivas y con una elevada motivación que cualquier otro evento de la jornada laboral».

Nir Eyal, autor de un libro emblemático, *Indistractible*, que revela las razones por las que los seres humanos procrastinamos, explicó en la entrevista que le hice que la única razón por la que la gente procrastina es por tratar de evitar algún tipo de «malestar psicológico» en su vida. Cuanto mayor es la tarea y menos capaces nos sentimos de realizarla, mayor es la procrastinación. Ese texto que tienes que escribir sobre un tema que no entiendes del todo, ese tema delicado que debes afrontar en tu relación y que probablemente derive en una discusión seria, ese negocio que quieres poner en marcha sin tener en claro por dónde empezar... Son retos que parecen montañas que hay que escalar, que causan un gran malestar psicológico y que, por lo tanto, nos llevan a procrastinar.

La clave para superar ese malestar y prevenir la procrastinación es «empequeñecer» la tarea, convertirla en microtareas fáciles y realizables.

Hacer que un objetivo suene y parezca realizable es algo que el gran experto en organización Karl E. Weick se ha dedicado a estudiar en profundidad a lo largo de sus décadas de investigación sobre la cuestión.

En 1984, Weick publicó un artículo de referencia en el que atribuía el fracaso de la sociedad para resolver los grandes problemas sociales a la forma en la que presentamos esos desafíos al mundo. «La gran escala a la que se conciben los problemas sociales suele frenar la innovación y la acción», se lamentaba. «Las personas suelen definir los problemas sociales de formas que superan su capacidad de hacer algo al respecto». Llegó al extremo de decir que la gente «no puede resolver los problemas a menos que piense que no son "problemas"»:

> Cuando la magnitud de un problema se hace más grande, disminuye la calidad del pensamiento y de la acción, porque se activan procesos como la frustración, la agitación y la impotencia.

Por lo tanto, la clave para la acción, la confianza y el movimiento es reducir la escala del desafío.

Weick reconoce que los pequeños logros «pueden parecer insignificantes», pero «una serie de logros» comienza a revelar «un patrón capaz de atraer a aliados, disuadir a los oponentes y reducir la resistencia a propuestas posteriores». Los pequeños logros «son compactos, tangibles, optimistas y no dan lugar a la controversia».

Hay muy pocos líderes que entiendan esto.

En un artículo de referencia publicado en la *Harvard Business Review* en 1968, el psicólogo estadounidense Frederick

Herzberg lanzó la hipótesis de que los individuos se sienten más motivados en su trabajo cuando disponen de «oportunidades de éxito».

Sin embargo, cuando la misma publicación encuestó a casi 700 directivos de diversas empresas y sectores de todo el mundo, descubrió que la mayoría de responsables, líderes y CEO ni creían en ello ni lo comprendían.

Cuando se les pidió que ordenaran las herramientas con un mayor impacto sobre la motivación y las emociones de los trabajadores, solo un 5 por ciento de los encuestados eligieron la opción de «progresar en el trabajo» como la motivación principal. El resto, el 95 por ciento, la ubicó en el último o en el tercer lugar.

La mayoría, de hecho, consideró que el factor más importante para motivar a los empleados y promover la felicidad es «el reconocimiento del trabajo bien hecho». Si bien el reconocimiento mejora sin duda las sensaciones del empleado hacia el trabajo, en última instancia estas dependerán de los logros.

Es clave que todo directivo entienda el poder transformador del progreso y las maneras en que es posible nutrirlo y catalizarlo. Es un conocimiento que puede ejercer una influencia significativa sobre el bienestar, la innovación, la motivación y el rendimiento creativo de los empleados.

★ CÓMO CREAR LA PERSPECTIVA DE PROGRESO EN UN EQUIPO

Los cinco métodos de la profesora Amabile pueden ayudarte a hacer más fácil el progreso de tu equipo y a cosechar aquellos beneficios más al alcance de la mano.

1. CREAR SENTIDO

Los seres humanos sentimos un deseo muy arraigado de hacer un trabajo que tenga un propósito. Steve Jobs lo utilizó a su favor, para, en 1983, convencer a John Sculley de que dejara

PepsiCo, donde estaba triunfando a lo grande, y se convirtiera en el nuevo CEO de Apple. «¿Quieres dedicar el resto de tu vida a vender agua azucarada o quieres tener la oportunidad de cambiar el mundo?», le preguntó. Su estrategia funcionó —Scully se unió a Apple poco después—, porque se centró en el significado del trabajo que hace Apple. El progreso estimula la motivación profesional, pero solo si el trabajo te importa.

En todas mis empresas, a lo largo de los últimos diez años, una de las cosas más valiosas que hemos hecho es establecer sistemas que garanticen que todos los integrantes de un equipo, en todos los departamentos, perciban el impacto significativo que su trabajo tiene en el mundo. En una de las empresas contamos con un canal interno llamado «Impacto», dedicado a compartir historias, testimonios y valoraciones impactantes sobre cómo los esfuerzos de los distintos integrantes del equipo han repercutido en la vida de personas reales de todo el mundo.

Es algo que los directivos no pueden dejar al azar; en un mundo cada vez más digital, en que nos movemos entre números, estadísticas y pantallas, es más fácil que nunca perder de vista el sentido que hay detrás de las métricas.

Cuando sentimos que nuestro trabajo no tiene sentido, la motivación se desvanece.

Según las 238 entradas de diario de los empleados de varios sectores, el factor que más rápido acaba con ese sentido es un equipo directivo que desestima el trabajo o las ideas de un empleado, suprime su sentido de la responsabilidad y la autonomía, y le pide que dedique tiempo a una tarea que luego se cancela, modifica o desestima antes de completarse.

2. ESTABLECER OBJETIVOS CLAROS Y VIABLES

Es importante que los dirigentes establezcan objetivos claros, para que los integrantes del equipo sepan exactamente qué tienen que lograr. El objetivo debe desglosarse en hitos más pequeños e intermedios, con una atención especial en los primeros logros para un mayor impulso. El progreso debe registrarse para garantizar que los pequeños logros no pasen desapercibidos.

En mis empresas usamos la metodología OKR (de «objetivos y resultados clave», por sus siglas en inglés), un sistema que fija objetivos de forma periódica, para garantizar que así sea.

3. BRINDAR AUTONOMÍA

Una vez que el resultado esperado está claro, es mejor dejar que los integrantes de los equipos tomen las riendas de la situación. Anímalos a trazar su propio camino a partir de sus habilidades y experiencia.

Una de las características más importantes de todos mis equipos ha sido darles a sus integrantes el espacio necesario tanto para fallar como para triunfar. Mi trabajo como CEO es hacer de facilitador comprensivo, no de microgestor crítico.

4. ELIMINAR LA FRICCIÓN

Los dirigentes deben actuar para retirar cualquier obstáculo, trámite burocrático o proceso de autorización que impida al equipo realizar progresos a diario, lo cual incluye identificar y brindar los recursos que los equipos necesitan para hacer su trabajo.

Como hemos visto en la ley número 20, eso es algo que yo he podido hacer de forma rápida y decisiva gracias a las reuniones frecuentes con todos mis directivos. Los integrantes de los equipos suelen saber muy bien lo que se interpone en su camino, pero los dirigentes rara vez se toman la molestia de preguntarles y, cuando lo hacen, no suelen actuar con la rapidez suficiente para resolverlo. Esto genera desconfianza y hace que los integrantes del equipo se vuelvan cada vez más reacios a denunciar las fricciones, lo cual genera inconvenientes más adelante.

5. DIFUNDIR EL PROGRESO

Los líderes deben señalar, difundir y elogiar el progreso al máximo. El reconocimiento refuerza el comportamiento, pero también sirve para demostrarles a otros equipos que el progreso está a su alcance.

En todas las empresas y equipos que dirijo, se le pide al responsable del equipo que envíe una actualización semanal a toda la compañía del progreso de su equipo esa semana. Este ritual ha sido muy útil a la hora de crear una sensación colectiva de «estar yendo hacia algún lado», como diría sir David Brailsford, y cuando las personas sienten que van hacia algún lado están más motivadas, se sienten más felices y se comprometen más con la dirección.

★ LEY: UTILIZA EL PODER DEL PROGRESO

Para resolver problemas, incentiva y celebra los pequeños logros. Eso proporciona un impulso constante hacia delante, lo que genera una atmósfera de éxito y la sensación positiva de que un equipo avanza hacia sus objetivos más ambiciosos. Cuando más motivados están los empleados es cuando están comprometidos con su trabajo y sienten que marcan la diferencia.

La sensación profesional más gratificante del mundo es la de estar avanzando.

Del pódcast *The Diary of a CEO*

LEY NÚMERO 32

SÉ UN LÍDER INCONSISTENTE

Esta ley te enseñará cómo convertirte en un auténtico gran dirigente y gestor siendo inconsistente.

Quedé con Patrice Evra, una leyenda del Manchester United que jugó de lateral izquierdo a las órdenes de sir Alex Ferguson durante casi una década, para averiguar qué era, en sus propias palabras, lo que hizo de Ferguson el mejor director técnico de todos los tiempos. Patrice empezó a hablar de inmediato sobre un día del año 2007 que ejemplificaba a la perfección la genialidad del entrenador.

Era la tarde del domingo 4 de febrero de 2007, un domingo frío y gris. El cielo de Londres estaba encapotado y caía una leve llovizna a la llegada del Manchester United al estadio de White Hart Lane, sede oficial, por aquel entonces, del Tottenham Hotspurs.

El equipo de Ferguson había comenzado la temporada en un estado de forma formidable, iba a la cabeza de la liga con una ventaja de tres puntos y aquel día se enfrentaba fuera de casa a un equipo en plena forma decidido a bajarle los humos al líder del campeonato.

La primera parte fue un combate tenso y ajustado en que ninguno de los dos contrincantes consiguió una ventaja clara. Ambos lucharon ferozmente por la posesión del balón y el centro del campo se convirtió en una maraña de patadas al aire y placajes. Sin embargo, un penalti fortuito a favor del Manchester United en el último minuto del primer tiempo le concedió al equipo de Ferguson una ventaja afortunada de 1-0 justo antes de que los jugadores se dirigieran al vestuario para la media parte.

Con el equipo ya dentro, Ferguson entró en el vestuario, se sentó y se quedó así, sin decir nada, durante tres minutos. El silencio llenó el ambiente de una tensión extraña; los jugadores aguardaban nerviosos y evitaban el contacto visual con el entrenador, que seguía mudo. Sabían que aquello no era una buena señal.

Evra estaba jugando lo que luego describiría como «el mejor partido de su vida». Había sido durante toda la primera parte una piedra en el zapato de la defensa del Tottenham, subiendo por la banda izquierda y centrando con precisión.

Patrice sonreía, bebía agua y recibía elogios de sus compañeros cuando notó que Ferguson lo estaba mirando fijamente. Así es como lo recuerda:

> Estaba jugando el mejor partido de mi vida. Te lo aseguro, estaba imparable. Volví al vestuario. Estaba relajado, contento, bebiendo agua. Mis compañeros me felicitaban, me decían: «¡Eh, Patrice, estás que te sales!». En ese momento entró Ferguson, se quedó sentado tres minutos y me clavó la mirada.
>
> —Patrice, ¿estás bien? —me preguntó.
>
> —Sí, estoy bien, míster —dije.
>
> —¿Estás cansado?
>
> Miré a los demás creyendo que estaba de broma. Quizá había una cámara oculta y me estaba tomando el pelo. Mis compañeros estaban igual de confundidos.
>
> —No, estoy bien —le dije.
>
> —¿Por qué le devolviste la pelota al portero? —continuó.

—Porque no tenía ninguna otra opción por delante, era lo único que podía hacer —expliqué.

—Si vuelves a hacer eso, vendrás a ver el resto del puto partido sentado a mi lado. Es el peor partido que has jugado desde que estás en el Manchester United —gritó—. Si devuelves de nuevo la pelota a la portería, te prometo que jamás volverás a jugar para este equipo.

No dije nada. Me estaba mordiendo la lengua. Nunca hubiese podido contestarle delante de mis compañeros. Todos estaban muy sorprendidos. «¿Qué está pasando?», pensaban.

El Manchester United salió del vestuario para afrontar la segunda parte del partido con energías renovadas, fuego interno en las entrañas y una mayor concentración. Dominaron el segundo tiempo, marcaron tres goles más y se impusieron por 4-0 al equipo local. Fue un resultado que sería recordado como una de las mayores victorias a domicilio del Manchester United. *The Independent* la describió como una «demolición divina de un equipo en su momento más dulce».

Patrice seguía perplejo a causa de la reprimenda de Ferguson en el descanso del partido.

Me duché y me vestí. No veía la hora de ir a dormir y volver al día siguiente para hablar con él sobre lo ocurrido. Por la mañana llamé a la puerta de su despacho y me invitó a pasar.

—Patrice, ¿cómo estás, hijo? ¡Ven y siéntate! —me saludó Ferguson.

—Míster, ¿qué pasó ayer? ¿Por qué me dijiste eso? —pregunté.

—Patrice, fuiste el mejor jugador del partido. Pero, ya sabes, Cristiano Ronaldo empezó a lucir sus habilidades en exceso, algunos de tus compañeros estaban desperdiciando oportunidades de balón, y cuando juegas en el Manchester United tienes que marcar un gol y después otro y otro más. No puedes marcar solo uno. Fuiste el mejor jugador, hijo. ¡Y ahora fuera de mi oficina!

Y se puso a silbar y a cantar y a reír.

Él sabía que yo podía aguantar la bronca. Me gritó a mí porque quería enviar un mensaje a los demás jugadores, a Cristiano, para asegurarse de que no se distraían y de que respetaban al Tottenham. Así que escogió al mejor jugador del partido, a un jugador que él sabía que podía aguantar aquello, para que el resto de los jugadores del equipo pensara: «Si trata así al que lo está haciendo mejor, más me vale que espabile». Eso es dirigir, eso es Fergie.

Es sorprendente, pero todos los jugadores del Manchester United con los que he tenido la oportunidad de hablar y a los que he entrevistado me han dicho que a sir Alex Ferguson no le importaban ni las tácticas, ni las estrategias, ni las formaciones. Le importaba, más que nada, sacar lo mejor de cada individuo, los valores y la actitud del equipo; no quería que se volvieran autocomplacientes.

Gary Neville, cuya carrera deportiva ha discurrido en su totalidad en el Manchester United de Ferguson, me dijo:

Sabía cómo llegarte al corazón, fueras quien fueras. Sabía cómo llegar a ti. Cuando quería motivarme, me hablaba de mis abuelos. A mi abuelo lo hirieron en la guerra, aún tiene trozos de metralla en el hombro. Así que sir Alex me decía: «¿Qué me dices de tus abuelos, que se levantaban todos los días, se ponían la corbata, trabajaban duro, iban a la guerra?». Que sir Alex me dijera eso a mí me servía para seguir adelante. A otro le decía algo completamente distinto. Apelaba a cada persona de una manera diferente, para asegurarse de que nunca bajara los brazos.

Rio Ferdinand, que fue defensa central y capitán del Manchester United durante doce años, me contó que la mejor cualidad de Ferguson era su capacidad para conocer a cada individuo y ser una pieza de puzle distinta para cada uno de ellos.

> Él entendía a la gente. Ni se le habría ocurrido tratar a dos jugadores de la misma manera. Tratar a todo el mundo igual no es la mejor forma de dirigir a un equipo. Todos somos diferentes, cuando alguien nos da un consejo todos nos lo tomamos de formas distintas. Lo mismo con las críticas. Por eso un dirigente o un entrenador tiene que conocer a cada individuo. Este era uno de los mejores rasgos de sir Alex Ferguson. Lo sabía todo sobre todos. Solo había visto a mi abuelo una vez, pero sabía cuál era su bebida favorita, y en cierta ocasión en la que lo ingresaron en el hospital, envió flores a la casa de mi madre... Sabía que eso era importante para mí. Son pequeñas cosas como esas las que me hacían luchar por él con más ganas.

Las palabras de otros futbolistas que jugaron para Ferguson resumen muy bien lo hacía de él un entrenador excepcional:

«Tenía maneras diferentes de tratar a los distintos jugadores. Sabía cómo sacar lo mejor de cada uno.»

Peter Schmeichel

«Fue muy duro conmigo, pero tenía que serlo. Vio en mí algo que no vio en otros jugadores, e hizo que me esforzara por dar lo mejor de mí.»

David Beckham

«Siempre sabía cuándo darme una patada en el trasero y cuándo un abrazo. Se le daba bien tratar a cada jugador de una forma diferente.»

Ryan Giggs

«Me trataba de un modo distinto que al resto de jugadores, pero en el buen sentido. Hizo que me esforzara por ser mejor, y creo que gracias a eso me convertí en el jugador que soy ahora.»

Wayne Rooney

«Me trataba de un modo distinto que al resto de los jugadores. Hablaba conmigo y me daba consejos. Me ayudó a convertirme en mejor jugador.»

Cristiano Ronaldo

★ EL ARTE DE SER UN LÍDER INCONSISTENTE

Todos los libros sobre gestión y liderazgo proclaman que virtudes como la consistencia, la previsibilidad y la ecuanimidad son la seña de identidad de todos los grandes líderes. Sin embargo, mi propia investigación de diez años sobre qué es ser un buen dirigente me ha demostrado lo contrario. Mi experiencia al frente de más de mil personas repartidas en cuatro empresas diferentes me ha enseñado que mi capacidad de adaptarme a cada individuo, de ser inconsistente en mi enfoque y de adaptarme con la destreza de un camaleón a fin de sacar lo mejor de cada integrante de mi equipo se correlacionan positivamente con mi capacidad para motivar.

Tal como hemos analizado en algunas de las leyes anteriores de este libro, los seres humanos no somos las criaturas racionales, lógicas y analíticas que creemos ser. Somos emocionales, ilógicos y nos mueven una multitud de impulsos emocionales, miedos, deseos, inseguridades y experiencias de la niñez. A la luz de todo ello, un enfoque de liderazgo genérico, de talla única, y centrado en la razón, la información y los hechos es sumamente inadecuado si lo que queremos es insuflar pasión, motivación y acción a cualquier grupo de personas.

Para que nosotros, como dirigentes, podamos convertirnos en esa pieza de puzle distinta para cada uno de los integrantes de nuestro equipo, debemos ser tan inconsistentes, emocionalmente cambiantes y fluctuantes como lo son las personas de ese equipo.

Según Rio Ferdinand, Ferguson era un actor magistral, capaz de fingir cualquier emoción, desde el enfado hasta la euforia, a fin de suscitar las emociones que él creía que servirían mejor al éxito del equipo.

> Era muy calculador. Siempre lo hablábamos con los demás jugadores. La forma en la que decía las cosas… Salía en televisión tras una derrota y, con toda la intención, se ponía a atacar al árbitro como un loco para desviar la atención de los jugadores. Lo hacía para que la atención no estuviera puesta sobre el equipo, para asegurarse de que no nos sintiéramos mal con nosotros mismos, para que estuviésemos motivados para el siguiente partido. Era muy calculador. Y el mejor gestor de equipos.

★ LEY: SÉ UN LÍDER INCONSISTENTE

Es imposible integrarse perfectamente en un equipo como una pieza de puzle a menos que conozcas la forma única de cada uno de sus integrantes. La perspicacia que sir Alex Ferguson demostró en esta cuestión fue legendaria, tal como atestiguan antiguos jugadores y miembros del equipo técnico, e incluso entrenadores rivales. Poseía un conocimiento enciclopédico de todo, desde las aficiones de las esposas de los jugadores hasta los nombres de sus mascotas, e incluso la marca de whisky preferida de sus abuelos, tal como me contó Rio Ferdinand. Pero lo más importante es que sabía que cada miembro de su equipo se movía por motivaciones muy diferentes. Mientras que a un jugador podía irle bien que Ferguson lo sometiera a su infame «secador de pelo» (que consistía en gritarle furioso en el vestuario o en el campo de entrenamiento), otro requería de un enfoque más compasivo, y a un tercero otro menos intervencionista. Por eso Ferguson no necesitaba ser el maestro táctico que muchos suponen que era, sino más bien un sabio emocional. Cuando se está en el negocio de motivar a personas, la gestión emocional lo es todo.

Los grandes líderes son fluidos, flexibles y proclives a las fluctuaciones.

Adoptan la forma que se necesita para completar tu motivación.

Del pódcast *The Diary of a CEO*

LEY NÚMERO 33

EL APRENDIZAJE NUNCA TERMINA

ESCANEA EL CÓDIGO:

www.the33rdlaw.com

BIBLIOGRAFÍA

LOS CUATRO PILARES DE LA GRANDEZA

Pilar I: El yo

Covey, S. R. (2004). *The 7 Habits of Highly Effective People: Powerful Lessons in Personal Change,* Simon & Schuster, Nueva York. [Hay trad. cast.: *Los 7 hábitos de la gente altamente efectiva,* Paidós, Barcelona, 2014.]

Duckworth, A. (2016). *Grit: The Power of Passion and Perseverance,* Scribner, Nueva York. [Hay trad. cast.: *Grit: el poder de la pasión y la perseverancia,* Urano, Barcelona, 2016.]

Langer, E. J. (1989). *Mindfulness,* Addison-Wesley, Reading, Massachusetts. [Hay trad. cast.: *Mindfulness: la atención plena,* Paidós, Barcelona, 2007.]

Pilar II: La historia

Brown, B. (2010). «The Power of Vulnerability», conferencia TED [Archivo de vídeo] <https://www.ted.com/talks/brene_brown_the_power_of_vulnerability?language=es>.

Godin, S. (2018). *This is Marketing: You Can't Be Seen Until You Learn to See,* Portfolio, Nueva York. [Hay trad. cast.: *Esto es marketing,* Alienta, Barcelona, 2019.]

Pink, D. H. (2005). *A Whole New Mind: Why Right-Brainers Will Rule the Future,* Riverhead Books, Nueva York.

Pilar III: La filosofía

Covey, S. R. (2004). *The 7 Habits of Highly Effective People: Powerful Lessons in Personal Change,* Simon & Schuster, Nueva York. [Hay trad. cast.: *Los 7 hábitos de la gente altamente efectiva,* Paidós, Barcelona, 2014.]

Haidt, J. (2006). *The Happiness Hypothesis: Finding Modern Truth in Ancient Wisdom,* Basic Books, Nueva York. [Hay trad. cast.: *La hipótesis de la felicidad: la búsqueda de verdades modernas en la sabiduría antigua,* Gedisa, Barcelona, 2006.]

Keller, T. (2012). *Every Good Endeavor: Connecting Your Work to God's Work,* Viking, Nueva York. [Hay trad. cast.: *Toda buena obra: conectando tu trabajo con la obra de Dios,* Andamio, Barcelona, 2017.]

Pilar IV: El equipo

Collins, J. (2001). *Good to Great: Why Some Companies Make the Leap and Others Don't,* Random House Business, Londres. [Hay trad. cast.: *Good to Great: ¿Por qué algunas compañías dan el salto a la excelencia y otras no?,* Reverté, Barcelona, 2021.]

Duhigg, C. (2016). *Smarter Faster Better: The Secrets of Being Productive in Life and Business*, Random House, Nueva York. [Hay trad. cast.: *Más agudo, más rápido y mejor: los secretos para ser más productivo en la vida y en el trabajo*, Conecta, Barcelona, 2016.]

Lencioni, P. (2002). *The Five Dysfunctions of a Team: A Leadership Fable*, John Wiley & Sons, San Francisco. [Hay trad. cast.: *Las cinco disfunciones de un equipo: un inteligente modelo para formar un equipo cohesionado y eficaz*, Empresa Activa, Barcelona, 2022.]

Ley número 1

Abbate, B. (29 de enero de 2021). «Why a Good Reputation is Important to Your Life and Career», en *Medium*, https://medium.com/illumination>.

Bolles, R. N. (2 de septiembre de 2014). «4 Ways To Change Careers In Midlife», en *Forbes*, <https://www.forbes.com/sites/nextavenue/2014/09/02/4-ways-to-change-careers-in-midlife/?sh=38da133419df>.

Forbes Coaches Council (10 de octubre de 2017). «15 Simple Ways To Improve Your Reputation In The Workplace», en *Forbes*, <https://www.forbes.com/sites/forbescoachescouncil/2017/10/10/15-simple-ways-to-improve-your-reputation-in-the-workplace/?sh=d88cf7f53607>.

Schoeller, M. (15 de noviembre de 2022). «Behind The Billions: Elon Musk», en *Forbes*, <https://www.forbes.com/sites/forbeswealthteam/article/elon-musk/>.

SpaceX (s. f.). <SpaceX. https://www.spacex.com/mission/>.

Umoh, R. (16 de enero de 2018). «Billionaire Richard Branson reveals the simple trick he uses to live a positive life», en *CNBC*, <https://www.cnbc.com/2018/01/16/richard-branson-uses-this-simple-trick-to-live-apositive-life.html>.

WatchDoku — The documentary film channel (8 de diciembre de 2021). «"ELON MUSK: THE REAL LIFE IRON MAN" Full Exclusive Biography Documentary English HD 2021» [Archivo de vídeo], YouTube, <https://www.youtube.com/watch?v=TUQgMs8Fkto>.

Western Governors University (29 de julio de 2020). «The 5 P's of Career Management», en *Western Governors University*, <https://www.wgu.edu/blog/career-services/5-p-career-management2007.html#close>.

Williams-Nickelson, C. (2007). «Building a professional reputation», en *gradPSYCH magazine, 5(3)*, <https://www.apa.org/gradpsych/2007/03/matters>.

Ley número 2

The Decision Lab (s. f.). «Why do we buy insurance?», en *The Decision Lab*, <https://thedecisionlab.com/biases/loss-aversion>.

Education Endowment Foundation (septiembre de 2021). «Mastery learning», en *Education Endowment Foundation*, <https://

educationendowmentfoundation.org.uk/education-evidence/teaching-learning-toolkit/mastery-learning>.

Feynman, R. P. y Leighton, R. (1992). *Surely You're joking, Mr Feynman!: Adventures of a Curious Character*, Vintage, Nueva York. [Hay trad. cast.: *¿Está usted de broma, Sr. Feynman?*, Alianza, Madrid, 2016.]

Harari, Y. N. (2018). *21 Lessons for the 21st Century*, Random House, Nueva York. [Hay trad. cast.: *21 lecciones para el siglo XXI*, Debate, Barcelona, 2018.]

Hibbert, S. A. (2019). *Skin in the game: How to create a learning curve that sticks*, John Wiley & Sons, Hoboken.

Kahneman, D. y Tversky, A. (1979). «Prospect theory: An analysis of decision under risk», en *Econometrica, 47(2)*, pp. 263-292, <https://doi.org/10.2307/1914185>.

Manson, M. (2016). *The Subtle Art of Not Giving a F*ck: A Counterintuitive Approach to Living a Good Life*, Harper, Nueva York. [Hay trad. cast.: *El sutil arte de que (casi todo) te importe una mierda*, HarperCollins, Madrid, 2018.]

Sinek, S. (2011). *Start with Why: How Great Leaders Inspire Everyone to Take Action*, Portfolio, Nueva York. [Hay trad. cast.: *Empieza con el porqué: cómo los grandes líderes motivan a actuar*, Empresa Activa, Barcelona, 2018.]

Taleb, N. N. (2018). *Skin in the Game: Hidden Asymmetries in Daily Life*, Allen Lane, Londres. [Hay trad. cast.: *Jugarse la piel: asimetrías ocultas en la vida cotidiana*, Paidós, Barcelona, 2019.]

Thaler, R. H. y Sunstein, C. R. (2008). *Nudge: Improving Decisions About Health, Wealth, and Happiness*, Yale University Press, New Haven, Connecticut. [Hay trad. cast.: *Un pequeño empujón: el impulso que necesitas para tomar mejores decisiones sobre salud, dinero y felicidad*, Taurus, Barcelona, 2017.]

Thompson, C. (2013). *Smarter Than You Think: How Technology is Changing Our Minds for the Better*, William Collins, Londres.

Ley número 3

Bazerman, M. H. y Moore, D. A. (2013). *Judgment in Managerial Decision Making* (8a ed.), John Wiley & Sons, Hoboken.

Fisher, R. y Ury, W. L. (2011). *Getting to Yes: Negotiating Agreement Without Giving In*, Penguin Books, Nueva York. [Hay trad. cast.: *Obtenga el sí: el arte de negociar sin ceder*, Gestión 2000, Barcelona, 2011.]

Gladwell, M. (2000). *The Tipping Point: How Little Things Can Make a Big Difference*, Little, Brown and Company. [Hay trad. cast.: *El punto clave*, Punto de Lectura, Barcelona, 2018.]

Heath, C. y Heath, D. (2007). *Made to stick: Why some ideas survive and others die*, Random House, Nueva York. [Hay trad. cast.: *Ideas que pegan*, LID, Madrid, 2011.]

Sharot, T. (2017). *The Influential Mind: What the Brain Reveals About Our Power to Change Others*, Henry Holt & Company, Nueva York.

Sharot, T., Korn, C. W., *et al.* (2011). «How unrealistic optimism is maintained in the face of reality», en *Nature Neuroscience, 14(11)*, pp. 1475-1479, <https://doi.org/10.1038/nn.2949>.

Thompson, L. (2014). *The Mind and Heart of the Negotiator* (6a ed.), Pearson, Londres.

Ley número 4

Carter-Scott, C. (1998). *If Life is a Game, These are the Rules*, Broadway Books, Nueva York. [Hay trad. cast.: *El juego de la vida*, Grijalbo, Barcelona, 2000.]

Cialdini, R. B. (2008). *Influence: Science and Practice*, Pearson, Londres.[Hay trad. cast.: *Influencia, la psicología de la persuasión*, HarperCollins, Madrid, 2023.]

Dawkins, R. (2006). *The God Delusion*, Mariner Books, Nueva York. [Hay trad. cast.: *El espejismo de Dios*, Espasa, Barcelona, 2017.]

Festinger, L. (1957). *A Theory of Cognitive Dissonance*, Stanford University Press, Stanford.

Gladwell, M. (2006). *Blink: The Power of Thinking Without Thinking*, Penguin, Nueva York. [Hay trad. cast.: *Inteligencia intuitiva: ¿por qué sabemos la verdad en dos segundos?*, Debolsillo, Barcelona, 2018.]

Haidt, J. (2013). *The Righteous Mind: Why Good People are Divided by Politics and Religion*, Penguin, Nueva York. [Hay trad. cast.: *La mente de los justos*, Deusto, Barcelona, 2019.]

Harris, S. (2010). *The Moral Landscape: How Science Can Determine Human Values*, Free Press, Nueva York.

Kahneman, D. (2011). *Thinking, Fast and Slow*, Farrar, Straus and Giroux, Nueva York. [Hay trad. cast.: *Pensar rápido, pensar despacio*, Debate, Barcelona, 2012.]

Lipton, B. H. (2005). *The Biology of Belief: Unleashing the Power of Consciousness, Matter and Miracles*, Hay House, Carlsbad. [Hay trad. cast.: *La biología de la creencia: la liberación del poder de la conciencia, la materia y los milagros*, Palmyra, Madrid, 2007.]

McTaggart, L. (2007). *The Intention Experiment: Use Your Thoughts to Change Your Life and the World*, Atria, Nueva York. [Hay trad. cast.: *El experimento de la intención*, Editorial Sirio, Málaga, 2014.]

Pinker, S. (2018). *Enlightenment Now: The Case for Reason, Science, Humanism, and Progress*, Viking, Nueva York. [Hay trad. cast.: *En defensa de la Ilustración*, Paidós, Barcelona, 2018.]

Prochaska, J. O., Norcross, J. C., *et al.* (1994). *Changing for Good: The Revolutionary Program that Explains the Six Stages of Changes and Teaches You How to Free Yourself from Bad Habits*, William Morrow, Nueva York.

Sharot, T. (2012). *The Optimism Bias: Why We're Wired to Look on the Bright Side*, Robinson, Londres.

Sharot, T., Korn, C. W., *et al.* (2011). «How unrealistic optimism is maintained in the face of reality», en *Nature neuroscience, 14(11)*, pp. 1475-1479, <https://doi.org/10.1038/nn.2949>.

Sharot, T. (2017). *The Influential Mind: What the Brain Reveals About Our Power to Change Others*, Henry Holt & Company, Nueva York.

Shermer, M. (2002). *Why People Believe Weird Things: Pseudoscience, Superstition, and Other Confusions of Our Time,* Holt Paperbacks, Nueva York. [Hay trad. cast.: *Por qué creemos en cosas raras: pseudociencia, superstición y otras confusiones de nuestro tiempo,* Alba, Barcelona, 2008.]

Shermer, M. (2017). *Skeptic: Viewing the World with a Rational Eye,* Henry Holt & Company, Nueva York.

Stokstad, E. (2018). «Seeing climate change: Science, empathy, and the visual culture of climate change», en *Environmental Humanities, 10(1),* pp. 108-124.

Tavris, C. y Aronson, E. (2007). *Mistakes Were Made (But Not by Me): Why We Justify Foolish Beliefs, Bad Decisions, and Hurtful Acts,* Houghton Mifflin Harcourt, Nueva York.

Zajonc, R. B. (1980). «Feeling and Thinking: Preferences Need No Inferences», en *American Psychologist, 35(2),* pp. 151-175, <https://doi.org/10.1037/0003-066X.35.2.151 >.

Ley número 5

Anderson, C. P. y Slade, S. (2017). «How to turn criticism into a competitive advantage», en *Harvard Business Review, 95(5),* pp. 94-101.

Aronson, E. (1969). «The theory of cognitive dissonance: A current perspective», en L. Berkowitz (ed.). *Advances in Experimental Social Psychology, 4,* pp. 1-34, Academic Press.

Chansky, T. E. (2020). «Transitions: How to Lean In and Adjust to Change», en *Tamar E. Chansky,* <https://tamarchansky.com/transitions-how-to-lean-in-and-adjust-to-change/>.

Festinger, L. (1957). *A Theory of Cognitive Dissonance,* Stanford University Press, Stanford.

Ford, H. (1922). *My Life and Work,* Currency, Nueva York.

Grover, A. S. (1999). *Only the Paranoid Survive: How to Exploit the Crisis Points That Challenge Every Company,* Doubleday, Nueva York. [Hay trad. cast.: *Sólo los paranoides sobreviven,* Granica, Barcelona, 1997.]

MacDailyNews (13 de marzo de 2010). «Microsoft CEO Steve Ballmer laughs at Apple iPhone» [Archivo de vídeo], en YouTube, <https://www.youtube.com/watch?v=nXq9NTjEdTo>.

Mulligan, M. (11 de mayo de 2022). «How iPod changed everything», en *Music Industry Blog,* <https://musicindustryblog.wordpress.com/2022/05/11/how-ipod-changed-everything/>.

Orr, M. (2019). *Lean Out: The Truth About Women, Power, and the Workplace,* HarperCollins Leadership, Nashville.

Ross, L. (1977). «The intuitive psychologist and his shortcomings: Distortions in the attribution process», en Berkowitz, L. (ed.), *Advances in Experimental Social Psychology*), *10,* pp. 173-220, Academic Press.

Ross, L. (2014). *The psychology of intractable conflict: A handbook for political leaders,* Oxford University Press, Oxford.

Stoll, C. (26 de febrero de 1995). «Why the Web Won't Be Nirvana», en *Newsweek.* <https://www.newsweek.com/clifford-stoll-why-web-wont-benirvana-185306>.

Ley número 6

Cialdini, R. B. (1984). *Influence: The Psychology of Persuasion,* HarperCollins, Nueva York. [Hay trad. cast.: *Influencia: la psicología de la persuasión,* HarperCollins, Madrid, 2022.]

Cooper, J. (2007). *Cognitive dissonance: Fifty Years of a Classic Theory,* Sage Publications, Thousand Oaks.

Festinger, L. (1957). *A Theory of Cognitive Dissonance,* Stanford University Press, Stanford.

Kamarck, E. (11 de septiembre de 2012). «Are You Better Off Than You Were 4 Years Ago?», en *WBUR,* <https://www.wbur.org/cognoscenti/2012/09/11/better-off-2012-elaine-kamarck.>.

McArdle, M. (2014). *The Up Side of Down: Why Failing Well is the Key to Success,* Viking, Nueva York.

Maddux, J. E. y Rogers, R. W. (1983). «Protection motivation and self-efficacy: A revised theory of fear appeals and attitude change», en *Journal of Experimental Social Psychology, 19(5),* pp. 469-479, <https://doi.org/10.1016/0022-1031(83)90023-9>.

O'Keefe, D. J. (2002). *Persuasion: Theory and Research* (2a ed.), Sage Publications, Thousand Oaks.

O'Mara, M. (10 de septiembre de 2020). «Are You Better Off than You Were Four Years Ago?: The Economy in Presidential Politics», en *Perspectives on History,* <https://www.historians.org/research-and-publications/perspectives-on-history/october-2020/are-you-better-off-than-youwere-four-years-ago-the-economy-in-presidential-politics>.

Reagan Library (6 de mayo de 2016). «Presidential Debate with Ronald Reagan and President Carter, October 28, 1980» [Archivo de vídeo], en YouTube, <https://www.youtube.com/watch?v=tWEm6g0iQNI>.

Schwarz, N. (1999). «Self-reports: How the questions shape the answers», en *American Psychologist, 54(2),* pp. 93-105. <https://doi.org/10.1037/0003-066X.54.2.93>.

Sherman, D. K. y Cohen, G. L. (2006). «The psychology of self-defense: Self-affirmation theory», en *Advances in Experimental Social Psychology, 38,* pp. 183-242, Elsevier Academic Press, <https://doi.org/10.1016/S0065-2601(06)38004-5>.

Sprott, D. E., Spangenberg, E. R., *et al.* (2006). «The question —behavior effect: What we know and where we go from here», en *Social Influence, 1(2),* pp. 128-137, <https://doi.org/10.1080/15534510600685409>.

Tavris, C. y Aronson, E. (2007). *Mistakes Were Made (But Not by Me): Why We Justify Foolish Beliefs, Bad Decisions, and Hurtful Acts,* Houghton Mifflin Harcourt, Nueva York.

Wood, W., Tam, L. y Witt, M. G. (2005). «Changing circumstances, disrupting habits», en *Journal of Personality and Social Psychology, 88(6),* pp. 918-933, <https://doi.org/10.1037/0022-3514.88.6.918>.

Ley número 7

Aryani, E. (2016). «The role of self-story in mental toughness of students in Yogyakarta», en *Journal of Educational Psychology and Counseling, 2(1)*, pp. 25-31.

Duckworth, A. L., Peterson, C., *et al.* (2007). «Grit: perseverance and passion for long-term goals», en *Journal of Personality and Social Psychology, 92(6)*, pp. 1087-1101, <https://doi.org/10.1037/0022-3514.92.6.1087>.

Eubank Jr, C. (1 de mayo de 2023). Conversación personal.

Gladwell, M. (2008). *Outliers: The Story of Success*, Allen Lane, Londres. [Hay trad. cast.: *Fuera de serie (Outliers)*, Taurus, Barcelona, 2009.]

Macnamara, B. N., Hambrick, D. Z., *et al.* (2014). «Deliberate Practice and Performance in Music, Games, Sports, Education, and Professions: A Meta-Analysis», en *Psychological Science, 25(8)*, pp. 1608-1618, <https://doi.org/10.1177/0956797614535810>.

Polk, L. (2018). «Self-concept and resilience: A correlation», en *International Journal of Social Science and Economic Research, 3(2)*, pp. 1280-1291.

Singh, P. (2023). *Your self-story: The secret strategy for achieving big ambitions*, HarperCollins, Nueva York.

Steele, C. M. y Aronson, J. (1995). «Stereotype threat and the intellectual test performance of African Americans», en *Journal of Personality and Social Psychology, 69(5)*, pp. 797-811. <https://doi.org/10.1037/0022-3514.69.5.797>.

Tentama, F. (2020). «Self-story, resilience, and mental toughness», en *Journal of Applied Psychology, 4(1)*, pp. 13-21.

Wooden, J. (1997). *Wooden: A lifetime of observations and reflections on and off the court*, McGraw Hill, Nueva York.

Woolfolk Hoy, A., y Murphy, P. K. (2008). «Identity development, motivation, and achievement in adolescence», en Meece, J. L. y Eccles, J. S. (eds.), *Handbook of Research on Schools, Schooling, and Human Development*, pp. 391-414, Routledge, Londres.

Zhang, S., Tompson, S., White-Spenik, D., *et al.* (2013). «Stereotype threat and self-affirmation: The moderating role of race/ethnicity and self-esteem», en *Cultural Diversity and Ethnic Minority Psychology, 19(4)*, pp. 395-405.

Ley número 8

American Psychological Association (21 de marzo de 2023). «What you need to know about willpower: The psychological science of self-control», <https://www.apa.org. https://www.apa.org/topics/personality/willpower>.

Baumeister, R. F., Bratslavsky, E., *et al.* (1998). «Ego depletion: Is the active self a limited resource?», en *Journal of Personality and Social Psychology, 74(5)*, pp. 1252-1265, <https://doi.org/10.1037/0022-3514.74.5.1252>.

Clear, J. (4 de febrero de 2020). «How to Break a Bad Habit (and Replace It With a Good One)», en *James Clear*, <https://jamesclear.com/how-to-break-a-bad-habit>.

Duhigg, C. (2014). *The Power of Habit: Why We Do What We Do, and How to Change*, Random House, Nueva York. [Hay trad. cast.: *El poder de los hábitos*, Urano, Barcelona, 2012.]

Eyal, N. (2013). *Hooked: How to Build Habit-Forming Products*, Portfolio, Nueva York.

Ferrario, C. R., Gorny, G., *et al.* (2005). «On the neural and psychological mechanisms underlying compulsive drug seeking in addiction», en *Progress in Neuro-Psychopharmacology and Biological Psychiatry, 29(4)*, pp. 613-627.

Friedman, R. S., Fishbach, A. *et al.* (2003). «The effects of promotion and prevention cues on creativity», en *Journal of Personality and Social Psychology, 85(2)*, pp. 312-326.

Gollwitzer, P. M. y Sheeran, P. (2006). «Implementation intentions and goal achievement: A meta-analysis of effects and processes», en *Advances in Experimental Social Psychology, 38*, pp. 69-119, <https://doi.org/10.1016/S0065-2601(06)38002-1>.

Hofmann, W., Adriaanse, M., *et al.* (2014). «Dieting and the self-control of eating in everyday environments: An experience sampling study», en *British Journal of Health Psychology, 19(3)*, pp. 523-539, <https://doi:10.1111/bjhp.12053.>.

Muraven, M., Tice, D. M., *et al.* (1998). «Self-control as a limited resource: Regulatory depletion patterns», en *Journal of Personality and Social Psychology, 74(3)*, pp. 774-789, <https://doi.org/10.1037/0022-3514.74.3.774>.

Segerstrom, S. C., Stanton, A. L., *et al.* (2003). «A Multidimensional Structure for Repetitive Thought: What's On Your Mind, And How, And How Much?», en *Journal of Personality and Social Psychology, 85(5)*, pp. 909-921, <https://doi.org/10.1037/0022-3514.85.5.909>.

Sharot, T. (2019). *The Influential Mind: What the Brain Reveals About Our Power to Change Others*, Abacus, Londres.

Wegner, D. M., Schneider, D. J., *et al.* (1987). «Paradoxical effects of thought suppression», en *Journal of Personality and Social Psychology, 53(1)*, pp. 5-13. <https://doi.org/10.1037/0022-3514.53.1.5>.

Wood, W. y Neal, D. T. (2007). «A new look at habits and the habit goal interface», en *Psychological Review, 114(4)*, pp. 843-863. <https://doi.org/10.1037/0033-295X.114.4.843>.

Ley número 9

Buffett, W. E. (1998). «Owner's Manual», en *Fortune, 137(3)*, p. 33.

Caci, G., Albini, A., *et al.* (2020). «COVID-19 and Obesity: Dangerous Liaisons», en *Journal of Clinical Medicine, 9(8)*, p. 2511, <https://doi.org/10.3390/jcm9082511>.

Centers for Disease Control and Prevention (27 de septiembre de 2022). «Obesity, Race/Ethnicity, and COVID-19», en *Centers for Disease Control and Prevention*, <https://www.cdc.gov/obesity/data/obesityand-covid-19.html>.

Obama, B. (26 de septiembre de 2013). «Remarks by the President on the Affordable Care Act» en whitehouse.gov, <https://obamawhitehouse.archives.gov/the-press-office/2013/09/26/remarks-president-affordable-care-act>.

Ley número 10

Allan, R. P., *et al.* (2021). «Climate Change 2021: The Physical Science Basis. Contribution of Working Group I to the Sixth Assessment Report of the Intergovernmental Panel on Climate Change», Cambridge University Press, Cambridge.

Brennan, S. (14 de mayo de 2018). «Is this the best workplace in Britain?», en *Mail Online*, <https://www.dailymail.co.uk/femail/article-5718875/Is-bestworkplace-Britain.html>.

Coldwell, W. (20 de febrero de 2018). «Drink in the view: BrewDog to open its first UK "beer hotel"», en *Guardian*, <https://www.theguardian.com/travel/2018/feb/20/drink-in-the-view-brewdog-to-open-its-first-uk-beer-hotel>.

International Energy Agency (mayo de 2021). «Net Zero by 2050: A Roadmap for the Global Energy Sector».

McCarthy, N. (8 de febrero de 2019). «The Tesla Model 3 Was The Best-Selling Luxury Car In America Last Year» [Infografía], en *Forbes*, <https://www.forbes.com/sites/niallmccarthy/2019/02/08/the-tesla-model-3-was-the-best-selling-luxury-car-in-america-last-year-infographic/>.

Morris, J. (14 de junio de 2020). «How Did Tesla Become The Most Valuable Car Company In The World?», en *Forbes*. <https://www.forbes.com/sites/jamesmorris/2020/06/14/how-did-tesla-become-the-most-valuable-car-company-in-the-world/>.

NASA Global Climate Change (s. f.). «The Causes of Climate Change». Recuperado el 30 de abril de 2023 de <https://climate.nasa.gov/causes/>.

National Oceanic and Atmospheric Administration. (s. f.). «Climate» Recuperado el 30 de abril de 2023 de <https://www.climate.gov/>.

Shastri, A. (13 de febrero de 2023). «Complete Analysis on Tesla Marketing Strategy - 360 Degree Analysis», en *IIDE*, <https://iide.co/case-studies/tesla-marketing-strategy/>.

Sutherland, R. (2019). *Alchemy: The Surprising Power of Ideas that Don't Make Sense*, W. H. Allen, Londres.

Union of Concerned Scientists (2022). «The Climate Deception Dossiers».

United Nations Environment Programme (26 de octubre de 2021). «The Emissions Gap Report 2021» (Informe sobre la Brecha de Emisiones 2021), <https://www.unep.org/es/resources/emissions-gap-report-2021>.

United Nations Framework Convention on Climate Change (2015). «Paris Agreement». Recuperado el 30 de abril de 2023 de <https://unfccc.int/process-and-meetings/the-paris-agreement/the-paris-agreement>.

United States Environmental Protection Agency (2 de mayo de 2023). «Climate Change Indicators in the United States», <https://www.epa.gov/climate-indicators>.

World Wildlife Fund. (s. f.). «Effects of Climate Change». Recuperado el 30 de abril de 2023 de <https://www.worldwildlife.org/threats/climate-change>.

Ley número 11

127 horas (2010) [Película cinematográfica]. Fox Searchlight Pictures.

Avery, S. N. y Blackford, J. U. (21 de julio de 2016). «Slow to warm up: the role of habituation in social fear», en *Social Cognitive and Affective Neuroscience, 11(11),* pp. 1832-1840, <https://doi: 10.1093/scan/nsw095>.

BBC NEWS (23 de octubre de 2002) «I cut off my arm to survive», <http://news.bbc.co.uk/1/hi/health/2346951.stm>.

Davies, S. J. (2017). *The Art of Mindfulness in Sport Psychology: Mindfulness in Motion,* Routledge, Londres.

Diamond, D. M., Park, C. R., *et al.* (2005). «Influence of predator stress on the consolidation versus retrieval of long-term spatial memory and hippocampal spinogenesis», en *Hippocampus, 16(7),* pp. 571-576, <https://doi:10.1002/hipo.20188.>.

Frederick, P. (marzo de 2011). «Persuasive Writing: How to Harness the Power of Words», en *ResearchGate.* <https://www.researchgate.net/publication/275207550_Persuasive_Writing_How_to_Harness_the_Power_of_Words>.

Groves, P. M. y Thompson, R. F. (1970). «Habituation: A dual-process theory», en *Psychological Review, 77(5),* pp. 419-450, <https://doi.org/10.1037/h0029810>.

James, L. R. (1952). «A review of habituation», en *Psychological Bulletin, 49(4),* pp. 345-356.

James, W. (1890). *The Principles of Psychology.* vol. 1, Henry Holt, Nueva York. [Hay trad. cast.: *Principios de psicología,* Fondo de Cultura Económica, Ciudad de México, 1989.]

Keegan, S. M. (2015). *The Psychology of Fear in Organizations: How to Transform Anxiety into Well-being, Productivity and Innovation,* Kogan Page, Londres.

LeDoux, J. (2015). *Anxious: Using the Brain to Understand and Treat Fear and Anxiety,* Viking, Nueva York.

McGonigal, K. (2015). *The Upside of Stress: Why Stress Is Good for You, and How to Get Good at It,* Avery, Nueva York. [Hay trad. cast.: *Estrés: el lado bueno. Por qué el estrés es bueno para ti y cómo puedes volverte bueno para él,* Océano, Ciudad de México, 2016.]

McGuire, W. J. (1968). «Personality and susceptibility to social influence», en Borgatta, E.F. y Lambert, W.W. (eds.), *Handbook of Personality Theory and Research* (pp. 1130-1187), Rand McNally, Chicago.

Mitchell, A. A. y Olson, J. C. (1981). «Are product attribute beliefs the only mediator of advertising effects on brand attitude?», en *Journal of Marketing Research, 18(3)*, pp. 318-332, <https://doi.org/10.2307/3150973>.

Petty, R. E., y Cacioppo, J. T. (1986). *Communication and Persuasion: Central and Peripheral Routes to Attitude Change*, Springer, Nueva York.

Ralston, A. (2005). *Between a Rock and a Hard Place*, Simon & Schuster, Nueva York. [Hay trad. cast.: *127 horas: cada segundo cuenta*, Indicios, Madrid, 2011.]

Sapolsky, R. M. (2017). *Behave: The Biology of Humans at Our Best and Worst*, Penguin Press, Nueva York. [Hay trad. cast.: *Compórtate*, Capitán Swing, Madrid, 2018.]

Selye, H. (1976). *The Stress of Life*, McGraw-Hill, Nueva York.

Smith, C. A. (1965). «The effects of stimulus variation on the semantic satiation phenomenon», en *Journal of Verbal Learning and Verbal Behavior, 4(5)*, pp. 447-453.

Sokolov, E. N. (1963). «Higher Nervous Functions: The Orienting Reflex», en *Annual Review of Physiology, 25*, pp. 545-580, <https://doi.org/10.1146/annurev.ph.25.030163.002553>.

Wilson, F. A. W. y Rolls, E. T. (1993). «The effects of stimulus novelty and familiarity on neuronal activity in the amygdala of monkeys performing recognition memory tasks», en *Experimental Brain Research, 93(3)*, pp. 367-82, <https://doi:10.1007/BF00229353>.

Wilson, T. D. y Brekke, N. (1994). «Mental contamination and mental correction: Unwanted influences on judgments and evaluations» en *Psychological Bulletin, 116(1)*, pp. 117-142, <https://doi.org/10.1037/0033-2909.116.1.117>.

Winkielman, P., Halberstadt, J., *et al.* (2006). «Prototypes are attractive because they are easy on the mind», en *Psychological Science, 17(9)*, pp. 799-806, <https://doi:10.1111/j.1467-9280.2006.01785.x>.

Ley número 12

Manson, M. (2016). *The Subtle Art of Not Giving a F*ck: A Counterintuitive Approach to Living a Good Life*, Harper, Nueva York. [Hay trad. cast.: *El sutil arte de que (casi todo) te importe una mierda*, HarperCollins, Madrid, 2018.]

Midson-Short, D. (9 de marzo de 2019). «The Rise of Cursing in Marketing», en *Shorthand Content Marketing*, <https://shorthandcontent.com/marketing/curse-words-in-marketing/>.

Knight, S. (2018). *Calm the F**k Down: How to Control What You Can and Accept What You Can't So You Can Stop Freaking Out and Get on With Your Life*, Quercus, Londres.

Kludt, A. (2 de noviembre de 2018,). «Dermalogica's Founder Thinks People-Pleasing Leads to Mediocrity», en *Eater*, <https://www.eater.com/2018/11/2/18047774/dermalogicas-ceo-jane-wurwand-start-to-sale>.

The Diary of a CEO (13 de junio de 2022). «Dermalogica Founder: Building A Billion Dollar Business While Looking After Your Mental Health» [Archivo de vídeo], en YouTube, <https://www.youtube.com/watch?v=0KDESUdPRXs>.

Ley número 13

Battye, L. (10 de enero de 2018). «Why We're Loving It: The Psychology Behind the McDonald's Restaurant of the Future», en behavioraleconomics.com, <https://www.behavioraleconomics.com/loving-psychology-behind-mcdonalds-restaurant-future>.

Dmitracova, O. (2 de diciembre de 2019). «What companies can learn from behavioural psychology», en *Independent*, <https://www.independent.co.uk/voices/customer-service-behavioural-psychology-uber-fred-reichheld-mckinsey-company-a9229931.html>.

Duhigg, C. (2014). *The Power of Habit: Why We Do What We Do, and How to Change*, Random House, Nueva York. [Hay trad. cast.: *El poder de los hábitos*, Urano, Barcelona, 2012.]

Fowler, G. (22 de julio de 2014). «The Secret to Uber's Success? It Isn't Technology», en *Wired*.

Hogan, Candice. (28 de enero de 2019). «How Uber Leverages Applied Behavioral Science at Scale», en *Uber Blog*, <https://www.uber.com/en-GB/blog/applied-behavioral-science-at-scale/>.

Kim, W. C. y Mauborgne, R. (octubre de 2004). «Blue Ocean Strategy», en *Harvard Business Review*.

Sutherland, R. (2019). *Alchemy: The Surprising Power of Ideas that Don't Make Sense*, W. H. Allen, Londres.

The Secret Developer. (6 de enero de 2023). «Uber's Psychological Moonshot», en *Medium*, <https://medium.com/@tsecretdeveloper/ubers-psychological-moonshot-8e75078722ae>.

Uber. (2023). «About Uber». <https://www.uber.com/us/es/about/>.

Ley número 14

Ranganathan, C. (2019). *Friction is Fiction: The Future of Marketing*. HarperCollins, Nueva York.

Sutherland, R. (2009). «Life lessons from an ad man», conferencia TED [Archivo de vídeo], <https://www.ted.com/talks/rory_sutherland_life_lessons_from_an_ad_man?language=es>.

Tversky, A. y Kahneman, D. (1974). «Judgment under uncertainty: Heuristics and Biases», en *Science, 185(4157)*, pp. 1124-1131, <https://doi:10.1126/science.185.4157.1124>.

Wertenbroch, K. y Skiera, B. (2002). «Measuring Consumers' Willingness to Pay at the Point of Purchase», en *Journal of Marketing Research, 39(2)*, pp. 228-241, <https://doi.org/10.1509/jmkr.39.2.228.19086>.

West, P. M., Brown, C. L., *et al.* (1996). «Consumption vocabulary and preference formation», en *Journal of Consumer Research, 23(2)*, pp. 120-135.

Ley número 15

Babin, B. J., Hardesty, D. M., *et al.* (2003). «Color and shopping intentions: The intervening effect of price fairness and perceived affect», en *Journal of Business Research, 56(7),* pp. 541-551, <https://doi.org/10.1016/S0148-2963(01)00246-6>.

Khan, U. y Dhar, R. (2006). «Licensing Effect in Consumer Choice», en *Journal of Marketing Research, 43(2),* pp. 259-266.

Kivetz, R. y Simonson, I. (2002). «Earning the Right to Indulge: Effort as a Determinant of Customer Preferences Toward Frequency Program Rewards», en *Journal of Marketing Research, 39(2),* pp. 155-170.

Koelbel, C. y Helgeson, J. G. (2008). «Scarcity appeals in advertising: Theoretical and empirical considerations», en *Journal of Advertising, 37(1),* pp. 19-33.

Kotler, P., Kartajaya, H., *et al.* (2017). *Marketing 4.0: Moving from traditional to digital,* John Wiley & Sons, Hoboken. [Hay trad. cast.: *Marketing 4.0: transforma tu estrategia para atraer al consumidor digital,* LID Editorial Empresarial, Madrid, 2020.]

Levy, S. J. (1959). «Symbols for sale», en *Harvard Business Review, 37(4),* pp. 117-124.

Müller-Lyer, F. C. (1889). «Optische Urteilstäuschungen», en *Archiv* für *Physiologie Suppl, 1889,* pp. 263-270.

Thaler, R. H. (1985). «Mental accounting and consumer choice», en *Marketing Science, 4(3),* pp. 199-214.

WHOOP. (2023). *WHOOP Homepage.* Recuperado el 1 de mayo de 2023 de <https://www.whoop.com/>.

Ley número 16

Alagappan, S. (15 de diciembre de 2014). «The Goldilocks Effect: Simple but clever marketing», en *Medium,* <https://medium.com/@WinstonWolfDigi/the-goldilocks-effect-simple-but-clevermarketing-dfb87f4fa58c>.

Ariely, D. (19 de mayo de 2009). «Are we in control of our decisions?» (¿Tenemos control sobre nuestras decisiones? [Archivo de vídeo], conferencia TED, <https://www.youtube.com/watch?v=9X68dm92HVI>.

Clear, J. (4 de febrero de 2020). «The Goldilocks Rule: How to Stay Motivated in Life and Business», <https://jamesclear.com/goldilocks-rule>.

Cunff, A. L. (2020). «The Goldilocks Principle of Stress and Anxiety», en *Ness Labs,* <https://nesslabs.com/goldilocks-principle>.

Kemp, S. (2019). «The Goldilocks Effect: Using Anchoring to Boost Your Conversion Rates», en *Neil Patel,* https://neilpatel.com/es/blog/>.

Kinnu (11 de enero de 2023). «What is the Anchoring Bias and How Does it Impact Our Decision-Making?», <https://kinnu.xyz/kinnuverse/science/cognitive-biases/how-mental-shortcuts-filter-information/>.

Tversky, A. y Kahneman, D. (1991). «Loss Aversion in Riskless Choice: A Reference-Dependent Model», en *The Quarterly Journal of Economics, 106(4)*, pp. 1039-1061, <https://doi.org/10.2307/2937956>.

Ley número 17

Bratton, J. y Gold, J. (2012). *Human Resource Management: Theory and Practice* (5a ed.), Palgrave Macmillan, Londres.

Build-A-Bear (s. f.). About Build-A-Bear Workshop®. Recuperado el 1 de mayo de 2023 de <https://www.buildabear.com/about-us.html>.

Buric, R. (2022). «The Endowment Effect — Everything You Need to Know», en *InsideBE*, <https://insidebe.com/articles/the-endowment-effect-2/>.

Kahneman, D. y Tversky, A. (1979). «Prospect theory: An Analysis of Decision Under Risk», en *Econometrica, 47(2)*, pp. 263-292, <https://doi.org/10.2307/1914185>.

Kivetz, R., Urminsky, O., *et al.* (2006). «The Goal-Gradient Hypothesis Resurrected: Purchase Acceleration, Illusionary Goal Progress, and Customer Retention», en *Journal of Marketing Research, 43(1)*, pp. 39-58, <https://doi.org/10.1509/jmkr.43.1.39>.

Thaler, R. (1985). «Mental Accounting and Consumer Choice», en *Marketing Science, 4(3)*, pp. 199-214, <https://doi.org/10.1287/mksc.4.3.199>.

Vohs, K. D., Mead, N. L. *et al.* (2008). «Merely Activating the Concept of Money Changes Personal and Interpersonal Behavior», en *Current Directions in Psychological Science, 17(3)*, pp. 208-212, <https://doi.org/10.1111/j.1467-8721.2008.00576.x>.

Ley número 18

Becker, H. S. (2007). *Writing for Social Scientists: How to Start and Finish Your Thesis, Book, or Article* (2a ed.), University of Chicago Press, Chicago. [Hay trad. cast.: *Manual de escritura para científicos sociales: cómo empezar y terminar una tesis, un libro o un artículo* (2a ed.), Siglo XXI Editores, Buenos Aires, 2022.]

Duistermaat, H. (2013). *How to Write Seductive Web Copy: An Easy Guide to Picking Up More Customers*, autopublicación.

Ferriss, T. (2016). *Tools of Titans: The Tactics, Routines, and Habits of Billionaires, Icons, and World-Class Performers*, Vermilion, Londres. [Hay trad. cast.: *Armas de titanes: los secretos, trucos y costumbres de aquellos que han alcanzado el éxito*, Deusto, Barcelona, 2017.]

Godin, S. (2012). *All Marketers Are Liars: The Power of Telling Authentic Stories in a Low-Trust World*, Portfolio, Nueva York. [Hay trad. cast.: *¿Todos los comerciales son mentirosos?: los actuales vendedores de sueños*, Robinbook, Barcelona, 2006.]

Godin, S. (2012). *The Icarus Deception: How High Will You Fly?*, Portfolio, Nueva York. [Hay trad. cast.: *El engaño de Ícaro: ¿hasta dónde quieres volar?*, Gestión 2000, Barcelona, 2013.]

Guberman, R. (2016). *The Ultimate Guide to Vídeo Marketing*, Entrepreneur Press, Irvine.
Johnson, M. (s. f.). «The Power of Pause», en *Ethos3 — a presentation training and design agency*, <https://ethos3.com/the-power-of-pause/>.
Kawasaki, G. (2004). *The Art of the Start: The Time-Tested, Battle-Hardened Guide for Anyone Starting Anything*, Portfolio, Nueva York. [Hay trad. cast.: *El arte de empezar 2.0*, Deusto, Barcelona, 2016.]
Pink, D. H. (2005). *A Whole New Mind: Why Right-Brainers Will Rule the Future*, Riverhead Books, Nueva York.
Ries, E. (2011). *The Lean Startup: How Today's Entrepreneurs Use Continuous Innovation to Create Radically Successful Businesses*, Crown Business, Nueva York. [Hay trad. cast.: *El método Lean Startup: cómo crear empresas de éxito utilizando la innovación continua*, Deusto, Barcelona, 2012.]
Robbins, T. (2017). *Unshakeable: Your Financial Freedom Playbook*, Simon & Schuster, Nueva York. [Hay trad. cast.: *Imbatible: la fórmula para alcanzar la libertad financiera*, Deusto, Barcelona, 2019.]
Sinek, S. (2011). *Start with Why: How Great Leaders Inspire Everyone to Take Action*, Portfolio, Nueva York. [Hay trad. cast.: *Empieza con el porqué: cómo los grandes líderes motivan a actuar*, Empresa Activa, Barcelona, 2018.]
Thiel, P. y Masters, B. (2014). *Zero to One: Notes on Startups, or How to Build the Future*, Currency, Nueva York. [Hay trad. cast.: *De cero a uno: cómo inventar el futuro*, Gestión 2000, Barcelona, 2015.]
Vaynerchuk, G. (2013). *Jab, Jab, Jab, Right Hook: How to Tell Your Story in a Noisy Social World*, HarperBusiness, Nueva York.
Vorster, Andrew. (2021). «7 seconds», <https://www.andrewvorster.com/7-seconds/>.

Ley número 19

Altman, D. (12 de enero de 2023). «Go Big by Thinking Small: The Power of Incrementalism», en *Project Management Institute*, <https://community.pmi.org/blog-post/73777/go-big-by-thinking-smallthe-power-of-incrementalism-theory>.
Amabile, T. M. y Kramer, S. J. (mayo de 2011). «The Power of Small Wins», en *Harvard Business Review*, <https://hbr.org/2011/05/the-power-of-small-wins>.
Clifford, J. (10 de febrero de 2014). «Power to the People — Toyota's Suggestion System», en *Toyota UK Magazine*, <https://mag.toyota.co.uk/toyota-and-the-power-of-suggestion>.
Cunff, A. L. (2020). «Constructive criticism: how to give and receive feedback», en *Ness Labs*, <https://nesslabs.com/constructivecriticism-give-receive-feedback>.
Laloux, F. (2014). *Reinventing Organizations: A Guide to Creating Organizations Inspired By the Next Stage in Human Consciousness*, Nelson Parker, Millis. [Hay trad. cast.: *Reinventar las organizaciones*, Arpa, Barcelona, 2016.]

Liker, J. K. (2004). *The Toyota Way: 14 Management Principles From the World's Greatest Manufacturer*, McGraw-Hill, Nueva York. [Hay trad. cast.: *Las claves del éxito de Toyota: 14 principios de gestión del fabricante más grande del mundo*, Gestión 2000, Barcelona, 2010.]

Senge, P. M. (1980). *The Fifth Discipline: The Art and Practice of the Learning Organization*, Doubleday, Nueva York. [Hay trad. cast.: *La quinta disciplina: el arte y la práctica de la organización abierta al aprendizaje*, Granica, Barcelona, 2004.]

Spear, S. J., y Bowen, H. K. (1999). «Decoding the DNA of the Toyota production system», en *Harvard Business Review, 77(5)*, pp. 96-106.

Kos, B. (12 de abril de 2023). «Kaizen - Constant improvement as the winning strategy», en *Spica*, <https://www.spica.com/blog/kaizen-method>.

Toyota Blog. (31 de mayo de 2013). «What is kaizen and how does Toyota use it?», en *Toyota UK Magazine*, <https://mag.toyota.co.uk/kaizen-toyota-production-system/#:~:text=Kaizen%20(English%3A%20Continuous%20improvement)%3A,maximise%20productivity%20at%20every%20worksite>.

Womack, J. P. y Jones, D. T. (2003). *Lean Thinking: Banish Waste and Create Wealth in Your Corporation*, Simon and Schuster, Nueva York. [Hay trad. cast.: *Lean Thinking: cómo utilizar el pensamiento Lean para eliminar los despilfarros y crear valor en la empresa*, Gestión 2000, Barcelona, 2012.]

Wye, Alistair. (20 de noviembre de 2020). «Never ignore marginal gains. The secret of how a 1% gain each day adds up to massive results for legal organisations», en *Lawtomated*, <https://lawtomated.com/never-ignore-marginal-gains-the-secret-of-how-a-1-gain-each-dayadds-up-to-massive-results-for-legal-organisations>.

Ley número 20

Barbie, D. J. (ed.) (2012). *Tiger Woods Phenomenon: Essays on the Cultural Impact of Golf's Fallible Superman*, McFarland & Co, Jefferson.

Barabási, A.-L. (2018). *The Formula: The Universal Laws of Success*, Simon & Schuster, Nueva York. [Hay trad. cast.: *La fórmula: las leyes universales del éxito*, Conecta, Barcelona, 2019.]

Darwin, C. (1859). *On the Origin of Species by Means of Natural Selection, or the Preservation of Favoured Races in the Struggle for Life*, John Murray, Londres. [Hay trad. cast.: *El origen de las especies*, Penguin Clásicos, Barcelona, 2019.]

Gottman, J. M. y Silver, N. (2018). *Seven Principles for Making Marriage Work: A Practical Guide from the Country's Foremost Relationship Expert*, Harmony, Nueva York. [Hay trad. cast.: *Siete reglas de oro para vivir en pareja*, Debolsillo, Barcelona, 2010.]

Hammer, M. y Champy, J. (1993). *Reengineering the Corporation: A Manifesto for Business Revolution*, Harper Business, Nueva York. [Hay trad. cast.: *Reingeniería*, Grupo Norma, Barcelona, 1994.]

Harmon, B. y Andrisani, J. (1998). *Butch Harmon's Playing Lessons*, Simon & Schuster, Nueva York. [Hay trad. cast.: *Los cuatro pilares para triunfar en Golf* (2a ed.), Tutor, Madrid, 2002.]

Kaizen Institute. (s. f.). «What is kaizen?», <https://www.kaizen.com/about-us/what-is-kaizen.html>.

Kanigel, R. (2005). *The One Best way: Frederick Winslow Taylor and the Enigma of Efficiency*, MIT Press, Cambridge.

Liker, J. K. (2004). *The Toyota Way: 14 Management Principles From the World's Greatest Manufacturer*, McGraw-Hill, Nueva York. [Hay trad. cast.: *Las claves del éxito de Toyota: 14 principios de gestión del fabricante más grande del mundo*, Gestión 2000, Barcelona, 2010.]

McGrath, R. G. (2013). *The End of Competitive Advantage: How to Keep Your Strategy Moving as Fast as Your Business*, Harvard Business Review Press, Boston.

Nakao, Y. (2014). *The Toyota way: Continuous improvement as a business strategy*, Business Expert Press, Nueva York.

Ley número 21

Batten Institute University of Virginia Darden School of Business (20 de junio de 2012). «Creating An Innovation Culture: Accepting Failure is Necessary», en *Forbes*, <https://www.forbes.com/sites/darden/2012/06/20/creating-an-innovation-culture-accepting-failure-is-necessary/?sh=11dc9e21754e>.

Bezos, J. (17 de abril de 2017). «2016 Letter to Shareholders», en *Amazon*. Recuperado de <https://www.amazon.com/p/feature/z6o9g6sysxur57t>.

Cold Call (31 de agosto de 2022). «At Booking.com, Innovation Means Constant Failure» [Pódcast], en *Harvard Business Review*, <https://hbr.org/podcast/2019/09/at-booking-com-innovation-means-constant-failure>.

Donovan, N. (6 de agosto de 2019). «The role of experimentation at Booking.com», en *Booking.com Partner Hub*, <https://partner.booking.com/en-gb/click-magazine/industry-perspectives/role-experimentation-bookingcom>.

Hamel, G. y Zanini, M. (5 de septiembre de 2016). «Excess Management Is Costing the U.S. $3 Trillion Per Year», en *Harvard Business Review*, <https://hbr.org/2016/09/excess-management-is-costing-the-us-3-trillion-per-year>.

Hamel, G. (2018). «Yes, You Can Eliminate Bureaucracy», en *Harvard Business Review*.

Harris, D. (2014). *10% Happier: How I Tamed the Voice in My Head, Reduced Stress Without Losing My Edge, and Found Self-Help That Actually Works — A True Story*, Yellow Kite, Londres. [Hay trad. cast.: *10%* más *feliz*, Anaya Multimedia, Madrid, 2014.]

IBM (2021). «IBM History». Recuperado de <https://www.ibm.com/ibm/history/history/>.

Kahneman, D. (2011). *Thinking, Fast and Slow*, Farrar, Straus and Giroux, Nueva York. [Hay trad. cast.: *Pensar rápido, pensar despacio*, Debate, Barcelona, 2012.]

Kaizen Institute (s. f.). «What is kaizen?». Recuperado de <https://kaizen.com/what-is-kaizen.shtml>.

Kim, E. (28 de mayo de 2016). «How Amazon CEO Jeff Bezos has inspired people to change the way they think about failure», en *Business Insider India*, <https://www.businessinsider.in/tech/how-amazon-ceo-jeff-bezoshas-inspired-people-to-change-the-way-they-think-about-failure/articleshow/52481780.cms>.

Kotter, J. P. (1996). *Leading Change*, Harvard Business Review Press, Boston. [Hay trad. cast.: *Al frente del cambio*, Empresa Activa, Barcelona, 2007.]

Lencioni, P. (2012). *The Advantage: Why Organizational Health Trumps Everything Else in Business*, Jossey-Bass, San Francisco.

Lindzon, J. (2022). «Do we still need managers? Most workers say "no"», en *Fast Company*, <https://www.fastcompany.com/90716503/do-we-still-need-managers-most-workers-say-no>.

Mackenzie, K. (2019). *What Is Empowerment, and How Does It Support Employee Motivation?*, SHRM.

Obama, B. (2020). *A Promised Land*, Viking, Nueva York. [Hay trad. cast.: *Una tierra prometida*, Debate, Barcelona, 2020.]

Peter, L. J. y Hull, R. (1969). *The Peter Principle: Why Things Always Go Wrong*, William Morrow, Nueva York. [Hay trad. cast.: *El principio de Peter*, Debolsillo, Barcelona, 2014.]

Ruimin, Z. (febrero de 2007). «Raising Haier», en *Harvard Business Review*, <https://hbr.org/2007/02/raising-haier>.

Sinek, S. (2011). *Start with Why: How Great Leaders Inspire Everyone to Take Action*, Portfolio, Nueva York. [Hay trad. cast.: *Empieza con el porqué: cómo los grandes líderes motivan a actuar*, Empresa Activa, Barcelona, 2018.]

Stone, M. (24 de septiembre de 2020). «The pandemic became personal when Booking Holdings' CEO caught COVID-19. Now, he's taking on Airbnb and calling on the government to save a battered travel industry», en *Business Insider*. <https://www.businessinsider.com/bookingholdings-ceo-airbnb-pandemic-travel-future-2020-9?r=US&IR=T>.

Westrum, R. (2004). «A typology of resilience situations», en *Journal of Contingencies and Crisis Management, 12(3)*, pp. 98-107.

Ley número 22

Atkinson, E. (20 de octubre de 2022). «Andes plane crash survivors have "no regrets" over resorting to cannibalism», en *The Independent*. <https://www.independentespanol.com/noticias/america-latina/suramerica/sobrevivientes-accidente-aereo-andes-canibalismo-b2204770.html>.

Delgado, K. J. (2009). «Social Psychology in Action: A Critical Analysis of *Alive*», <https://corescholar.libraries.wright.edu/psych_student/2>.

Mulvaney, K. (13 de octubre de 2021). «Miracle of the Andes: How Survivors of the Flight Disaster Struggled to Stay Alive», en *History*, <https://www.history.com/news/miracle-andes-disaster-survival>.

Parrado, N. (2007). *Milagro en los Andes*, Planeta, Barcelona, 2006.

Read, P. P. (1974). *Alive: The Story of the Andes Survivors*, J. B. Lippincott, Filadelfia. [Hay trad. cast.: *¡Viven! El triunfo del espíritu humano*, B de Bolsillo, Barcelona, 2016.]

Sterling, T. (2010). «Thirty-two years of the "Alive" story», en *Air & Space Smithsonian, 25(3)*, pp. 16-22.

Stroud, L. (2008). *Survive!: Essential Skills and Tactics to Get You Out of Anywhere — Alive*, William Morrow & Company, Nueva York.

Ley número 23

Bride, H. (20 de abril de 1912). «Women Who Escaped Death Tell of Thrilling Rescues: Stories of Courage and Fortitude Told by Those Who Lived Through Sinking of *Titanic*», en *New York Times*.

Carter, W. (1912). *How I Survived the Titanic*, Century Co., Nueva York.

Eyal, N. (25 de abril de 2023). Conversación personal.

Gollwitzer, P. M. y Sheeran, P. (2006), «Implementation Intentions and Goal Achievement: A Meta-analysis of Effects and Processes», en *Advances in Experimental Social Psychology, 38*, pp. 69-119, <https://doi.org/10.1016/S0065-2601(06)38002-1>.

Hopkinson, D. (2014). *Titanic: Voices from the disaster*, Scholastic Press, Nueva York.

Lynch, D. (1995). *Titanic: An Illustrated History*, Hyperion Books, Nueva York. [Hay trad. cast.: *El Titanic: una historia ilustrada*, Ediciones B, Barcelona, 1998.]

Mowbray, J. (2003). *The Sinking of the Titanic: Eyewitness Accounts*, Dover Publications, Mineola.

Reed, J. (2 de agosto de 2019). «Understanding The Psychology of Willful Blindness», <https://authorjoannereed.net/understanding-the-psychology-of-willful-blindness/#:~:text=%E2%80%9CThe%20psychology%20of%20willful%20blindness,to%20let%20out%20is%20crucial>.

Rosenberg, J. (2022). *The Ostrich Effect: The Psychology of Avoiding What We Most Fear and Deserve*, Viking, Nueva York.

Sprott, D. E., Spangenberg, E. R. *et al.* (2003). «Reconceptualizing perceived value: The role of perceived risk», en *Journal of Consumer Research, 30(3)*, pp. 433-448.

Thaler, R. H. (1999). «Mental accounting matters», en *Journal of Behavioral Decision Making, 12(3)*, pp. 183-206. <https://onlinelibrary.wiley.com/doi/10.1002/(SICI)1099-0771(199909)12:3%3C183::AID-BDM318%3E3.0.CO;2-F>.

Vaillant G. E. (1994). «Ego mechanisms of defense and personality psychopathology», en *Journal of Abnormal Psychology, 103(1)*, pp. 44-50, <https://doi:10.1037//0021-843x.103.1.44. PMID:8040479.>.

Ley número 24

King, B. J. (2008). *Pressure is a Privilege*, LifeTime Media, Nueva York.
Lazarus, R. S. y Folkman, S. (1984). *Stress, Appraisal, and Coping*, Springer Publishing Company, Nueva York.
McGonigal, K. (2013). «How to make stress your friend» (Cómo convertir al estrés en tu amigo) [Archivo de vídeo], conferencia TED, <https://www.ted.com/talks/kelly_mcgonigal_how_to_make_stress_your_friend?language=es>.
Park, C. L. y Folkman, S. (1997). «Meaning in the Context of Stress and Coping», en *Review of General Psychology, 1(2)*, pp. 115-144.
Sapolsky, R. M. (2004). *Why Zebras Don't Get Ulcers: The Acclaimed Guide to Stress, Stress-related Diseases and Coping*, St. Martins Press, Nueva York. [Hay trad. cast.: *¿Por qué las cebras no tienen úlcera?*, Alianza, Madrid, 2008.]
Sheldon, K. M. y Elliot, A. J. (1999). «Goal striving, need satisfaction, and longitudinal well-being: The self-concordance model», en *Journal of Personality and Social Psychology, 76(3)*, pp. 482-497, <https://doi.org/10.1037/0022-3514.76.3.482>.
Smyth, J. y Hockemeyer, J. R. (1998). «The beneficial effects of daily activity on mood: Evidence from a randomized, controlled study», en *Journal of Health Psychology, 3(3)*, pp. 357-373.
Spreitzer, G. M. y Sonenshein, S. (2004). «Toward the Construct Definition of Positive Deviance», en *American Behavioral Scientist, 47(6)*, pp. 828-847, <https://doi.org/10.1177/0002764203260212>.
Tedeschi, R. G. y Calhoun, L. G. (2004). «Posttraumatic Growth: Conceptual Foundations and Empirical Evidence», en *Psychological Inquiry, 15(1)*, pp. 1-18, <https://doi.org/10.1207/s15327965pli1501_01>.
Wood, A. M. y Joseph, S. (2010). «The absence of positive psychological (eudemonic) well-being as a risk factor for depression: A ten-year cohort study», en *Journal of affective disorders, 122(3)*, pp. 213-217, <https://doi:10.1016/j.jad.2009.06.032.>.

Ley número 25

Custer, R. L. (2018). «Why do startups fail?», en *US Small Business Administration*, https://hbr.org/2021/05/why-start-ups-fail
Delisle, J. (2 de abril de 2017). «Pre-mortem: an effective tool to avoid failure», en *Beeye*, <https://www.mybeeye.com/blog/pre-mortemeffective-tool-to-prevent-failure>.
Dweck, C. S. (2017). *Mindset — Updated Edition: Changing the Way You Think to Fulfil Your Potential*, Robinson, Londres. [Hay trad. cast.: *Mindset: la actitud del éxito*, Editorial Sirio, Málaga, 2016.]
Kahneman, D. (2011). *Thinking, Fast and Slow*, Farrar, Straus and Giroux, Nueva York. [Hay trad. cast.: *Pensar rápido, pensar despacio*, Debate, Barcelona, 2012.]

Klein, G. (septiembre de 2007). «Performing a Project Premortem», en *Harvard Business Review*, <https://hbr.org/2007/09/performing-aproject-premortem>.

Klein, G., Koller, T., *et al.* (3 de abril de 2019). «Bias Busters: Premortems: Being smart at the start», en *McKinsey Quarterly*, <https://www.mckinsey.com/capabilities/strategy-and-corporate-finance/our-insights/bias-busters-premortems-being-smart-at-the-start>.

Sharot, T. (2012). *The Optimism Bias: Why We're Wired to Look on the Bright Side*, Robinson, Londres.

Shermer, M. (2012). *Believing Brain: From Ghosts and Gods to Politics and Conspiracies — How We Construct Beliefs and Reinforce Them as Truths*, Macmillan, Londres.

Smith, K.G. y Hitt, M. A. (2005). *Great Minds in Management: The Process Of Theory Development*, Oxford University Press, Oxford.

Tversky, A. y Kahneman, D. (1974). «Judgment Under Uncertainty: Heuristics and Biases», en *Science, 185(4157)*, pp. 1124-1131, <https://doi.org/10.1126/science.185.4157.1124>.

Wegner, D. M. (2003). *The Illusion of Conscious Will*, MIT Press, Cambridge.

Ley número 26

American Psychological Association (2010). *Publication Manual of the American Psychological Association* (6a ed.), American Psychological Association, Washington D. C. [Hay trad. cast.: *Manual de Publicaciones de la American Psychological Association* (3a ed.), American Psychological Association, Washington D. C., 2010.]

Berman, M. G., Jonides, J., *et al.* (2008). «The cognitive Benefits of Interacting with Nature», en *Psychological Science, 19(12)*, pp. 1207-1212, <https://doi.org/10.1111/j.1467-9280.2008.02225.x>.

US Bureau of Labor Statistics (8 de abril de 2022). «Occupational Employment and Wages, May 2021», en United States Department of Labor, <https://www.bls.gov/oes/current/oes_nat.htm>.

Carhart-Harris, R. L., Bolstridge, M., *et al.* (2016). «Psilocybin with psychological support for treatment-resistant depression: an open-label feasibility study», en *The Lancet Psychiatry, 3(7)*,pp. 619-627, <https://doi.org/10.1016/S2215-0366(16)30065-7>.

Hamilton, I. (4 de abril de 2023). «What Are The Highest-Paying Jobs in the U.S.?», en *Forbes Advisor*, <https://www.forbes.com/advisor/education/what-are-the-highest-paying-jobs-in-the-u-s/>.

Hankel, I. (8 de enero de 2021). «In a Crowded Job Market, Here Are the Right Skills for the Future», en *Forbes*, <https://www.forbes.com/sites/forbesbusinesscouncil/2021/01/08/in-a-crowded-job-markethere-are-the-right-skills-for-the-future/>.

Jeung, D. Y., Kim, C., *et al.* (2018). «Emotional Labor and Burnout: A Review of the Literature», en *Yonsei Medical Journal, 59(2)*, pp. 187-193, <https://doi:10.3349/ymj.2018.59.2.187. PMID: 29436185; PMCID: PMC5823819.>.

Markman, A. (2012). *Smart Thinking: How to Think Big, Innovate and Outperform Your Rivals*, Piatkus, Londres.

Markman, A. (2023). «3 signs you need to improve your emotional intelligence», en *Fast Company*, <https://www.fastcompany.com/90839541/signs-need-work-emotional-intelligence>.

Martocchio, J. J. (2018). *Strategic Compensation: A Human Resource Management Approach* (9a ed), Pearson, Londres.

Perlo-Freeman, S., y Sköns, E. (2021). «The State of Peace and Security in Africa 2021», Stockholm International Peace Research Institute (SIPRI).

Reffold, K. (28 de marzo de 2019). «Command A Higher Salary With These Five Strategies», en *Forbes*, <https://www.forbes.com/sites/forbeshumanresourcescouncil/2019/03/28/command-a-higher-salary-with-these-five-strategies/?sh=353bea346467>.

Rice, R. E. (2009). «The internet and health communication: A framework of experiences», en Dillard, J.P. y Pfau, M. (eds.), en *The Persuasion Handbook: Developments in theory and practice*, Sage Publications, Thousand Oaks, pp. 325-344.

Sadun, R., Fuller, J., *et al.* (julio-agosto de 2022) «The C-Suite Skills That Matter Most», en *Harvard Business Review*, 100(4), pp. 42-50, <https://hbr.org/2022/07/the-c-suite-skills-that-matter-most>.

Stewart, D. W. y Kamins, M. A. (1993). *Secondary Research: Information Sources and Methods* (2a ed.), Sage Publications, Thousand Oaks.

Van Hoof, H. (2013). «Social Media in Tourism and Hospitality: A Literature Review», en *Journal of Travel and Tourism*, <https://www.academia.edu/14370892/Social_Media_in_Tourism_and_Hospitality_A_Literature_Review>.

Ley número 27

Carver, C. S., Scheier, M. F., *et al.* (2010). «Optimism», en *Clinical Psychology Review, 30(7)*, pp. 879-889, <https://doi.org/10.1016/j.cpr.2010.01.006>.

Cohn, M.A., Fredrickson, B.L., *et al.* (2009). «Happiness unpacked: Positive emotions increase life satisfaction by building resilience», en *Emotion, 9(3)*, pp. 361-368, <https://doi.org/10.1037/a0018895>.

Davis, D. E., Choe, E., *et al.* (2016). «Thankful for the little things: A metaanalysis of gratitude interventions», en *Journal of Counseling Psychology, 63(1)*, pp. 20-31, <https://doi.org/10.1037/cou0000107>.

Harvey, M. (2019). *The Discipline of Entrepreneurship*, Bantam Press, Uxbridge.

Huta, V. y Waterman, A. S. (2014). «Eudaimonia and its Distinction from Hedonia: Developing a classification and Terminology for Understanding Conceptual and operational Definitions», en *Journal of Happiness Studies, 15*, pp. 1425-1456, <https://doi.org/10.1007/s10902-013-9485-0>.

Mastracci, S. H. (2018). *Work smart, not hard: Organizational tips and tools that will change your life*, Chronos Publications, Bracebridge Heath.

Patterson, K., Grenny, J., *et al.* (2002). *Crucial Conversations: Tools for Talking When Stakes are High*, McGraw-Hill Education. [Hay trad. cast.: *Conversaciones cruciales: herramientas para comunicar mejor cuando más se necesita* (3a ed.), Empresa Activa, Barcelona, 2022.]

Rudd, M., Vohs, K. D., *et al.* (2012). «Awe Expands People's Perception of Time, Alters Decision Making, and Enhances Well-being», en *Psychological Science, 23(10)*, pp. 1130-1136, <https://doi.org/10.1177/0956797612438731>.

Scheier, M. F. y Carver, C. S. (1985). «Optimism, coping, and health: Assessment and implications of generalized outcome expectancies», en *Health Psychology, 4(3)*, pp. 219-247, <https://doi.org/10.1037/0278-6133.4.3.219>.

Sinek, S. (2011). *Start with Why: How Great Leaders Inspire Everyone to Take Action*, Portfolio, Nueva York. [Hay trad. cast.: *Empieza con el porqué: cómo los grandes líderes motivan a actuar*, Empresa Activa, Barcelona, 2018.]

Tracy, B. (2003). *Eat that Frog!: 21 Great Ways to Stop Procrastinating and Get More Done in Less Time*, Berrett-Koehler Publishers, Oakland. [Hay trad. cast.: *¡Tráguese ese sapo!* (ed. rev.), Empresa Activa, Barcelona, 2017.]

United Nations Department of Economic and Social Affairs, Population Division (2021). «World Population Prospects 2019: Data Booklet», en *United Nations.*

Vanderkam, L. (2018). *Off the Clock: Feel Less Busy While Getting More Done*, Portfolio, Nueva York.

World Health Organization (2021). «GHE: Life expectancy and healthy life expectancy», en *WHO.*

Ley número 28

Branson, R. (2015). *The Virgin Way: How to Listen, Learn, Laugh and Lead*, Virgin Books, Londres. [Hay trad. cast.: *El estilo Virgin*, Paidós Empresa, Bogotá, 2016.]

Etem, J. (10 de agosto de 2017). «Steve Jobs on Hiring Truly Gifted People» [Archivo de vídeo], en YouTube, <https://www.youtube.com/watch?v=a7mS9ZdU6k4>.

Friedman, T. L. (2005). *The world is flat: A brief history of the twenty-first century*, Farrar, Straus and Giroux, Nueva York. [Hay trad. cast.: *La Tierra es plana*, Martínez Roca, Madrid, 2006.]

The Diary of a CEO (15 de noviembre de 2021). «Jimmy Carr: The Easiest Way To Live A Happier Life» [Archivo de vídeo], en YouTube, <https://www.youtube.com/watch?v=roROKlZhZyo>.

The Diary of a CEO (12 de diciembre de 2022). «Richard Branson: How A Dyslexic Drop-out Built A Billion Dollar Empire» [Archivo de vídeo], en YouTube, <https://www.youtube.com/watch?v=-Fmiqik4jh0>.

Virgin Group (s. f.). «Our Story», en *Virgin*, <https://www.virgin.com/about-virgin/our-story>.

Ley número 29

Collins, J., Portas, J. *et al.* (2005). *Built to Last: Successful Habits of Visionary Companies*, HarperBusiness, Nueva York.

Higgins, D. M. (2019). «The psychology of cults: An organizational perspective», en *Frontiers in psychology, 10*, p. 1291.

Hogan, T. y Broadbent, C. (2017). *The Ultimate Start-up Guide: Marketing Lessons, War Stories, and Hard-Won Advice from Leading Venture Capitalists and Angel Investors*, New Page Books, Newburyport.

Levy, S. (2011). *In the Plex: How Google Thinks, Works, and Shapes Our Lives*, Simon & Schuster, Nueva York.

Pells, R. (2018). *Blue sky dreaming: How the Beatles became the architects of business success*, Bloomsbury Publishing, Londres.

Thiel, P. y Masters, B. (2014). *Zero to One: Notes on Startups, or How to Build the Future*, Currency, Nueva York. [Hay trad. cast.: *De cero a uno: cómo inventar el futuro*, Gestión 2000, Barcelona, 2015.]

Ley número 30

BBC Sport. (8 de mayo de 2013). «Sir Alex Ferguson to retire as Manchester United manager», <https://www.bbc.co.uk/sport/football/22447018>.

Branson, R. (2015). *The Virgin Way: How to Listen, Learn, Laugh and Lead*, Virgin Books, Londres. [Hay trad. cast.: *El estilo Virgin*, Paidós Empresa, Bogotá, 2016.]

Elberse, A. (octubre de 2013). «Ferguson's Formula», en *Harvard Business Review*, <https://hbr.org/2013/10/fergusons-formula>.

Housman, M. y Minor, D. (noviembre de 2015). «Toxic Workers», en *Harvard Business School Working Paper*, nº 16-057, (Recuperado en noviembre de 2015) <https://www.hbs.edu/ris/Publication%20Files/16-057_d45c0b4f-fa19-49de-8f1b-4b12fe054fea.pdf >.

Hytner, R. (18 de enero de 2016). «Sir Alex Ferguson on how to win», en *London Business School*, <https://www.london.edu/think/sir-alexferguson-on-how-to-win>.

Robbins, S. P., Coulter, M., *et al.* (2016). *Fundamentals of Management*, Pearson, Londres. [Hay trad. cast.: *Fundamentos de administración* (10a ed.), Pearson Educación de México, Ciudad de México, 2017.]

Ley número 31

BBC News (15 de septiembre de 2015). «Viewpoint: Should we all be looking for marginal gains?», en *BBC News*, <https://www.bbc.co.uk/news/magazine-34247629>.

Clear, J. (4 de febrero de 2020). «This Coach Improved Every Tiny Thing by 1 Percent and Here's What Happened», <https://jamesclear.com/marginal-gains>.

Gawande, A. (26 de septiembre de 2011). «Personal best», en *New Yorker*. <https://www.newyorker.com/magazine/2011/10/03/personal-best>.

Medina, J. C. (12 de julio de 2021). «How To Make Small Changes For Big Impacts», en *Forbes*. <https://www.forbes.com/sites/financialfinesse/2021/07/12/how-to-make-small-changes-for-big-impacts/?sh=54ead259401b>.

Mehta, K. (23 de febrero de 2021). «The most mentally tough people apply the 1% “marginal gains” rule, says performance expert—here’s how it works», en *CNBC*.

The Diary of a CEO (17 de enero de 2022). «The “Winning Expert”: How To Become The Best You Can Be: Sir David Brailsford» [Archivo de vídeo], en YouTube, <https://www.youtube.com/watch?v=nTiqySjdD6s>.

Tomlin, I. (27 de mayo de 2021). «How A Marginal Gains Approach Can Transform Your Sales Conversations», en *Forbes*, <https://www.forbes.com/sites/forbescommunicationscouncil/2021/05/27/how-a-marginal-gains-approach-can-transform-your-sales-conversations/?sh=2eb47c5a2bad>.

Ley número 32

Elberse, A. (octubre de 2013). «Ferguson’s Formula», en *Harvard Business Review*, <https://hbr.org/2013/10/fergusons-formula>.

Evanish, J. (2022). «Master the Leadership Paradox: Be Consistently Inconsistent», en *Lighthouse — Blog About Leadership & Management Advice*, <https://getlighthouse.com/blog/leadership-paradox-consistentlyinconsistent/>.

The Diary of a CEO (12 de abril de 2021). «Rio Ferdinand Reveals The Training Ground & Dressing Room Secrets That Made United Unbeatable» [Archivo de vídeo], en YouTube, <https://www.youtube.com/watch?v=CwpSViM8MaY>.

The Diary of a CEO (8 de noviembre de 2021). «Patrice Evra: Learning How To Cry Saved My Life» [Archivo de vídeo], en YouTube, <https://www.youtube.com/watch?v=UbF4p4yTfIY>.

The Diary of a CEO (18 de agosto de 2022). «Gary Neville: From Football Legend To Building A Business Empire» [Archivo de vídeo], en YouTube, <https://www.youtube.com/watch?v=cMCucLELzd0>.

AGRADECIMIENTOS

Melanie Lopes
Graham Bartlett
Esther Bartlett
Jason Bartlett
Mandi Bartlett
Kevin Bartlett
Julija Bartlett
Alessandra Bartlett
Amélie Bartlett
Jacob Bartlett
Thomas Frebel
Sophie Chapman
Michael James
Dom Murray
Grace Andrews
Jack Sylvester
Danny Gray
Emma Williams
Jemima Erith
Berta Lozano
Olivia Podmore
Josh Winter
Anthony Smith
Harry Balden
Ross Field
Holly Hayes
Grace Miller
Jemima Carr-Jones
Meghana Garlapati
Charles Rossy
Shereen Paul
William Lindsay-Perez
Smyly Acheampong
Stephanie Ledigo
Damon Elleston
Qudus Afolabi
Oliver Yonchev
Ash Jones
Dom McGregor
Michael Heaven
Anthony Logan
Marcus Heaven
Adrian Sington
Drummond Moir
Jessica Anderson
Jessica Patel
Laura Nicol
Lydia Yadi
Abby Watson
Joel Rickett
Vanessa Milton
Shasmin Mozomil
Vyki Hendy
Richard Lennon
Hannah Cawse
Carmen Byers
Heather Faulls
Amanda Lang
Mary Kate Rogers
Jessica Regione
Radhanath Swami
Tali Sharot
Julian Treasure
Hannah Anderson
Rory Sutherland
Chris Eubank Jr
Johann Hari
Daniel Pink
Nir Eyal
Gary Brecka
Sir Richard Branson
Jimmy Carr
Rio Ferdinand
Barbara Corcoran
Patrice Evra
Gary Neville